◎2022 年主题出版重点出版物

伟大的政治创造

中国新型政党制度

中共中央统战部◎著

華文出版社
SINO-CULTURE PRESS

图书在版编目（CIP）数据

伟大的政治创造：中国新型政党制度 / 中共中央统战部著．
-- 北京：华文出版社，2022.2（2025.8 重印）

ISBN 978-7-5075-5555-4

Ⅰ．①伟… Ⅱ．①中… Ⅲ．①政党 – 政治制度 – 研究
– 中国 Ⅳ．① D665

中国版本图书馆 CIP 数据核字（2021）第 265378 号

伟大的政治创造 —— 中国新型政党制度

著　　者：中共中央统战部
责任编辑：雷　平
装帧设计：今亮后声 · 郭维维
出版发行：华文出版社
（北京市丰台区右外西路2号院 100069）
电　　话：总编室 010-59900723　发行部 010-59900727
编辑部 010-59900728
经　　销：新华书店
印　　刷：三河市龙大印装有限公司
开　　本：710mm × 1000mm　1/16
印　　张：19.25
字　　数：238 千字
版　　次：2022 年 2 月第 1 版
印　　次：2025 年 8 月第 6 次印刷
标准书号：ISBN 978-7-5075-5555-4
定　　价：68.00 元

主　编

张裔炯

副主编

桑福华

统　稿

付　强　张衍前　易玉娟

审　稿

袁廷华

撰　稿

（按姓氏笔画排序）

王梓伊　仇冬青　白　钰　乔　迁　刘海峰
杨英杰　张文波　陆红艳　陈鸿昌　饶海泉
姚　辉　阎文博　董熠晶

目录

序言

第四章　万象更新：中国新型政党制度走向制度化

结语

序言

岁月的涛声

中国新型政党制度历史回眸

2018年3月，习近平总书记在看望参加全国政协十三届一次会议的民盟、致公党、无党派人士、侨联界委员时明确指出：中国共产党领导的多党合作和政治协商制度作为我国一项基本政治制度，是中国共产党、中国人民和各民主党派、无党派人士的伟大政治创造，是从中国土壤中生长出来的新型政党制度。习近平总书记的重大理论判断，把我国多党合作制度提升到一个崭新高度，让我们从更高层次、更大视野来认识和理解我国多党合作制度。

一个国家实行什么样的政治制度和政党制度，是这个国家特定的社会历史条件、政治经济状况和文化传统等因素共同作用的结果。政党制度面临的社会环境不同、产生的过程不同，呈现出的发展脉络和特点自然不同。中国共产党领导的多党合作和政治协商制度（以下简称中国新型政党制度）是中国近现代社会发展的必然结果，是马克思主义政党理论与中国实际相结合的产物，是中国共产党、各民主党派和中国人民的共同政治选择，符合中国的基本国情，体现了中国人民的政治智慧。

一、中国新型政党制度来源于中国近现代的特殊国情

中国是一个东方文明古国，1840 年鸦片战争以后，逐步沦为半殖民地半封建社会，先进的中国人开始探寻救亡图存的道路。从学习西方的坚船利炮，到学习西方的政治制度和政党制度，经历了一个艰辛的过程。封建开明士大夫阶层、资产阶级维新派、资产阶级革命派都先后提出并实践过不同的救国方案，最终都失败了。革命先行者孙中山先生深刻总结道："中国几千年以来社会上的民情风土习惯，和欧美的大不相同。中国的社会既然是和欧美的不同，所以管理社会的政治自然也是和欧美不同，不能完全仿效欧美。"[1] 近代中国社会同欧美国家相比之不同点主要有：

政治文化传统不同。政党政治产生于西方，是西方政治文化传统、资本主义生产方式、资产阶级议会斗争共同作用的结果。西方文化主张个人主义和斗争哲学，政党多是在议会斗争中产生，以取得政权为目的，形成的是竞争性政党关系，实行多党制和两党制。中国政治文化传统尚和合、重统一、崇尚集体主义和社会和谐。政党政治是"舶来品"，进入中国以后，有一个与中国的政治文化传统相适应的过程。实践证明，不同的政治文化传统，会孕育不同的政党，形成迥异的政党制度。

社会阶级结构不同。西方较早发生资产阶级革命，资产阶级和工人阶级是西方社会的主要阶级，因此形成了资产阶级政党和无产阶级政党。而近代中国社会是半殖民地半封建社会，呈现出两头小、中间大的社会结构，资产阶级和地主阶级占人口的少数，工人阶级人数不多，人数众多的是农民阶级、城市小资产阶级和民族资产阶级。工人阶级是最革命的阶级，但它需要广泛团结其他阶级，才能完成反帝反封建的任务。民

---

1 《孙中山选集》，人民出版社 1981 年版，第 763 页。

族资本主义既受外国资本主义的巨大压力，又受到国内封建势力的严重摧残，在夹缝中艰难生长，发展水平一直比较低，没有也不可能成为中国社会经济的主要形式。这种独特的社会阶层结构，决定了中国不可能实行西方的多党政治，只能由工人阶级的政党，团结其他进步阶级及其政党，完成民主主义革命，实现国家独立和民族解放。

现代化任务不同。现代化是指由传统国家向现代国家演变的过程。西方国家的现代化过程，是通过资产阶级革命，确立资本主义的统治秩序，在很大程度上由资产阶级政党通过议会斗争的形式实现。而中国的现代化任务则艰巨得多。自鸦片战争以来，近现代中国面临的核心问题是建立一个现代化的民族国家，重塑政治权威、重建政治秩序，而要完成这一任务，通过议会斗争显然是不可能的，必须依靠一个强有力的政党，团结一切可以团结的力量，推动并完成中国的现代化进程。

社会的主要矛盾不同。西方国家在近代资本主义革命中，面临的矛盾主要是新兴资产阶级与封建势力之间的矛盾，以及资产阶级革命胜利后资产阶级和无产阶级之间的矛盾，由此形成了不同种类不同形态的政党，是资本主义社会内部矛盾的反映。而中国近代以来面临的社会矛盾要复杂得多。随着中国逐渐沦为半殖民地半封建社会，帝国主义和中华民族的矛盾、封建主义和人民大众的矛盾构成近代中国社会的主要矛盾。推翻帝国主义和封建主义的统治，实现民族的独立和人民的解放，是中华民族面临的首要任务。

中国特殊的政治文化传统、社会阶级结构、现代化路径和社会主要矛盾，决定了中国不可能走西方的议会制、多党制道路。民国初年，效仿西方进行议会制、多党制，造成了政党林立、政党纷争、各政治势力“你方唱罢我登台”的局面。随着袁世凯解散国民党，取消议会，复辟帝制，西方议会制和多党制在中国的实践宣告破产。

中国人民在艰难曲折的探索和斗争中终于认识到，近代中国要完成救亡图存和反帝反封建的历史任务，必须开辟新的道路，建立新的政治制度。领导中国人民找到这条新道路和建立新制度的重任，历史地落在了中国共产党身上。在中国共产党的带领下，中国人民开始了对救亡图存的新探索，也开始了对中国政党政治发展的新探索。

二、中国新型政党制度生长于中国新民主主义革命洪流

20 世纪 20—30 年代的中国，面临强大的内忧外患和深重的民族危机。中国共产党人清醒地认识到，要取得新民主主义革命的胜利，单靠中国工人阶级的力量是不可能的，必须团结一切进步力量，形成强大合力，才能取得中国民主革命的完全胜利。在中国社会各阶级中，农民阶级是无产阶级坚固的同盟军，城市小资产阶级是无产阶级可靠的同盟军，民族资产阶级在一定时期和一定程度上也是革命争取的力量和联合的对象。早在 1922 年，中共二大就提出了建立“民主的联合阵线”的政治主张，初步提出了统一战线的方针。

作为近现代中国的两大政治力量，中国共产党和国民党的关系贯穿新民主主义革命始终。1924 年，中国共产党和国民党进行了第一次国共合作，取得了北伐战争的胜利，但随着国民党右派背叛革命，轰轰烈烈的大革命最终失败。全面抗日战争爆发后，中国共产党捐弃前嫌，提出建立抗日民族统一战线，促成了第二次国共合作，推动了抗日战争的最后胜利。抗战胜利后，国民党拒绝共产党提出的建立民主联合政府的政治主张，撕毁“双十协定”，悍然发动内战，国共合作再次破裂。实践证明，国民党和共产党两个政党所代表阶级利益的根本对立，使之不可能建立巩固、持久的政党关系，更不可能建立两党长期合作的政党制度。

主要在抗日战争和解放战争时期形成的各民主党派，其社会基础是

民族资产阶级、城市小资产阶级，以及同这些阶级相联系的知识分子和其他爱国分子，他们的愿望就是要实现民族独立，建立民主、独立、自由的新中国，这一愿望同中国共产党在民主革命时期的最低纲领基本一致。在抗日战争中，中国共产党加强同各民主党派和无党派民主人士的团结合作，支持他们在国统区开展民主宪政运动。抗日战争胜利后，以民盟为代表的中间党派和中国共产党一起，为争取国内和平而努力。但民主党派中的一些成员既反对蒋介石政府的独裁统治，又不赞成中国共产党的新民主主义路线，主张走所谓“第三条道路”。青年党、民社党则从民盟中分裂出来，倒向了国民党一方。随着解放战争的推进，国民党疯狂镇压民主运动，将民盟、民建等党派污蔑为“共产奸谋”，宣布民盟为非法团体，民盟被迫转入地下斗争。在严酷的事实面前，民主党派一些人逐渐认清现实，抛弃幻想，倾向共产党，更加坚定地选择与共产党并肩战斗。

随着中国共产党领导的解放战争向前发展，国内的政治力量越来越倾向于支持中国共产党，召开一个没有反动势力参加的政治协商会议，时机已经成熟。1948 年 4 月 30 日，中国共产党发布了“五一口号”，号召“各民主党派、各人民团体及社会贤达，迅速召开政治协商会议，讨论并实现召集人民代表大会、成立民主联合政府”。“五一口号”一经发布，立即得到各民主党派和无党派民主人士的热烈响应，他们纷纷发表通电，公开表示愿意在中国共产党的领导下，共同为建立新中国而奋斗。1949 年 9 月，在北平召开了有中国共产党和各民主党派、人民团体、无党派民主人士参加的中国人民政治协商会议，通过了具有临时宪法性质的《中国人民政治协商会议共同纲领》。10 月 1 日，中华人民共和国宣告成立。新政协的召开，标志着中国共产党领导的多党合作和政治协商制度的确立。中国共产党领导的多党合作和政治协商制度，是从中国新民主主义革命的斗争中生长出来的，是中国共产党和各民主党派、无党派民主人士的共同政治选择。

三、中国新型政党制度发展完善于中国社会主义革命、建设和改革历程

中华人民共和国的成立，是中国近现代史上一个划时代的历史性事件，结束了中华民族自鸦片战争以来被侵略、被奴役的屈辱历史，结束了近代以来中国四分五裂一盘散沙的局面，形成了中国共产党领导下的统一国家政权，开辟了中国历史的新纪元。新中国成立后，中国共产党带领中国人民，实现了从站起来、富起来到强起来的历史性飞跃，中国特色社会主义进入新时代。伴随中国建设和改革开放的坚实步伐，中国新型政党制度不断巩固和发展，逐步发展为具有中国特色和中国气派的新型政党制度。

从新民主主义社会到社会主义革命和建设时期的中国新型政党制度。新中国成立后，中国社会的经济基础、阶级阶层结构都发生了根本变化，面对新的国内外形势，社会上出现了“民主党派只是一根头发的功劳”的论调，甚至提出了还需不需要民主党派等重要政治问题。毛泽东从战略和全局高度充分肯定民主党派的重要作用，明确指出：“认为民主党派只是一根头发的功劳，一根头发拔不拔去都一样的说法是不对的。从他们的背后联系看，就不是一根头发，而是一把头发，不可藐视。民主党派和民主人士是联系小资产阶级和资产阶级的，政权中要有他们的代表才行。”毛泽东还特别强调：“究竟是一个党好，还是几个党好？现在看恐怕是几个党好。不但过去如此，而且将来也可以如此，就是长期共存、互相监督。”根据毛泽东的这些指导思想，1956 年中共八大报告明确指出：“在社会主义改造完成以后，民族资产阶级和上层小资产

阶级的成员将变成社会主义劳动者的一部分，各民主党派就将变成这部分劳动者的政党。”在此基础上，中共八大明确把“长期共存、互相监督”作为中国共产党处理同民主党派关系的基本方针，由此确立了社会主义条件下的多党合作政治格局。

在中国共产党的帮助下，各民主党派逐渐向适应新民主主义社会的政党转变。1949 年底至 1950 年间，各民主党派先后召开全国代表大会，明确宣布接受中国共产党的领导，以《共同纲领》为各自的政治纲领。随后，各民主党派清理整顿了组织、健全完善了各级机构、明确了组织发展的重点对象，党派成员总数由新中国成立初期的不到 1.1 万人，发展到 1953 年初的 3.2 万人，到 1956 年社会主义改造完成后发展到约 10 万人。各民主党派积极参加国家建设和社会主义改造，其自身的阶级属性发生了深刻变化。

1957 年反右派斗争扩大化和“文化大革命”中，“左”的错误被推向极端，民主党派受到冲击，多党合作事业遭受严峻考验。在最艰难的时候，毛泽东、周恩来等中共领导人给予民主党派领导人无微不至的关怀和保护。在严峻考验中，各民主党派跟共产党走的初心不改，爱国情怀如初。

改革开放初期的中国新型政党制度。自 1978 年开始的改革开放，是当代中国命运的关键抉择，是中国社会一场伟大而深刻的变革。改革开放带来了生产力和生产关系、经济基础和上层建筑的巨大变化，开始了中国从“站起来”到“富起来”的历史跨越，为中国新型政党制度发展奠定了坚实的基础。

改革开放初期，以邓小平同志为核心的中共中央科学分析了新的历史时期我国社会主要矛盾、社会结构和阶级关系发生的深刻变化，肯定了民主党派的历史贡献，提出各民主党派已经发展成为“两者政治联盟”，即“各自所联系的一部分社会主义劳动者和一部分拥护社会主义的爱国者的政治联盟”，并将“长期共存、互相监督”八字方针发展完善为“长期共存、互相监督、肝胆相照、荣辱与共”的十六字方针。邓小平指出：“我国各民主党派在民主革命时期同我们党共同奋斗，在社会主义时期同我们党一道前进、一道经受考验。在今后的建设中，我们党还要同所有的爱国民主党派和爱国民主人士长期合作。”1986 年，中共中央批转了中央统战部《关于新时期党对民主党派工作的方针任务的报告》，明确了新时期对民主党派的政策。在中共中央一系列方针政策指引下，各民主党派纷纷恢复组织、发展成员，焕发出前所未有的热情，投身四化建设，为深化改革、扩大开放、维护社会稳定发挥了重要作用。

世界社会主义运动低潮时期的中国新型政党制度。20 世纪 80 年代末 90 年代初，苏联解体，东欧剧变，国际共产主义运动遭受挫折，社会主义制度是否会走向“历史的终结”？作为最大的社会主义国家，中国在这一时期承受着巨大的压力。国际上，以美国为首的西方国家围堵孤立中国；在国内，一些受西方资产阶级影响的思想暗潮涌动，有的对多党合作制度提出质疑，提出要改弦更张，实行多党制、两党制。以江泽民同志为核心的中共中央审时度势，沉着应对，为坚持和发展多党合作制度作出了重要贡献。江泽民强调：“中国共产党领导的多党合作和政治协商制度是我国的一项基本政治制度。我们必须充分认识这项基本政治制度的优越性，把它坚持好、完善好、落实好。”

1989 年 12 月，中共中央颁发《中共中央关于坚持和完善中国共产党领导的多党合作和政治协商制度的意见》，首次提出各民主党派是“参政党”，准确界定了民主党派的性质，为民主党派充分发挥作用提供了政策依据，多党合作制度走上了制度化发展轨道。1993 年八届全国人大一次会议把“中国共产党领导的多党合作和政治协商制度将长期存在和发展”写入《宪法》序言，使多党合作制度成为国家意志，新型政党制度得到国家根本法的保障。经过 1997 年和 2002 年换届，各民主党派实现了跨世纪的新老交替，为多党合作事业的长远健康发展夯实了组织基础。在人事继替的同时实现了政治交接，民主党派老一代领导人的优良传统和高尚作风被传承下来。各民主党派在国家政治生活中的地位越来越重要，作用越来越突出。浦东开发、西部大开发、“中华水塔”、“西新”工程等一批重大战略性决策，民主党派都积极建言献策，发挥了重要作用。

进入 21 世纪的中国新型政党制度。进入新世纪后，我国的经济实力和综合国力都上了一个新的台阶，国际国内环境发生了有利的深刻变化。以胡锦涛同志为总书记的中共中央继往开来、与时俱进，立足于构建社会主义和谐社会，着眼于社会主义政治文明建设，继续推进我国多党合作事业发展。

构建社会主义和谐政党关系是这一阶段的主题和主线，并由此延伸出执政党与参政党建设相互促进这一重要政治命题。胡锦涛指出：“巩固和发展我国社会主义政党关系，实现我国政党关系长期和谐，根本在于坚持走中国特色社会主义政治发展道路，关键在于坚持和完善中国共产党领导的多党合作和政治协商制度。”要坚持执政党与参政党建设相互促进。“各民主党派要不断提高政治把握能力、参政议政能力、合作共事能力和组织协调能力，同中国共产党一道开创多党合作事业的新局面。”

中共中央先后颁发了《中共中央关于进一步加强中国共产党领导的多党合作和政治协商制度建设的意见》《中共中央关于加强人民政协工作的意见》等文件，进一步推动了多党合作的制度化、规范化和程序化。2007 年，国务院新闻办发布了《中国的政党制度》白皮书，第一次向世界全面介绍了我国的政党制度。从 1987 年起，由时任贵州省委书记胡锦涛倡导建立的“毕节试验区”，已成为多党合作参与脱贫攻坚的典型案例。

四、中国新型政党制度在中国特色社会主义新时代阔步向前

中共十八大以来，中国共产党带领全国各族人民迎难而上，推动了深层次的、根本性的社会变革，取得了全方位的、开创性的历史成就，中国特色社会主义进入了新时代。以习近平同志为核心的中共中央着眼“大变局”，立足“新时代”，明确提出“新型政党制度”重要理论，并用三个“新就新在”概括新型政党制度的丰富内涵，系统阐释了多党合作的政治优势；提出各民主党派是中国特色社会主义参政党，强调“多党合作要有新气象，思想共识要有新提高，履职尽责要有新作为，参政党要有新面貌”，民主党派要做中国共产党的“好参谋、好帮手、好同事”。

新型政党制度的制度化、规范化建设稳步推进。2015 年，中共中央印发的《中国共产党统一战线工作条例（试行）》，成为系统规范统一战线工作的第一部党内法规；印发了《中共中央关于加强社会主义协商民主建设的意见》和《关于加强政党协商的实施意见》，第一次明确规定了政党协商的方式、程序和制度机制。2018 年、2019 年先后制定相关文件，就加强中国特色社会主义参政党建设、民主党派代表人士队伍建设、新时代民主党派组织发展工作进行规范，极大地推进了民主党派自身建设。2020 年 12 月，中共中央印发了新修订的《中国共产党统一战线工作条例》，为统一战线和多党合作事业发展提供了重要的政治保障、组织保障和法治保障。

在新时代，各民主党派发挥作用的平台更广、舞台更大。他们胸怀“国之大者”，围绕立足新发展阶段、贯彻新发展理念、构建新发展格局，围绕统筹推进“五位一体”总体布局、协调推进“四个全面”战略布局，

聚焦供给侧结构性改革、“一带一路”建设、脱贫攻坚等重大问题，深入考察调研，积极建言献策。在抗击新冠肺炎疫情等关键时刻，各民主党派和中国共产党想在一起、站在一起、干在一起。受中共中央委托，各民主党派中央对口 8 个脱贫攻坚任务重的中西部省区开展脱贫攻坚民主监督工作，开辟了民主党派民主监督的新领域，为全国范围内如期完成脱贫攻坚任务作出了重要贡献。2021 年，借鉴脱贫攻坚民主监督的经验做法，各民主党派又开启了长江生态环境保护民主监督新的征程。

知所从来，思所将往。中国共产党领导的多党合作和政治协商制度从孕育到发展到成熟，成为具有中国特色、中国气派、中国底蕴的新型政党制度，这期间所发生的翻天覆地的历史性变革、所产生的丰富多彩的政党政治实践、所积累的影响深远的历史经验和制度成果，值得认真总结。中央统战部组织力量编写的《伟大的政治创造——中国新型政党制度》一书，目的是回望过去，系统梳理中国新型政党制度产生、发展、演变的历史脉络，深入总结历史经验；也是更好地展望未来，顺应中国特色社会主义进入新时代、世界面临百年未有之大变局的大趋势，在以习近平同志为核心的中共中央坚强领导下，不忘合作初心、继续携手前进，为全面建设社会主义现代化国家、实现中华民族伟大复兴的中国梦凝聚更大共识，贡献新的力量。

第一章

共铸此乾坤

中国新型政党制度诞生

参加新政协会议的名单中，中共党员约占44%，工农代表与无党派民主人士约占26%，民主党派约占30%，囊括了中共、民主党派、无党派民主人士中的精英。毛泽东接到这份名单时感叹：『这就是一本包罗万象的天书嘛！』

一 贤者云集

民主党派热烈响应

万事皆有开端。

中国共产党领导的多党合作和政治协商制度的开始，就要从中共中央发布“五一口号”讲起。

1. 振臂一呼：中共中央发布“五一口号”

1948 年上半年，中国人民解放军在各个战场上气吞万里、高歌猛进，人民解放战争的伟大胜利已经曙光在前。

一封十分简短的电文

1948 年“五一”国际劳动节前夕，是一个重要节点。按惯例，一些重要年份的“五一”劳动节，中共中央都会通过新华社对外发表宣言、口号，或举行集会、游行，刊发文章、社论。比如，1927 年的五一国际劳动节，中共中央分别发表了《告世界无产阶级书》《告中国民众书》；1939年4月底，中共中央作出《关于开展职工运动与“五一”工作的决定》，延安各界为此举行纪念“五一”劳动节大会。1948 年，担任新华社社长的廖承志，正驻扎在太行山深处涉县的东西戍村。在“五一”劳动节到来之际，他给中共中央发来一封十分简短的电报，“五一”劳动节快到了，询问中央有什么重要事情发布。

电报引起毛泽东和周恩来的高度重视：国民党反动统治即将崩溃，一个独立、民主、和平、统一的新中国即将诞生，该是对外公布中国共产党人的政治主张、新中国政权蓝图的时候了。“五一”国际劳动节正是提供了这样的契机。

时机成熟！条件具备！恰逢重大节日！于是毛泽东指派胡乔木等人着手起草“五一口号”。

毛泽东的神来之笔

胡乔木等将“五一口号”初稿起草完毕，一共 24 条，很快放在了毛泽东的案头。毛泽东快速浏览全文，目光停留在第 5 条“工人阶级是中国人民革命的领导者，解放区的工人阶级是新中国的主人翁，更加积极地行动起来，更早地实现中国革命的最后胜利”、第 23 条“中国人民的领袖毛主席万岁！”和第 24 条“中国劳动人民和被压迫人民的组织者，中国人民解放战争的领导者——中国共产党万岁！”上。

中国共产党是一个以救民于水火、追求人民民主为己任的马克思主义政党，抗战时期强调“国事是国家的公事，不是一党一派的私事”，反对一党一派的专制独裁统治，提出共产党员“只有对党外人士实行民主合作的义务，而无排斥别人、垄断一切的权利”。这些政治主张，得到了各民主党派和无党派民主人士的广泛赞同和一致拥护。一个伟大的马克思主义政党，一个彻底的历史唯物主义者，革命胜利的曙光才刚刚显露，怎能提“万岁”呢？毛泽东拿起笔来，作了三处重要的修改：

将初稿第 5 条“工人阶级是中国人民革命的领导者，解放区的工人阶级是新中国的主人翁，更加积极地行动起来，更早地实现中国革命的最后胜利”修改为“各民主党派、各人民团体及社会贤达，迅速召开政治协商会议，讨论并实现召集人民代表大会、成立民主联合政府”。

将第 23 条“中国人民的领袖毛主席万岁！”划掉。

将第 24 条“中国劳动人民和被压迫人民的组织者，中国人民解放战争的领导者——中国共产党万岁”改为“中华民族解放万岁！”。[1]

修改后的“五一口号”共 23 条，其全部内容如下：

> （一）今年的五一劳动节，是中国人民走向全国胜利的日子。向中国人民的解放者中国人民解放军全体将士致敬！庆祝各路人民解放军的伟大胜利！
>
> （二）今年的五一劳动节，是中国人民死敌蒋介石走向灭亡的日子，蒋介石做伪总统，就是他快要上断头台的预兆。打到南京去，活捉伪总统蒋介石！
>
> （三）今年的五一劳动节，是中国劳动人民和一切被压迫人民的觉悟空前成熟的日子。庆祝全解放区和全国工人阶级的团结！庆祝全解放区和全国农民的土地改革工作的胜利和开

1　朱维群主编：《让历史告诉未来——中共中央发布“五一口号”六十周年纪念》，华文出版社 2008 年版，第 108 页。

展！庆祝全国青年和全国知识分子争自由运动的前进！

（四）全国劳动人民团结起来，联合全国知识分子、自由资产阶级、各民主党派、社会贤达和其他爱国分子，巩固与扩大反对帝国主义、反对封建主义、反对官僚资本主义的统一战线，为着打倒蒋介石，建立新中国而共同奋斗。

（五）各民主党派、各人民团体、各社会贤达，迅速召开政治协商会议，讨论并实现召集人民代表大会，成立民主联合政府！

（六）一切为着前线的胜利。解放区的职工，拿更多更好的枪炮弹药和其他军用品供给前线！解放区的后方工作人员，更好的组织支援前线的工作！

（七）向解放区努力生产军火的职工致敬！向解放区努力恢复工矿交通的职工致敬！向解放区努力改进技术的工程师、技师致敬！向解放区一切努力后方勤务工作和后方机关工作的人员致敬！向解放区一切工业部门和后方勤务部门的劳动英雄、人民功臣、模范工作者致敬！

（八）解放区的职工和经济工作者，坚定不移地贯彻发展生产、繁荣经济、公私兼顾、劳资两利的工运政策和工业政策！

（九）解放区的职工，为增加工业品的产量，提高工业品的质量，减低工业品的成本而奋斗！拿更多更好的人民必需品供给市场！

（十）解放区的职工，发扬新的劳动态度，爱护工具，节省原料，遵守劳动纪律，反对一切怠惰、浪费和破坏行为，学习技术，提高生产效率！

（十一）解放区的职工，加强工人阶级的内部团结，加强工人与技术人员的团结，建立尊师爱徒的师徒关系！

（十二）解放区私营企业中的职工，与资本家建立劳资两利的合理关系，为共同发展国民经济而努力！

（十三）解放区的职工会与民主政府合作，保障职工适当的生活水平，举办职工福利事业，克服职工的生活困难。

（十四）解放区和蒋管区的职工联合起来，建立全国工人的统一组织，为全国工人阶级的解放而奋斗！

（十五）向蒋管区为生存和自由而英勇奋斗的职工致敬！欢迎蒋管区的职工到解放区来参加工业建设！

（十六）蒋管区的职工，用行动来援助解放军，不要替蒋介石匪徒制造和运输军用品！在解放军占领城市的时候，自动维持城市秩序，保护公私企业，不许蒋介石匪徒破坏！

（十七）蒋管区的职工，联合被压迫的民族工商业者，打倒官僚资本家的统治，反对美帝国主义者的侵略！

（十八）全国工人阶级和全国人民团结起来，反对美帝国主义者干涉中国内政、侵犯中国主权，反对美帝国主义者扶植日本侵略势力的复活！

（十九）中国工人阶级和各国工人阶级团结起来，反对美帝国主义者压迫亚洲、欧洲和美洲的民族解放运动、民主运动和职工运动！

（二十）向援助中国人民解放战争和推动中国职工运动的世界各国工人阶级致敬！向拒运拒卸美帝国主义和其他帝国主义援蒋物资的各国工人阶级致敬！向并肩反抗美帝国主义侵略的各国工人阶级和各国人民致敬！

（二十一）中国劳动人民和一切被压迫人民的团结万岁！

（二十二）中国人民解放战争的胜利万岁！

（二十三）中华民族解放万岁！

毛泽东的改动，寓意极为深刻，体现了他的博大胸怀与高瞻远瞩，表现了他对中国革命进程的准确把握，对统一战线在革命进程中作用的清醒认识，也展示了中国共产党对成立民主联合政府的诚意和决心，预示着一种全新的政党制度即将诞生，奏响了协商建国的华美序章。

民主党派热烈响应

4 月 30 日，中共中央书记处扩大会议在晋察冀军区所在地——河北省阜平县城南庄召开，会议讨论通过了经毛泽东修改后的《中共中央纪念“五一”劳动节口号》。当日，通过陕北的新华社正式对外发布，同一时间，新华广播电台也进行了广播。5 月 1 日当天，毛泽东还致函民革中央主席李济深和民盟中央常委沈钧儒，以协商的口气具体提出了召开政治协商会议的时间、地点、参会党派和原则、实施步骤等，对中共中央“五一口号”第 5 条作了进一步补充，并提议由中国国民党革命委员会、中国民主同盟中央执行委员会、中国共产党中央委员会于本月发表三党联合声明，以为号召。

“五一口号”一经发布，立即得到各民主党派、人民团体和无党派民主人士的热烈响应。

5 月 1 日，台湾民主自治同盟在香港出版的《新台湾丛刊》第 6 辑，开卷首篇为标明“新华社陕北三十日电”的新华社电讯稿《中国共产党中央委员会发布今年五一劳动节口号》，第二篇题为《一个响亮的号召》。

这是最早发表“五一口号”并予以热烈响应的报刊。

5月1日至2日，聚集在香港的各民主党派领袖人物、无党派民主人士展开了两天激烈的讨论。5日，中国国民党革命委员会李济深、何香凝，中国民主同盟沈钧儒、章伯钧，中国民主促进会马叙伦、王绍鏊，中国致公党陈其尤，中国农工民主党彭泽民，中国人民救国会李章达，中国国民党民主促进会蔡廷锴，三民主义同志联合会谭平山，无党派民主人士郭沫若等，代表各自的党派和无党派民主人士向全国同胞发出联合通电，并联名致电中共中央主席毛泽东，完全赞成“纪念‘五一’劳动节口号”。他们还联合通电国内外各报馆、各团体和全国同胞，公开响应中共中央“纪念‘五一’劳动节口号”。

一石激起千层浪！12位民主党派领导人和无党派民主人士联名通电一经发出，各民主党派一呼百应，纷纷以各种方式发表声明、宣言、告全国同胞书，响应中国共产党的“五一口号”，积极推进政治协商会议的召开。

5月23日，民建在上海秘密举行理监事会，黄炎培、胡厥文、施复亮等出席，一致通过决议，响应中共“五一口号”。5月24日，中国民主促进会在香港《华商报》发表《中国民主促进会响应中共“五一”号召的宣言》。6月9日、10日，中国致公党在《华商报》发表《响应中共中央“五一口号”宣言》。6月16日，中国民主同盟发布《致全国各民主党派各人民团体各报馆暨全国同胞书》。6月17日，中国农工民主党发表反对美国扶日的《宣言》。6月25日，中国国民党革命委员会发表《响应中共“五一”号召的声明》。九三学社公开响应“五一口号”的时间较晚。当时九三学社总社在国统区的北平，不便以团体的面目出现。北平解放前夕，九三学社于1949年1月26日公开在北平《新民报》上发表《拥护中共“五一”号召暨毛泽东八项主张的宣言》。此外，三民主义同志联合会、中国国民党民主促进会、中国人民民主救国会等党派也发表声明，积极响应中共“五一口号”。[1]

多党合作拉开序幕

各民主党派和无党派民主人士积极响应中共“五一口号”，是民主党派发展历史上的一个重大事件，是多党合作历史上一个重要的里程碑。

这表明各民主党派和无党派民主人士公开、自觉地接受了中国共产党的领导。近代以来，面对民族兴衰、国家安危，中国的各种政治力量在历史舞台上竞相角逐，各展其态。中国共产党作为马克思主义政党，始终以民族大义、国家兴亡、民族解放为重，引领中国人民拨开迷雾，走向光明。各民主党派、无党派民主人士在反对国民党独裁专制、争取民主自由的斗争中，逐渐认识到只有中国共产党才能救中国，只有跟着中国共产党走才有光明前景。他们积极响应中共“五一口号”，纷纷表示愿意在中国共产党的领导下，贡献自己的绵薄之力，希望人民民主革命早日成功、新中国早日建立，从而在政治上实现了从同情和倾向中国共产党到公开自觉接受中国共产党领导的根本转变。

这表明中国共产党同民主党派的合作揭开了新的一页。近代以来，中国的民主政治一直在艰难曲折中摸索前行。民国初年效仿西方实行议会制和多党制，没能找到中国民主政治的正确方向。国民党反动势力实行一党专制，违背了中国民主政治发展潮流。中国共产党自诞生之日起，就以发展人民民主为己任，开启了中国民主政治发展的新征程。各民主

1　朱维群主编:《让历史告诉未来——中共中央发布“五一口号”六十周年纪念》，华文出版社 2008 年版，第 122 页。

党派、无党派民主人士积极响应中共“五一口号”，更加自觉地同中国共产党真诚合作、和衷共济，为中国民主政治发展汇聚强大合力，为最终确立中国共产党领导的多党合作和政治协商制度奠定了重要基础。

这表明各民主党派和无党派人士坚定地走上了新民主主义的道路。选择什么样的道路，就选择什么样的未来。在中国革命形势发生重大转变之际，各民主党派和无党派人士顺应时代潮流和历史发展大势，积极响应中共“五一口号”，积极投身人民解放战争，共同筹备召开中国人民政治协商会议，筹备建立新中国。以此为标志，各民主党派和无党派人士开始走上了新民主主义、进而走上社会主义这样一条光辉的发展道路。

2. 群贤毕至：新政协的筹备和召开

当各民主党派和无党派民主人士积极响应与拥护中共“五一口号”、共同促进召开新政协、建立民主联合政府的电报、通电雪片般地飞到毛泽东的案头，毛泽东也给予了热烈的回应。1948 年 8 月 1 日，毛泽东复电香港李济深、何香凝、沈钧儒、章伯钧、马叙伦、王绍鏊、陈其尤、彭泽民、李章达、蔡廷锴、谭平山、郭沫若诸先生，并转香港各民主党派、各人民团体及无党派民主人士。电文很长，但也可以用一句话概括：来吧，一起参加新政协！

南雁北归万里程

在中共中央发布“五一口号”时，大多数民主人士还在南方：宋庆龄、张澜等居住在上海，众多民主人士则避难在香港。毛泽东复电的当日，周恩来就亲自安排部署迎接民主人士北上。从1948年9月起，民主党派、无党派民主人士和文化艺术界代表性人士主要分四批从香港乘船北上。

安排民主人士北上是一项艰巨的任务，需要精心的布置安排。李济深是各方瞩目的人物。在国民党军事失败已成定局的情况下，一些人对李挑拨说：你不能去解放区，到那里你就身不由己。一些人想利用他的声望和影响谋划“划江而治”，白崇禧曾写信给李济深，让一位国民党大员赶到香港请李济深回武汉“主持大计”。特别是在发现不少民主人士已不再露面后，国民党特务也加紧了监控。情况错综复杂，李济深要想离开香港，确实困难重重。为此，何香凝在一次聚会后对李济深说：“任公，你还是早走的好，一则是形势的需要，二则为了任公你自身的安全。”为迷惑外界，李济深先参加一个午宴，由何香凝等作陪。宴毕，他与朱蕴山等带着酒肴，坐上交通员掌舵的游艇，装作去海上游览，在水面上游弋。入夜以后，神不知鬼不觉地登上“阿尔丹”号，并于次日凌晨安全出港。夏衍后来回忆，当时他们十分紧张地“在一家旅馆守着一部电话机听消息，直到听到‘船开了，货放在大副房间里，英姑娘没有来送行’这个谜语一般的电话，才松了一口气”。1949年1月1日，有记者就蒋介石发表《元旦文告》去采访李济深，才发现人去楼空。

经过十多个昼夜的艰难航行，1949年1月7日李济深抵达大连，被安排在大连最高级的饭店。当天中午，李富春、张闻天等以中共中央名义在关东酒楼设宴为李济深等接风洗尘。因为当时天气很冷，周恩来还安排送去了皮帽、皮靴、貉绒大衣等御寒用品。李济深等颇受感动，连声称道："恩来先生想得真周到，吃、穿、住、行都给我们安排好了，名副其实雪中送炭！"[1]

据中共广东省委党史研究室核查档案统计：从 1948 年 9 月至 1949 年 9 月，接送民主人士和文化精英北上的工作大大小小进行了 20 多次，共接送 1000 多人，其中民主人士 350 多人。

北上途中，民主人士豪情满怀，逸兴横飞，柳亚子途中赋诗："六十三龄万里程，前途真喜向光明。乘风破浪平生意，席卷南溟下北溟。"郭沫若在船上更是办起了《波浪壁报》，刊载胜利消息，并赋诗云："人海翻身日，宏涛天际来。才欣克辽沈，又听下徐淮。指顾中原定，绸缪新政开。我今真解放，自愧乏人才。"

折戟沉沙铁未销

在民主建国的进程中，有很多民主人士为了新中国的诞生献出了宝贵的生命，倒在了新政协召开的前夕。

"五一口号"发布后，冯玉祥将军于 1948 年 7 月 30 日、31 日先后发表《告别留美侨胞书》和《告别美国人士书》，携全家登上苏联"胜利号"邮轮，准备经苏联转道回国。船行一月，在黑海航行途中，突然失火，由于抢救不及，冯玉祥于 1948 年 9 月 1 日不幸遇难，牺牲在新中国成立的前夕，终年 66 岁。毛泽东、朱德专电冯玉祥将军的家属表示痛悼，称誉冯将军"置身民主，功在国家"。

1　朱维群主编：《让历史告诉未来——中共中央发布"五一口号"六十周年纪念》，华文出版社 2008 年版，第 142—143 页。

杨杰将军，民革中央执委、民联中常委，参加过同盟会和辛亥革命，因不满蒋介石专制独裁，成为一位反蒋斗士。1949 年 9 月，杨杰由昆明到香港，准备赴北平出席新政协会议，不料军统头子毛人凤从杨杰家中抄出的日记及往来信件中掌握了杨杰在香港的住处。9 月 19 日晚，国民党特务偷偷来到杨杰住处，谎称有要信面呈，杨杰毫无戒心地取过信，坐在藤椅上拆阅，特务突然拔出手枪对准杨杰胸部就是一枪，紧接着又对其头部补了一枪，一位杰出的民主战士为中国人民的解放事业献出了宝贵的生命。

黄竞武，民建上海“临工委”常务干事，黄炎培次子。新中国成立前，黄竞武在上海忙于搜集国民党政府“四行两局”（中央银行、中国银行、交通银行、中国农民银行，中央信托局、邮政储金汇业局）有关组织、业务和人事方面的资料，监视国民党把中央银行库存黄金、白银、美钞、英镑偷运台湾的活动，发动上海各界制止金银外运，并和银行职工联合发动罢工拒运。1949 年 5 月 12 日，一个陌生人来到了黄竞武位于外滩的中央银行办公室，说中央银行行长要召见黄竞武，把他骗到楼下，随后黄竞武被押送到秘密机关拘禁起来。原来，那个陌生人是保密局特务。面对敌人的严刑逼供，黄竞武始终严守秘密，坚贞不屈。5 月 18 日深夜，被国民党残忍杀害。

英才汇聚在北平

新政协筹备在即，还有几位德高望重的民主人士由于各种原因尚未到达北平，中国共产党或解救他们于危困之时，或发出诚挚邀请。

张澜，著名的民主革命家，中国民主同盟的杰出领导人和创始人，一生经历晚清、中华民国、北洋政府、蒋介石政府、中华人民共和国等多个政权，当他接触并了解了中国共产党，犹如在黑暗中看到了民族的曙光，从此与中国共产党坚定地站在一起。1949 年 5 月初，在上海的张澜、罗隆基突然被国民党特务拘禁起来，准备逃往台湾的蒋介石给特务头子毛人凤下了一道密令：像张澜这样的民主人士，要随国民党一同前往台湾。凡是拒绝去台湾的，一律就地处决。远在北平的毛泽东和周恩来高度关注张澜的安危，毛泽东当即作出指示："张澜是民盟的领袖、新政治协商会议的代表，告诉上海的同志们，一定保证他们的安全。"周恩来亲自布置方案，组织上海地下党全力营救，历经曲折艰险，终于在人民解放军进攻上海的同一天夜里，将张澜安全营救出来。当得知中共营救自己的经过后，张澜对一同脱离险境的罗隆基感慨地说："努生（罗隆基字），看见没有，恩同再造啊！"随即，毛泽东欣然命笔，邀请张澜来北平共谋开国大计。6 月 24 日，张澜、罗隆基在上海脱险后乘火车抵达北平，火车刚在前门车站停下，周恩来、朱德等就出现在车厢门前。周恩来紧紧握住张澜的手，深情地说："表老，你为我们担了风险，吃苦了！"张澜感动地说："我也感谢你们对我的营救。"朱德是张澜昔日在四川办学的学生，40 多年后见到老师，当即行军礼表示崇高敬意。

宋庆龄，孙中山先生夫人，中国共产党的亲密朋友。1949 年新年刚过，毛泽东、周恩来联名致电宋庆龄诚邀其北上，但宋庆龄因病不能成行。新政协筹备会召开前夕，6 月 19 日，毛泽东再次亲笔致函宋庆龄：

庆龄先生：

重庆违教，忽近四年。仰望之诚，与日俱积。兹者全国革命胜利在即，建设大计，亟待商筹，特派邓颖超同志趋前致候，专诚欢迎先生北上。敬希命驾莅平，以便就近请教，至祈勿却为盼！专此。

敬颂

大安！

毛泽东

21日，当邓颖超带着毛泽东的亲笔信即将出发时，周恩来沉吟一番，也给宋庆龄写了一封信，交夫人邓颖超一并捎上。面对中共中央和毛泽东、周恩来的无限诚意，8月26日，宋庆龄由邓颖超、廖梦醒陪同，乘专列2252次离沪北上。28日安抵北平，毛泽东、周恩来、林伯渠、董必武及李济深、何香凝等亲自到车站迎接。[1]

毛泽东还十分重视团结海外华侨的力量。1949年1月20日，毛泽东致电南洋侨领陈嘉庚："中国人民解放斗争日益接近全国胜利，召开新的政治协商会议，建立民主联合政府，团结全国人民及海外侨胞力量，完成中国人民独立解放事业。为此亟待各民主党派及各界领袖共同商讨。先生南侨硕望，众望所归，谨请命驾北来，参加会议。"[2] 同时致电大洋彼岸的致公党元老、美洲华侨领袖司徒美堂："至盼先生摒挡公务早日回国，莅临解放区参加会议。"陈嘉庚、司徒美堂这两位在海外享有声望的华侨领袖，接电后都铭感毛泽东的盛意，毅然归国赴会。

1　朱维群主编：《让历史告诉未来——中共中央发布"五一口号"六十周年纪念》，华文出版社2008年版，第147页。

2　杨建新、石光树、袁廷华编著：《五星红旗从这里升起》，文史资料出版社1984年版，第33页。

包罗万象的天书

渡江战役后，中国人民解放军占领南京，国民党政府在政治上彻底破了产，召开一个没有国民党反动派参加的新的政治协商会议，条件已经具备。1949 年 6 月 15 日，新政治协商会议筹备会召开，筹备会一项重要的工作就是确定参加新政协的代表名单。

这是一件极为复杂繁重的工作。

筹备会期间，有不少其他党派团体要求参加政协，如孙文主义革命同盟、民社党革新派、中国少年劳动党、光复会、中国农民党、中国民治党、中华平民教育促进会、人民民主自由联盟、民主进步党、中国人民自由党等，其中不乏来历不明的冒充者。这些党派团体，有些在解放战争期间对革命做过一些有益的工作；有些并无民主运动的历史和实际表现；有些则是极少数反动分子或政治投机分子临时拼凑起来，组织严重不纯，成分复杂。

筹备会经过调查，本着包括一切参加奋斗方面的广泛性和坚持不能有反动分子参加的原则，作了实事求是的研究。对于不符合参加新政协标准的组织，不考虑他们参加政协，要求他们宣告解散结束组织，但邀请他们当中有民主运动历史，又有一定代表性的民主分子以个人身份参加政协或在工作上给予适当安排。如：孙文主义革命同盟性质与民革相近，主张联共反蒋，但组织不纯，成分复杂，于 1949 年 8 月在上海宣告解散，其成员大都转入民革，领导人许闻天、邓昊明以个人身份参加新政协。民社党革新派成分复杂，其领导人沙彦楷、汪世民以个人身份加入新政协，并在会议期间宣布民社党革新派已完成自己的历史任务，自动解散，部分成员加入民盟。国民党 CC 分子操控的中国民治党，以及为国民党所利用的中华平民教育促进会、人民民主自由联盟、民主进步党、中国人民自由党等

“政党”，因其并未参加民主运动，有的还属反动组织，被要求解散。

经过三个多月的反复沟通、统一思想，9 月 20 日，参加新政协的单位及代表名单终于尘埃落定。中国人民政治协商会议第一届全体会议，共有 45 个单位，正式代表 585 人，候补代表 77 人，总共 662 人。其中，中共、民革、民盟三个党派的正式名额均为 16 人，候补代表 2 人。沈钧儒亲眼目睹了共产党不以大党自居，在代表名额分配上和民革、民盟人数相等的创举，感慨万千：“这确是有史以来第一次遇见的民主政府，民主精神。”[1]

筹备新政协

协商是什么？就是经过充分讨论、交流，把分歧达成一致意见的过程。而新政协会上对建立新中国、成立新政府的各项事宜的讨论交流，就是一场生动的协商过程。

筹备召开新政协，是一项极为复杂的工程，除确定参加新政协会议的单位名单和代表，更主要的是起草共同纲领、拟定国旗国歌国徽等。为此，筹备会设立了 6 个小组：第一小组，主要拟定参加新政协会议的单位名单及代表人数，组长李维汉，副组长章伯钧；第二小组，起草新政协会议组织条例，组长谭平山，副组长周新民；第三小组，起草共同纲领，组长周恩来，副组长许德珩；第四小组，拟订中华人民民主共和国政府方案，组长董必武，副组长黄炎培；第五小组，起草宣言，组长郭沫若，副组长陈绍先；第六小组，拟订国旗、国徽和国歌方案，组长

1 陈延武著:《万水朝东：中国政党制度全景》，生活·读书·新知三联书店 2011 年版，第 170 页。

马叙伦，副组长叶剑英。

三个多月里，各小组紧张有序地展开工作，通过协商座谈、意见征求、研讨磋商，负责的事项基本落实，但是也有一些事情并未达成最终的一致，需要留给政协会议协商解决，比如第六组的国旗、国歌方案的最终确定。

于是，生动的协商讨论在第一届政协会议上得到延续。

经过三个多月的充分准备，1949 年 9 月 21 日，肩负着建国使命的时代盛会——中国人民政治协商会议第一届全体会议在中南海怀仁堂开幕。政协第一届全体会议决议，成立大会国旗、国歌、国徽、国都、纪念方案审查委员会，委任马叙伦召集 55 名委员集中讨论。9 月 25 日晚，毛泽东、周恩来在中南海丰泽园召开座谈会，听取关于国歌、国旗等问题的意见。

关于国歌，马叙伦建议用《义勇军进行曲》暂代，但有人提议修改歌词。周恩来插话：“法国用马赛曲作国歌，‘把敌人的血浇灌我们的田’是旧歌词，也没有改。我们要嘛就用旧歌词，这样才能激励感情，修改了唱起来就不会有那种感情。”毛泽东接着说：“我国人民经过艰苦斗争，全国快解放了，但是，中国还受帝国主义包围，还不能忘记帝国主义对我们的压迫，我们要争取中国的完全独立解放，还要进行艰苦卓绝的斗争，所以，还是保持原有歌词为好。”在充分协商的基础上，《义勇军进行曲》作为代国歌被确定下来。

关于国旗有四种主要意见：一是镰刀锤头交叉并加五角星，但有模仿苏联之感；二是麦穗齿轮并加五角星，图案复杂，不适合做国旗图案；三是两色或三色横条组成旗面，左上或中央置放镰刀锤头或麦穗齿轮或五角星。横条象征长江、黄河和珠江，镰刀锤头象征工农等各阶级联合，但图案也较复杂，且有与美国、苏联国旗混杂之感；四是旗面三分之二为红色，三分之一为白、蓝、黄各色，加以红色或黄色的五角星。但也有缺点，……讨论时，大家比较倾向于复字32号五星红旗方案，这是一位名叫陈联松的普通职工设计的。大五角星代表中国共产党，小星代表工人、农民、小资产阶级、民族资产阶级四个阶级。可是，大家认为四个阶级的提法不妥，争论较为激烈。讨论中，毛泽东就放大了的五星红旗图案说："大家都说这个方案好，中国革命胜利就是在共产党领导下以工、农为基础，团结了小资产阶级、民族资产阶级，共同奋斗取得的，这是中国革命的历史事实。今后还要共同努力进行社会主义建设，我看这个图案反映了中国革命的实际，表现了我们革命人民大团结。现在要团结，将来也要团结，我看这个图案是较好的国旗图案。"一直关心国旗方案的华侨代表陈嘉庚接着说："我从东北回来，我很关心国旗问题，我完全同意毛主席讲的复字32号国旗方案。"著名建筑学家梁思成也表示赞同："我觉得32号图案很好，多星代表人民大团结，红代表革命，表示革命人民大团结。"其他人也相继发言，五星红旗的方案最终得到通过。

关于国徽，鉴于大家对当时所涉及的国徽图案均不满意，毛泽东建议：国徽是否可以慢一点决定，原小组继续设计，等将来交给政府决定。

关于纪年，大多数人赞同公元纪年。但有人说：我们采用公元纪年，老百姓也可能同时采用其他纪年。毛泽东说："老百姓要用其他纪年我们也没办法，我们不能制定法律去处罚他们。过去用中华民国，老百姓用甲子年，他们还是用了。但是，我们政府要有个决定：采用哪个年号。"黄炎培接着说："有人说采用公元纪年是以耶稣诞生之年为纪元，是基督教国家的年号，据我们调查了解，其实许多非信仰基督教的国家也采用公元纪年，现在公元纪年已成为国际习惯通用的年号。少数国家采用本国纪元，但在行文写到本国纪年时，常常还要加注公元多少年，很麻烦。”毛泽东风趣地接话：“就是，耶稣也不坏嘛，耶稣和今天某些国家借推行基督教进行帝国主义侵略不一样！”于是，公元纪年得以确立。[1]

1 朱维群主编：《让历史告诉未来——中共中央发布“五一口号”六十周年纪念》，华文出版社 2008 年版，第 215—218 页。

二

协商建国

人民民主政权

新中国诞生、人民民主专政国家政权成立，在中国共产党的诚挚邀请下，各民主党派积极参加新中国建设，为巩固新政权作出了重要贡献。

1. 新生政权：民主党派参加国家政权

“谁打天下谁就坐天下”似乎是中国古代历史恒久不变的道理，但是1949年后情况就发生了变化。

司徒美堂是中国致公党的主要创始人。1949年9月，司徒美堂到达北平与毛泽东在香山双清别墅会面。考虑到年过八旬的司徒美堂不能乘车上山，毛泽东临时出了个主意：在一把藤椅两边绑上两根木棍，做成一副“轿子”抬老人上山。两人见面后，司徒美堂不无感慨地说：“原先心里有种想法，主要还是对共产党了解不深，以为共产党胜利了，现在要上台，我们这些人是给共产党‘抬轿子’，捧共产党上台的。没想到，毛主席这样平易近人，民主协商的精神对我教育很深。”毛泽东对言：“我们今后要长期一起共事，我们大家既是坐轿者，又都是抬轿者。每一个爱国的志士仁人，都可以自己的特长，参加人民政府的工作，不但要做到尽职尽责，还要做到有职有权。”

具有临时宪法作用的《共同纲领》

政协第一届全体会议的最大精神和智慧结晶就是7000余字的《中国人民政治协商会议共同纲领》。《共同纲领》是建国大纲，它确定了中华人民共和国的国家性质和政权制度，是全国人民在一定时期内共同奋斗的目标和统一行动的政治准则，起着临时宪法的作用。

第一届全国政协会议还通过了《中国人民政治协商会议组织法》《中华人民共和国中央人民政府组织法》和《关于中华人民共和国国都、纪年、国歌、国旗的决议》3个决议案，并且进行了大会选举。

会议选举毛泽东为中华人民共和国主席，选举朱德、刘少奇、宋庆龄、李济深、张澜、高岗为中华人民共和国副主席，6位副主席中，党外人士有3人。

第一届中央人民政府委员会由63人组成，主席、副主席共7名，民主党派、无党派民主人士3名；在56名政府委员会委员中，民主党派人士和无党派民主人士27名，占了46.5%。这个格局奠定了中国共产党与各民主党派、无党派民主人士合作行使国家权力，实践人民民主的基本组织与行动架构，充分体现了多党合作的特质。

第一届全国政协会议的召开，标志着中国共产党领导的多党合作和政治协商制度的正式确立。

照此发表，不要漏掉

1949年10月1日下午，当毛泽东在天安门城楼上宣读《中华人民共和国中央人民政府公告》时，新华社记者李普就站在毛泽东身后不远的地方。

毛泽东宣读完公告后，李普上前要稿子。毛泽东知道李普是记者，指着一张字条叮嘱说："这个纸条你注意，千万不要丢掉了，照此发表，不要漏掉。"毛泽东宣读的公告稿是铅印好的文件，上面别了一张毛泽东签字并写有批语"照此发表"的字条。

原来，《公告》原稿中只开列了主席和6位副主席的姓名，接着写的是"陈毅等56人为委员"，其他55人都省略掉了。10月1日上午，在中央人民政府委员会举行的第一次会议上，张治中建议在《公告》里公布56位中央人民政府委员的名单。毛泽东当即明确表态："好，把56名委员名字都写上去，可以表示我们中央人民政府的强大阵容。"大家听了热烈鼓掌。[1]

这份名单是这样的：

中华人民共和国主席：毛泽东

副主席：朱德、刘少奇、宋庆龄（无党派）、李济深（民革）、张澜（民盟）、高岗

中央人民政府委员56名：陈毅、贺龙、李立三、林伯渠、叶剑英、何香凝（民革）、林彪、彭德怀、刘伯承、吴玉章、徐向前、彭真、薄一波、聂荣臻、周恩来、董必武、赛福鼎、饶漱石、陈嘉庚（无党派）、罗荣桓、邓子恢、乌兰夫、徐特立、

1 陈延武著：《万水朝东：中国政党制度全景》，生活·读书·新知三联书店2011年版，第179页。

> 蔡畅、刘格平、马寅初（无党派）、陈云、康生、林枫、马叙伦（民进）、郭沫若（无党派）、张云逸、邓小平、高崇民（民盟）、沈钧儒（民盟）、沈雁冰（无党派）、陈叔通（无党派）、司徒美堂（致公党）、李锡九（民革）、黄炎培（民建）、蔡廷锴（民促）、习仲勋、彭泽民（农工党）、张治中（民革）、傅作义（无党派）、李烛尘（民建）、李章达（救国会）、章伯钧（农工党）、程潜（民革）、张奚若（无党派）、陈铭枢（民联）、谭平山（民联）、张难先（无党派）、柳亚子（民革）、张东荪（民盟）、龙云（民革）

这份名单，政府委员会副主席中民主人士占了半壁江山，政府委员会委员中民主人士 27 名，占 46.5%，许多非中共人士担任了重要职务。当时中国政治舞台上为争取民主自由而奋斗的知名人士，以及反对国民党独裁统治的各派实力人物，尽在其中。

中共内部也有少数同志产生了质疑和不满，他们对安排民主党派和无党派民主人士担任政府的领导职务不服气。有的说：“革命还不如不革命，不革命还不如反革命”；有的说：“老革命不如新革命，新革命不如不革命”；还有人说：“不应该在政治上去抬高他们，组织上去发展他们”；一些战功累累的将领直言不满：“我们打天下，民主人士坐天下！”语锋直指三位民主人士副主席中的李济深和张澜。鉴于内部少数同志的疑虑和不满，中共高层努力开展思想工作。

当时来自解放区的一些同志看到张澜戴瓜皮帽、穿长衫，一副遗老的样子，表示反对。这时朱德公开讲话了：“讲到革命，诸位没有一个比他早的。”张澜品德高尚，两袖清风，一身正气，他曾在旧社会当过四川省长，为公益事业捐赠了大量资金，但他的夫人照旧当农民、住茅屋；他的布衣长衫从家乡穿到繁华的上海，穿到就任中央人民政府副主席。

北京市在1949年11月18日专门召开了一次党代表会议，彭真在会上作了“关于搞好同党外人士合作和开好各界人民代表会议的问题”的讲话，严肃批评了这些错误思想。关于为什么要加强同党外人士合作，彭真强调：一是党在如何管理这样大的一个国家的许多方面，还缺乏人才、经验，而党外不乏在这些方面有经验的人士；二是这样的政府成员结构，有利于团结并带动各阶级、各阶层人士，共同为建设新中国而努力。回顾我国革命的历史，哪一次在统一战线问题上犯了错误，革命就失败。只靠共产党三个字来勉强领导，最终是要从领导位置上掉下来的。这次开诚布公的讲话，对提高广大党员干部的思想认识、团结党外人士、加强人民民主统一战线，起了重要作用。

请君出山、为民做官

新中国成立初期，共产党的工作重心刚刚从农村转入城市，从搞武装斗争转入国民经济的恢复和建设，急需大批领导人才和专业人才，而各民主党派和无党派人士中汇集了一大批具有很高文化科学素质和管理水平的人才。开国大典过后，中央人民政府委员会开始运作，对各界民主人士的安排成为各方关注的焦点。少数人对民主人士“当官”心存顾虑，可是他们没有想到的是民主人士也不是那么热衷于“当官”，请这些人“当官”并非易事。

黄炎培，这位大半生恪守“不为官吏”信条的清末举人，早年北洋政府两次任命他为教育总长，均坚辞不就。蒋介石在1927年和1946年先后两次以高官厚禄利诱，甚至采取恫吓手段，也没能把黄炎培拉进官场。

新中国成立时，黄炎培已是走过71岁人生的古稀老人。组建新的民主联合政府，毛泽东和周恩来一致认为，非请黄炎培这样的人物“出山”不可。

1949年10月11日晚，周恩来亲自来到黄炎培的寓所，诚心诚意地劝说黄炎培出任政务院副总理兼轻工业部部长。听了周恩来的请求，黄炎培面有难色，因为他自几次拒绝做官后，抱定了“不为仕、不做官”的念头。面对态度诚恳的周恩来，他犹豫不决：“1946年我68岁时，就觉得已经老了，做不动官了。如今我已72岁，还能做官吗？”听了黄炎培的话，周恩来爽朗地笑了起来，连忙称：“黄任公不老”，又细心解释：在新政府任职，不同于在旧社会做官，现在是人民的政府，不是做官，是做事，是为人民服务。在人民政协会议上，由全国各党派一起千斟万酌研究制定的《共同纲领》，就是为人民服务的“剧本”。我们自己编了“剧本”，自己怎能不上台唱呢？“剧本”的确是黄炎培等人参与“编”出来的，各方人士的意志都较为完整地体现在里面了，此时撒手，“不上台唱”，岂不违背“为人民”的宗旨？……两人促膝交谈，不知不觉两个钟头过去了，最后黄炎培答应考虑考虑。中国共产党的道路，给了黄炎培很多启发；而周恩来的坦诚，又给了他极大的鼓舞，黄炎培基本上被说服了。次日，他找来好友孙起孟等人征求意见。大家一致认为中共求贤若渴，劝其接受政务院的职位。当晚，周恩来再次登门听取黄炎培的思考结果，黄炎培感激不尽，他不愿让总理“三顾茅庐”，终于答应担任公职。

对于此事，黄炎培的四子黄大能不解地问他：“恁地年过七十而做起官来了？”黄炎培正色回答：“以往坚拒做官是不愿入污泥。今天是中国共产党领导下的人民政府，我做的是人民的官啊！”为了向更多有着同样疑问的朋友袒露心迹、说明缘由，黄炎培在《为参加行政工作一封公开信》中写道：“人民政府是人民的政府，是自家的政府。自家的事，需要人做时，自家不应该不做，是做事，不是做官。”

周恩来还请在旧社会拒绝高官厚禄的耿介之士、著名林业学家梁希出任林垦部部长。当梁希得知这一消息后，曾给周恩来写了一个条子：“年近七十，才力不堪胜任，仍以回南京教书为宜。”周恩来当即回复：“为人民服务，当仁不让。”梁希深为感动，慨然表示：“为人民服务，万死不辞。”

在拟定名单过程中，周恩来缜密考虑，反复斟酌，不断平衡协调，使各民主党派主要领导人和无党派民主人士的代表人物，差不多都安排进了政务院及其所属各部门。

在政务院及下属各部委中，各界民主人士担任的职务、人选及比例为：

4 名副总理中的 2 名：郭沫若、黄炎培，占 50%；15 名政务委员中的 9 名：谭平山、章伯钧、马叙伦、陈劭先、王昆仑、罗隆基、章乃器、邵力子、黄绍竑，占 60%；4 名委员会主任中的 2 名：文化教育委员会主任郭沫若、人民监察委员会主任谭平山，占 50%；30 名部、会、院、署、行正职负责人中的 13 名：轻工业部部长黄炎培、邮电部部长朱学范、交通部部长章伯钧、农业部部长李书城、林垦部部长梁希、水利部部长傅作义、文化部部长沈雁冰、教育部部长马叙伦、卫生部部长李德全、司法部部长史良、华侨事务委员会主任何香凝、中国科学院院长郭沫若、出版总署署长胡愈之，占 43%。此外，在各部、会、院、署、行 63 位副职中，有各界民主人士 29 位，占 46%。

在政务院各部门中，各界民主人士所占比例最低为 43%，最高达 60%。除政务院外，在中央人民政府委员会所辖的人民革命军事委员会、最高人民法院和最高人民检察署等国家强力部门中，也对各界民主人士作了适当安排。这出乎许多民主党派和无党派民主人士的预料。

2. 众志成城：巩固新政权，发挥好作用

新中国成立初期，中国共产党和各民主党派面临着恢复国民经济、巩固人民民主政权的共同任务。

在中国共产党的领导和推动下，各民主党派积极行动起来，加入土地改革、抗美援朝、镇压反革命、“三反”“五反”和知识分子思想改造五大社会运动中，在《共同纲领》的基础上，密切了同中国共产党的团结合作，密切了与各自所联系的群众的关系，为巩固新政权、恢复国民经济，发挥了积极作用。

支持土地改革

进行土地改革，实行“耕者有其田”的政策，是新中国的重要任务之一。各民主党派所代表的民族资产阶级和城市小资产阶级总的来说对土地改革是赞成的，但其中不少人自己就是地主，或者和地主有不同程度的联系，这部分人的自身现实利益和土地改革是矛盾的。

1950 年 6 月，中共中央提交全国政协第一届全国委员会二次会议讨论通过《土地改革法（草案）》。为了统一认识，中共中央负责同志分别邀请各民主党派、无党派民主人士，进行协商座谈，沟通思想、交换意见，并在各种会议上开展批评和自我批评，摆事实、讲道理，批驳那些怀疑、反对土改的错误言论，在统一认识后才提交讨论。各民主党派通过反复讨论，认识到土改是“中国独立、民主、富强和工业化的必由之路”，各民主党派领导人分别在大会上发言，表示拥护土地改革，号召各自党派的成员为土改的彻底完成而努力奋斗。民革中央主席李济深说：“封建土地所

有制的存在，障碍了人民的中国走上工业化和现代化的前程，我们中央人民政府和人民民主统一战线的每一个参加单位，都应以最大的决心，来完成土地改革这一历史任务。”他号召民革的“全体同志为全会决议的实现而奋斗到底”。

一些和封建土地制度关系密切的爱国起义将领，现身说法，表示拥护土地改革。民革成员、曾率部起义的爱国将领刘文辉说：“我就是一个大地主，拿四川的话来说就是‘大绅粮’。我将无条件无保留地献出我所有的一切土地，分给农民。”与刘将军同举义旗的邓锡侯将军也表示：“这样一个制度的改革，在我个人，我可以坦白地说，是和我本阶级的阶级利益相冲突的”，“我愿诚挚地拥护这样的一个土地改革，我要坚决地放弃本阶级的利益，来服从全国人民的利益，服从整个革命的利益”，“我抱定决心，不仅做到军事上的‘起义’，而且要做到阶级上的‘起义’”。[1]

《土地改革法》正式公布后，各民主党派立即发布了拥护、支持土地改革的指示、决议，号召动员其成员学习贯彻土改法，积极参加土改运动。1950 年 7 月 1 日，《土地改革法》公布的第二天，民盟即举行第七次中央常委会，作出决议：“在本年实行土改各地区，凡有本盟组织者，应即发动盟员积极参加。”8 月 4 日，民盟中央又发出《关于发动盟员参加土地改革的通知》，重申中央常委会决议，并对参加土改工作的盟员，提出“须有决心”“须参加训练”“须遵守并执行法令政策”“须服从统一领导”等四项要求。9 月 23 日，民盟中央又发出《关于动员盟员在土地改革中加强宣传工作的通知》，希望各地组织，“动员盟员实际参加土改外，尤应针对土改问题，利用各种机会和方式，经常广泛开展学习与宣传工作”，各级盟组织按照中央的指示精神，纷纷举行报告会、动员会，编印宣传小

1　刘延东主编：《当代中国的民主党派》，当代中国出版社 1999 年版，第 97 页。

册子，宣传土改政策，交流学习心得和参加、参观土改的体会。对于地主、富农家庭出身或亲友是地主、富农的盟员，一些支部还做了深入细致的思想工作，帮助他们站稳立场，过好土改关；同时，也对丧失立场、破坏土改的个别盟员进行了组织处分。据不完全统计，民盟至少有 978 人参加了土改工作。民盟中央机关干部由领导带队分四批共 49 人参加了华东、中南、西南地区的土改工作，并组织参观了华北、西北地区的土改工作，参加和参观土改归来的同志多次在盟内介绍情况，使广大盟员普遍受到教育。

在民主党派的积极配合下，中国有史以来规模最大的土地改革运动，在解放了的广大农村全面铺开。到 1953 年春，全国约有 3 亿多无地和少地农民分得 7 亿亩土地和大量的生产资料。就连最敏感的社会学家也没有想到，这场冲击中国封建制度数千年根基的伟大变革，得到了各民主党派和无党派民主人士的热烈响应，他们成为中国土改运动的坚决拥护者和积极参与者。

抗美援朝、保家卫国

1950 年 6 月 25 日，朝鲜战争爆发。两天后，美国军队入侵朝鲜半岛，第七舰队开往台湾海峡，随后又把战火烧到鸭绿江边。怎么办？是出兵迎战，还是隔岸观火？未满周岁的共和国面临一次严峻的抉择。在中共中央彻夜商讨对策的同时，周恩来和李维汉先后同各民主党派负责人和无党派民主人士进行了三次紧急协商。大家一致认为，抗美援朝、保家卫国，义不容辞。

10 月 19 日，当首批 25 万大军雄赳赳气昂昂地跨过鸭绿江、奔赴朝鲜战场时，即使是身经百战的指挥员们也未必知道，这支队伍的名字——“中国人民志愿军”——是中共中央接受民主人士的建议而确定的。中共中央和毛泽东最初曾想以“支援军”名义出兵。在征求民主党派意见时，黄炎培向毛泽东、周恩来提出：“自古道，出师有名，名不正则言不顺，这个仗就不好打。”周恩来说：“我们叫支援军，支援朝鲜人民嘛。”黄炎培说：“支援军那是派出去的。谁派出去支援？国家吗？我们是不是要跟美国宣战？”毛泽东听后说：“有道理！我们不是跟美国宣战，不是国与国宣战，我们是志愿的，这是民间的事，人民志愿帮助朝鲜人民的。”说着，毛泽东提笔将“支援”两字改写成“志愿”。周恩来赞同说：“对，世界上有许多志愿军的先例，马德里保卫战就有各国的志愿兵。”黄炎培频频点头，笑道：“师出有名，则战无不胜。”[1]

11月4日，中国共产党和各民主党派联名发表《各民主党派联合宣言》。《宣言》指出：“朝鲜的存亡与中国的安危是密切关联的。唇亡则齿寒，户破则堂危。”宣布：“中国各民主党派誓以全力拥护全国人民的正义要求，拥护全国人民在志愿基础上为着抗美援朝保家卫国的神圣任务而奋斗。”这份历史性文献，措辞严谨、大义凛然，充分表达了全中国人民决心赢得战争、保家卫国的坚定信念，而它的初稿也是由民主党派人士起草的。

在《宣言》精神感召下，民主党派成员和全国工商界人士热情投入到宣传抗美援朝、捐献飞机大炮、慰问志愿军和军烈属的群众性运动之中：

——1951 年 5 月，民革中央成立抗美援朝捐献委员会，由何香凝任主任委员，并在一些省市陆续建立了 27 个分会，至年底，民革党员捐献现金 13 亿余元（旧币）。

——1951 年 7 月，农工党成立了捐献委员会，为捐献“中国农工民

1 陈延武著：《万水朝东：中国政党制度全景》，生活·读书·新知三联书店 2011 年版，第 191 页。

主党号”飞机1架开展了全党捐献活动。到1951年10月，全党共捐款2亿多元（旧币）和金银首饰、手表等一批实物，其中黄琪翔夫妇捐出西式楼房两座。

——致公党除了组织内地、香港党员捐款外，还在马来亚、南美洲等地华侨中募捐，仅1951年华南总支部党员就捐款2亿7千多万元（旧币）。

——九三学社也积极行动起来，仅九三学社复旦大学支社社员就捐款5亿元（旧币）。

——1951年夏天的头两个月，全国工商界就捐献飞机400余架，为夺取抗美援朝胜利作出了不可磨灭的贡献。在民建中央号召下，民建党员与各地工商业界积极行动起来。北京工商界捐献飞机31架，天津捐献飞机38架、现金29亿元（旧币），上海捐献404架，武汉捐献4架，成都捐献4架，济南、青岛捐献34架，福州捐献8架；其中民建会员捐献179架。

抗美援朝期间，中国人民先后组织了三批慰问团赴前线慰问，各民主党派及其他群体积极参与了这些慰问前线活动，并积极动员各自成员、子女和亲属踊跃参军参战，参与国内的国防军队建设。九三学社许德珩亲自把儿子送上了前线。民建胡厥文、胡子昂、吴蕴初等60多位会员送子女或亲属上前线，吴蕴初说：“我爱我的女儿，但更爱我的祖国！”[1]

“三反”“五反”与“工商业改造”的顺利推进

在取得抗美援朝、土地改革、镇压反革命三大运动胜利的基础上，

1　刘延东主编：《当代中国的民主党派》，当代中国出版社1999年版，第108页。

1952 年元旦，毛泽东在新年团拜会上号召开展“三反”运动，随后又展开了“五反”斗争。“三反”“五反”运动对于同工商界有密切联系的民建会员是一次严峻的考验。当时工商界思想比较混乱，一些人错误地认为，搞“五反”是政府要钱，处理他们是“不教而诛”，不少人存在严重的恐惧心理，担心自己的产业被没收，对生产经营没有信心，抱着吃光、花光拉倒的消极态度，上海一度出现了咖啡馆、歌舞厅和饭馆反常繁荣的现象。在运动初期，一些地方和单位出现了简单粗暴的做法，使得一些工商业者对生产经营丧失了信心。

黄炎培及时写信把这些情况向毛泽东作了汇报，并建议中共中央领导同志作一次鼓舞人心的报告，讲清政策，以消除工商业者的不安情绪。3 月 15 日，毛泽东邀约黄炎培晤谈。在谈话中，毛泽东着重强调大资本家的重要性，同时指出，民建会对五毒俱全的、完全违法的一定不要；守法及基本守法的要争取；半守法半违法的也要争取，要教育改造他们。还要特别重视工业，劝导大家在人民政府领导之下，根据国家经济需要，有步骤地把商业资本转向工业，于国家是有利的。这场谈话对于帮助民建巩固和发展组织、联系团结工商界起了重要的作用。黄炎培在当天的日记中写道：“毛主席约谈，对民建会的方针、路线都有明确指示。”

同年 9 月，民建北京市委会举行会员大会，黄炎培事先认真地写好讲稿，并送请毛泽东审阅。毛泽东作了仔细的修改并回信说：“讲稿用意甚好，惟觉太激进一点，资产阶级多数人恐受不了，因此遵嘱作了某些修改。”对这些修改，毛泽东还在信中作了诚恳的说明：“……先生近来思想前进甚快，但在现在却是言之过早，在少数人思想是可以的，见之实行则是不可以的。”读了毛泽东的信和修改稿，黄炎培思想豁然开朗。当晚他就给毛泽东写信说：“讲稿承亲赐斧削，对资产阶级一方面照顾到多数不能接受，而一方面拿来鼓励少数前进分子，这样才符合新民主主义精神，不仅改正了讲稿，同时改正了我的思想，敬谨接受之下，不尽地感谢！”此后，黄炎培积极宣传过渡时期总路线，还领导民建的同志作广泛的调查研究，不断把他所了解的情况和意见写信告诉毛泽东。

土地改革、抗美援朝和镇压反革命三大运动，巩固了年轻的共和国，而主要通过没收官僚资本建立起来的社会主义国有经济，经过三年发展也牢牢地掌握了国家经济命脉，确立了在国民经济中的领导地位。这样的成就，离不开共产党与各民主党派、无党派民主人士的通力合作、团结奋斗。

李济深在一次会议上说：“我已古稀之年，第一次看到中国打败美国，第一次看到孙中山先生‘耕者有其田’的理想变成现实，第一次看到中国的廉政建设如此彻底。”李济深的一席话说出了民主党派人士的心里话，表达了当时各族人民的普遍心情。

3. 共商国是：政治协商基本形式的确立

新中国成立初期，一些重大决策都是中共中央事先同民主党派、无党派民主人士协商探讨而后确定的。遇到国家的大政方针和人民生活中的重大问题，中国共产党都会同各民主党派、无党派民主人士在一起充分发表各种意见和建议，认真、平等地协商讨论，呈现出团结、祥和、生动、活泼的政治局面。

三种协商形式

国家大事商量着办，是新中国成立初期中国共产党人的重要治理策略。

自一届政协会议召开以来，中国共产党与各民主党派、无党派民主人士的政治协商逐渐成为制度，这一时期主要有三种形式：

——通过人民政协全国委员会和常委会进行协商。新政协会后，成立了政协全国委员会和常委会。根据《中国人民政治协商会议组织法》规定，中国共产党和中央人民政府对一切有关国家大政方针和统一战线的重大问题，需要同各民主党派及各界代表人士协商时，即提到政协全国委员会或其常务委员会来进行协商。经过协商，取得一致，再由中央人民政府讨论，制定成法律、法令，公布实施。政协全国委员会或其常务委员会对某一或某些重大问题需要向中央人民政府提出建议时，也可以提出建议案送请政府研究，采纳实行。自 1949 年 10 月至 1954 年 12 月，政协全国委员会共召开 4 次会议，常委会共召开 64 次会议，协商的重大方针政策主要有：关于政府的一些重大决议，如《关于抗美援朝工作的决议》等；关于国家财政经济问题，如 1951 年财政总方针、成立全国工商联；关于一系列法律、法令、法规的协商，如《中华人民共和国土地改革法》《中华人民共和国婚姻法》等；国家政权建设中有关问题的协商，如《中华人民共和国人民法院暂行组织条例》等。

——协商会。根据需要，中国共产党不定期地就重大决策及国家大事、国内外形势、党派关系等问题和各民主党派领导人、无党派民主人士举行协商会、座谈会。新中国成立初期，中国共产党领导全国人民进行土地改革、抗美援朝、镇压反革命、知识分子思想改造和“三反”“五反”运动。这一时期协商会的内容，也主要围绕五大运动来展开。如：1950 年 6 月，中共中央负责同志分别邀请各民主党派、无党派代表人士就土地改革的各种问题进行协商座谈；1950 年 6 月朝鲜战争爆发后，中国共产党委托周恩来、李维汉就出兵朝鲜问题先后三次邀请各民主党派和无党派民主人士的代表人物进行协商，征求意见；1951 年初，在镇压反革命运动开始时有些人思想震动比较大，中国共产党通过各种形式同各民主党派、无党派民主人士及各界代表进行协商，帮助他们了解肃反政策，消除疑虑。

——双周座谈会。双周座谈会是中国共产党和各民主党派、无党派民主人士及各人民团体经常交换意见、沟通思想的一种形式。双周座谈会最初是由民革、民盟和民进发起，经参加人民政协的各民主党派、各人民团体同意，以党派、团体为单位推派代表参加。每个单位的代表人数由各参加单位协商决定，但每一单位至多不超过 5 人，还可以更换。双周座谈会的主席，由在京的各民主党派及无党派民主人士依政协单位的次序轮值，每次座谈会由轮值主席召集，会前准备工作委托人民政协全国委员会秘书处代办。新中国成立初期的双周座谈会的内容，主要有四项：一是围绕着国家各项中心工作，如抗美援朝、土地改革、镇压反革命、“三反”“五反”等听取报告，座谈讨论，提高认识；二是协商有关单位提出的问题和由政协全国委员会提出的问题；三是学习毛泽东思想，学习过渡时期的总路线；四是针对统一战线工作的情况开展批评与自我批评。

中国共产党与民主党派、无党派民主人士通过上述三种形式实行的政治协商，体现了中国共产党与各民主党派之间平等相待、互相尊重、坦白真诚的合作共识关系，成为我国民主制度的一大特点和优势：

——科学决策、凝聚共识。新政权面临的第一次重大决策就是抗美援朝。在是否出兵抗美援朝的问题上，中共中央曾多次在党内讨论，又及时同民主党派、无党派人士进行认真的协商，征求他们的意见。1950 年 10 月 20 日，毛泽东召集各民主党派、各人民团体负责人商讨是否派出志愿军援助朝鲜问题，经过慎重考虑，大家表示拥护毛主席出兵抗美援朝的决定。周恩来、李维汉还在此期间，三次与民主党派和无党派民主人士进行协商座谈，征求意见。经过协商，各民主党派很快达成了出兵援朝的共识。

达成共识之后，民主党派先后开展了广泛的抗美援朝教育活动，调动鼓舞各自所联系的阶级、阶层和全国人民的爱国主义热情；积极捐款捐物，实践爱国公约；参战出力、赴朝慰问等，为取得抗美援朝的胜利作出了重要贡献。

——统一思想、凝聚人心。“镇反”运动开始，在一些民主党派中出现了疑虑和议论：有人表示“摸不清底”，小心静观，缄默其言；有的人担心“镇反”会引起社会的“震动与恐慌”；有的人主张对反革命分子要“宽大为怀，以‘仁’服之”。为取得民主党派成员对“镇反”运动的理解和支持，毛泽东多次电示各地党政领导，要特别注意政策，以免“为反革命所利用，为民主人士所不满，为人民所不同意”。按照毛泽东主张，坚决纠正“镇反”中的关门主义和神秘主义倾向，让民主党派与闻其事、参与其事。毛泽东经常将各地有关“镇反”的报告送给张澜、黄炎培、史良、沈钧儒等民主党派主要负责人，供他们参阅并了解情况。毛泽东曾给黄炎培送去广东、广西两省的情况报告，并附言“不杀匪首和惯匪，则匪剿不净，且越剿匪越多。不杀恶霸，则农会不能组成，农民不敢分田。不杀重要特务，则破坏暗杀层出不穷”。1951 年 3 月，中共中央发出了《关于在镇压反革命中处理涉及民主党派民主人士爱国分子问题的指示》，规定对于在新中国成立前就已开始反蒋斗争与中共合作的民主人士，和真正起义的军官，在“镇反”中予以特殊的照顾和宽大处理。通过大量的工作，各民主党派都表示坚决拥护《中华人民共和国惩治反革命条例》，先后发出了积极参加镇压反革命运动、清理组织中暗藏的反革命分子的指示。

——献计出力、支持决策。1951 年 2 月 28 日，在“三反”运动中，黄炎培给毛泽东的一封信中说：机关人员的贪污行为往往与工商界有关，当查诘商店时，又发现不少漏税、行贿、送回扣等问题，此种风气在北京根深蒂固，如不扑灭，难以整饬各机关风纪。黄炎培建议在工商界开展“消灭行贿、消灭回扣”的斗争。根据这种情况，1952 年初，经毛泽东提议，中共中央又决定在大中城市发动反对资产阶级行贿、偷税漏税、盗骗国家财产、偷工减料、盗窃国家经济情报的“五反”运动。运动中，各民主党派还参与了许多重大问题的协商。1952 年 1 月 5 日，政协常委会举行第 34 次会议，专门讨论各民主党派参加“三反”运动的问题。当月，毛泽东看到华北局上报的关于刘青山、张子善问题的处理意见和有关材料后，即请民主党派领导人传阅并听取他们对量刑的意见。2 月，高等法院院长沈钧儒主持了公审大会，判决刘、张二犯死刑。3 月，中央统战部召开座谈会，商定草拟《关于各民主党派贪污分子统一处理办法》，与会人士发表了很好的意见。各民主党派参与这些问题的协商，对“三反”“五反”运动的顺利开展起了积极作用。

协商背后的殷殷关怀

老一辈中共领导人能够与各民主党派领导人真诚协商、民主协商，很重要的一个基础就是双方彼此的信任。这种信任，形成于血雨腥风的追求民主和解放的反蒋反独裁斗争中，巩固在和平年代执政的中国共产党对民主党派的关心关照下,共同经历和殷殷关怀共同构建了协商中的真诚底色。

新中国成立后，中共中央和毛泽东对李济深的生活非常关心，为他的工作和生活做了周到的安排，配备了负责文字、警卫和行政事务的秘书，以及医生、厨师、司机、警卫等公务员，给予悉心照顾。国家公务员实行工资制后，李济深定为国家一级干部，每月领取工资 500 多元。李济深看到中共的广大干部和解放军各级干部执行的是供给制，生活艰苦，常常感到不安。1954 年 1 月 6 日，他特别致函毛泽东，建议将广大中共干部和解放军的各级干部一律改为工资制，他说，“多年以来，济深寝食不安耿耿在念者，以济深无功无能，竟蒙党、政府给以超等的照顾及待遇”，而“为着中国人民解放事业牺牲流血、挨饿受冻的共产党员及人民解放军的各级干部至今国家仍给以供给制待遇，使他们衣食不好、家人受苦”，“因此，济深不得不冒昧请求钧鉴加以考虑，提出商讨，早日将供给制待遇的人员一律改为薪给制”。毛泽东和中共中央对李济深的建议十分重视，经过周密考虑和计算，终于在次年采取切实步骤，全面实行工资制。

新中国成立后，张澜不顾自己已是古稀之年，仍然以极大的热情投身到新中国的各项事务中，得到了毛泽东等中央领导的尊敬，受到了特别的关怀。1952 年夏季的一天，张澜一家人刚入座准备吃午饭，来人报告说毛泽东派人给张澜送来了菜肴，端上桌一看，鲜嫩的绿色蔬菜还冒着热气。毛泽东对于张澜的身体健康非常关心，当他得知张澜吃东西不多时，劝张澜经常换换口味，多吃些有营养的东西，还专门给张澜安排了一个好厨师。夏天开会时，毛泽东知道张澜怕吹风，每次都不开风扇。张澜对此很过意不去，毛泽东却说：“敬老是中国人民的优良传统，表老就不要客气了。”朱德是张澜的学生，对张澜关怀备至。朱德外出视察回京后通常要去看望张澜，并把视察时看到的新气象、了解到的新问题讲给张澜听。张澜由于年纪较大，身体多病，时常住院，每次朱德总是第一个来探望，在朱德的关心下，张澜的病体很快恢复。

共产党人能以豁达宽广的胸怀，团结四海人才，真心实意地和全社会不同阶层各路英才紧密合作，夯实多党合作的现实基础，迎来了多党合作的快速发展。

三 擘画蓝图

中国新型政党制度的确定

1949年新中国成立后，我国进入了由新民主主义转变到社会主义的过渡时期，各民主党派也由此进入一个新的历史发展阶段。各民主党派明确性质、整顿组织、发展成员，呈现出焕然一新的面貌，中国共产党领导的多党合作和政治协商制度由此走向定型。

1. 去留之间：民主党派为什么是八个

不太了解中国多党合作制度的人，可能会有这样的疑问：民主党派为什么是八个？历史上仅仅只有八个民主党派吗？到底经历了什么，发展到目前的八个民主党派呢？

近代历史上的党派团体

中国第一个近代政党是1905年8月孙中山先生创立的中国同盟会。辛亥革命后，名目繁多的政党、政团纷纷宣告成立，“社会结社，犹如疯狂，而政党之名，如春草怒生，为数几至近百”，甚至出现了“朝进党而暮脱党，暮进党又朝脱党，朝秦暮楚，一人一日数变，恬不为怪，党德政德荡然无存”的荒诞现象。

民主党派成立的时间要比中国共产党晚，主要是在抗日战争和解放战争时期成立的，其社会基础是民族资产阶级、城市小资产阶级，以及同这些阶级相联系的知识分子和其他爱国分子，有着反帝、爱国、民主的政治要求，是中国社会的进步力量。

八个民主党派中，最早成立的是中国致公党。1925年10月10日，五洲洪门第四次恳亲会在美国旧金山召开，决定以洪门致公堂为基础，组织华侨政党，定名为中国致公党，通过《中国致公党党纲》，选举了党的正、副总理，这次会议实际上是中国致公党第一次全国代表大会。

还有一个政党在抗日战争之前成立，就是中国农工民主党。国民革命失败后，1928年3月，农工党的早期组织“中华革命党”在上海成立，标志着国民党内民主派的形成，主要发起人是谭平山、邓演达，主张进行民族民主革命，建立平民政权，又称“第三党”。1930年8月，邓演达回国在上海法租界主持召开全国干部会议，将“中华革命党”改为“中国国民党临时行动委员会”，明确提出党的纲领是：反帝反封建，推翻南京反动政府，建立以农工为中心的平民政权。1931年8月，邓演达在上海向临委会干部培训班学员讲话时，因为叛徒引领英租界巡捕包围会场不幸被捕，11月29日晚，被蒋介石下令秘密杀害。1935年11月，该党改名为“中华民族解放行动委员会”；1947年2月改党名为“中国农工民主党”

（简称“农工党”）。

其他六个民主党派成立的情况分别是：

中国民主同盟（简称“民盟”）：1941 年 3 月 19 日在重庆秘密成立，时名“中国民主政团同盟”。11 月 16 日，张澜在重庆公开宣布中国民主政团同盟成立。1944 年 9 月，中国民主政团同盟在重庆召开全国代表会议，决定将中国民主政团同盟改为中国民主同盟。

九三学社：1944 年底，一批进步学者为争取抗战胜利和政治民主，继承和发扬五四运动的反帝爱国精神与民主科学精神，在重庆组织了民主科学座谈会。为纪念 1945 年 9 月 3 日抗日战争和世界反法西斯战争的伟大胜利，改建为九三学社。1946 年 5 月 4 日，在重庆正式召开九三学社成立大会。

中国民主建国会（简称“民建”）：1945 年 12 月 16 日，由爱国的民族工商业者和有联系的知识分子发起，在重庆成立。

中国民主促进会（简称“民进”）：1945 年 12 月 30 日，以文化教育出版界知识分子为主，还有一部分工商界爱国人士，在上海宣告成立。

台湾民主自治同盟（简称“台盟”）：在台湾人民“二二八”起义以后，由一部分从事爱国主义运动的台湾省人士于 1947 年 11 月 12 日在香港成立。

中国国民党革命委员会（简称“民革”）：1947 年 11 月，中国国民党民主派和其他爱国民主人士第一次联合会议在香港举行。1948 年 1 月 1 日，会议宣布中国国民党革命委员会正式成立。

大浪淘沙

新中国成立前，除了中国共产党和执政的国民党，党派团体的数量远不止八个，那么，其他党派都去哪了？

在历史的洪流中，有的党派顺应潮流、百炼成金，有的逆势而谋、泥沙俱下。以中国青年党（简称“青年党”）和中国民主社会党（简称“民社党”）为例，它们曾是民主革命时期中国政治舞台上的两大党派。中国青年党于1923年12月在法国巴黎成立，信奉国家主义，宣扬超阶级的国家观和国家至上论，反对阶级斗争和共产主义。九一八事变后，青年党在政治上逐渐发生了变化，开始同情、接近中国共产党，并附和抗日民主运动，还参加了民主同盟的组建，属于民主同盟中的“三党三派”之一，更曾一度把持盟务工作。抗日战争胜利后，许多青年党党员热衷权位，为了获得高官厚禄，争相投入国民党政府怀抱当中，甘愿成为国民党掩盖一党专政、粉饰民主、欺骗舆论的工具，最终为历史所淘汰，落得偏居一隅、苟安台湾的结局。民社党的前身是1931年10月成立的中国国家社会党，1946年8月国家社会党与海外民主宪政党合并组成中国民主社会党，1947年7月民社党召开第一次全国代表大会，选举张君劢为主席。抗战胜利后，民社党曾参与发起组成民盟，但在参加伪国大、参加国民党的行宪国大等问题上，以张君劢为代表在政治上彻底投入国民党的怀抱。最终同青年党一样，成为国民党点缀门面的花瓶。党首张君劢从1949年离开中国大陆后，将党务委托他人，长期漂泊海外。党员左舜生则把愁闷心情寄之山水：“软水温山，丹枫白露，海舟点点神州路，谁言游子竟忘归？归帆总被秋风误。浊酒休停，闲愁休诉，欢娱共把颓颜驻。从头收拾好家居，思量未必他人错。”

1949年筹备召开新政协会议时，经筹备组按条件、标准研究，确定以党派身份参加新政协的共14个，除中国共产党和八个民主党派之外，还有中国人民救国会、三民主义同志联合会、中国国民党民主促进会、新民主主义青年团，无党派民主人士也作为一个单位参加。这其中，除了八个民主党派和无党派人士外，其他几个党派都去哪了呢?

底定格局

新中国成立后，中共党内出现了一种观点：认为民主党派是“一根头发的功劳”，可有可无。同时，民主党派中也出现了是“去”是“留”的声音。有些民主党派领导人认为，民主党派是为争取民主而成立的，现在有了民主，其任务已尽；有的认为即使有合作的传统，也并非有合作的必要，多党合作只是两三年的事。对此，毛泽东、周恩来等中共领导人有着清醒的认识和鲜明的态度。1949 年 11 月，农工民主党“五干会议”期间，周恩来得知部分代表要求“光荣结束党的任务”的消息后，亲自莅临会议，语重心长地说：“农工民主党是一个政党，诸位要很认真很严肃地来对待这个问题。就我看来，农工民主党还不是应该结束的时候。我认为农工民主党还有它的历史任务，不能让它无疾而终。”同年 12 月，中国人民救国会自行宣告结束，周恩来得知后找到主要负责人沈钧儒说：“沈老先生，怎么连个招呼都不打？这个组织不能解散啊！”1950 年 2 月，毛泽东访苏回到北京，听到救国会解散的消息后也很是惋惜，并表示民主党派不应取消，“不但要继续存在，而且要继续发展”，又听说民进、九三学社等民主党派正酝酿解散，当即表示不同意。毛泽东还亲自出面吁请有关民主党派领导人不能再解散各自党派，强调：“民主党派不能取消，不但要继续存在，而且还要继续发展。”

1950 年 3 月，第一次全国统战工作会议首次明确了民主党派是“新民主主义性质的政党”，毛泽东在会上发表著名论断：认为民主党派是“一根头发的功劳”，一根头发拔去不拔去都一样的说法是不对的。从他们背后联系的人们看，就不是一根头发，而是一把头发，不可藐视。周恩来在会上指出："事实说明，有组织比没有组织更好……便于他们学习，便于他们把各个阶级的意见反映给我们，在政治上他们也能够更好地同我们合作和配合。有些工作他们去做有时比我们更有效，在国际上也有影响。"毛泽东和周恩来的话给出了答案：保留民主党派，不仅有历史基础，也有现实需要。从此之后，民主党派就没有考虑解散之事。

1949 年 11 月，中国国民党民主派第二次全国代表会议在京召开，会议决定，民革、民联、民促和其他爱国民主分子统一成为一个组织——中国国民党革命委员会。随着中国人民救国会自行宣告结束，新民主主义青年团逐渐向群团方向发展，改名为中国共产主义青年团，不再具有党派性。这样，1949 年 9 月以党派身份参加第一届政协会议的 14 个单位中，就只有中国共产党、八个民主党派、无党派民主人士 10 个单位了。自此，八个民主党派再也没有发生变动，多党合作的政治格局由此形成。

2."两个万岁"："八字方针"的确立

1956 年，对资本主义工商业的社会主义改造基本完成，我国社会主义制度得到初步确立，我国社会阶级结构发生了重大变化，资产阶级作为一个完整的阶级正被逐步消灭，民族资产阶级和小资产阶级的成员逐步转变为社会主义劳动者。在这种情况下，民主党派要不要继续存在的问题再一次被提了出来。社会上对民主党派的去留提出不同的声音。有人认为既然民主党派的社会基础已经被消灭，那么民主党派就没有存在的必要；有人认为在社会主义条件下，应该只有一个代表无产阶级的政党即中国共产党；中共党内也有些同志对是否需要继续与民主党派合作持否定态度。

在社会主义条件下，应不应该有多个政党、还需要不需要民主党派、要不要实行多党合作、如何看待和处理共产党与民主党派的关系等，成为中国共产党必须解决的重大现实问题。

“一个党好，还是几个党好？”

1956 年 4 月 25 日，毛泽东在中共中央政治局扩大会议上作《论十大关系》的重要讲话。在谈到共产党与民主党派的关系问题时，毛泽东提出了“两个万岁”的思想，一个是共产党万岁，另一个是民主党派万岁。他说：“究竟是一个党好，还是几个党好？现在看来，恐怕是几个党好。不但过去如此，而且将来也可以如此，就是长期共存、互相监督。”对于共产党和民主党派为什么要长期共存？毛泽东是这样回答的：在我们国内，在抗日反蒋斗争中形成的以民族资产阶级及其知识分子为主的许多民主党派，现在还继续存在。在这一点上，我们和苏联不同。我们有意识地留下民主党派，让他们有发表意见的机会，对他们采取又团结又斗争的方针。一切善意地向我们提意见的民主人士，我们都要团结。

1956 年 9 月 15 日至 27 日，中国共产党第八次全国代表大会在北京召开。刘少奇在政治报告中提出：“我国的民主党派主要是在抗日战争时期形成的，并且同我们党早就发生了合作关系。它们在中华人民共和国成立的时候，参加了人民政府，随后又逐步支持了社会主义事业。在今后，我们认为，应当采取共产党和各民主党派长期共存、互相监督的方针。”他还在政治报告中指出，各民主党派的性质发生了变化，“中国各民主党派的社会基础是民族资产阶级、上层小资产阶级和它们的知识分子。在社会主义改造完成以后，民族资产阶级和上层小资产阶级的成员将变成社会主义的劳动者的一部分。各民主党派就将变成这部分劳动者的政党”。关于为什么还要长期共存呢？刘少奇解释：一是社会主义改造完成以后，“资产阶级思想的残余还会拖得很长，各民主党派还需要在一个很长的时间内继续联系他们，代表他们，并帮助他们改造”；二是“各民主党派同共产党一道长期存在，在各党派之间也能够起互相监督的作用”，中国共产党“从各民主党派和无党派民主人士的监督和批评中得到帮助”，是非常必要的。邓小平也对在会议上作的《关于修改党的章程的报告》中“长期共存、互相监督”方针作了阐述。他说：“我们党同民主党派和无党派民主人士的合作是长期的，这个方针是早已确定了的。”“这些党外的民主人士，能够对于我们党提供一种单靠党员所不容易提供的监督，能够对于我们的工作作出有益的帮助。”

中共八大所作的《关于政治报告的决议》明确要求全党，“必须按照长期共存、互相监督的方针，继续加强同各民主党派和无党派民主人士的合作，并且充分发挥人民政治协商会议和各级协商机构的作用。在一切政府机关、学校、企业和武装部队中，共产党员都必须负责建立起同党外人员合作共事的良好关系。”中国共产党同各民主党派“长期共存、互相监督”作为一项基本方针被确定下来，标志着中国共产党领导的多党合作和政治协商制度在社会主义条件下得到确立。

民主党派深受鼓舞

“长期共存、互相监督”八字方针提出后，各民主党派深受鼓舞，有的党派成员认为这是“思想上的大解放”，是“民主党派新生命的开始”。但是也有人心存疑虑，对这个方针能否贯彻执行表示怀疑；甚至有人认为这个方针不过是安定人心的一种策略。针对这种情况，毛泽东、周恩来等中共领导人带头宣传。

1957年2月，毛泽东在最高国务会议第十一次（扩大）会议上说：“这个口号并不是突然提出来的，它已经经过了好几年的酝酿。”为什么要让民主党派同工人阶级政党长期共存呢？“从事社会主义事业的、得到人民信任的党派，我们没有理由不对它们采取长期共存的方针。”“为什么要让民主党派监督共产党呢？这是因为一个党同一个人一样，耳边需要听到不同的声音。”周恩来在中共浙江省委扩大会议上，对为什么要贯彻“长期共存、互相监督”的方针解释说：“各民主党派联系群众的方面不同，可以听到一些不同的意见，对中国革命和建设是有利的。比如民革，它就是跟国民党出身的、曾经当过政的一些人有联系，不管是上层的、中层的或下层的意见，它都可以听到，而这些正是共产党不大容易听到的。……不仅在现在的社会主义建设时期，就是社会主义建成以后，由于成分来源的不同，人们的思想动态还是会有不同的。”“认为只要有一个共产党，问题就都可以解决了，这是一个简单化的想法。这样做必然会使我们的耳目闭塞起来。”

毛泽东和周恩来带头对“长期共存、互相监督”方针进行宣传，更加激发了各民主党派和无党派人士的政治热情。各民主党派相继召开工作会议，讨论如何贯彻“长期共存、互相监督”。民革在1957年3月召开会议，认为在“长期共存、互相监督”的方针指导下，民革是任重道远的。对于这一方针必须要正确认真贯彻执行；忠诚接受中国共产党的领导，坚持为社会主义服务的政治路线；密切联系群众并反映他们的意见和要求，协助政府正确处理人民内部矛盾；虚心接受共产党的批评，并积极向共产党提出批评和建议。民盟在1957年3月22日至4月5日，举行全国工作会议，指出民盟当前的中心工作就是贯彻“长期共存、互相监督”和“百花齐放、百家争鸣”的方针，充分发挥盟员和所联系的知识分子的积极性、创造性，向科学文化进军。为贯彻“八字方针”，民盟中央在盟内广泛征求科学家和教育家意见的基础上，向中共中央提出了关于《对有关我国科学体制问题的几点意见》和《对高等学校领导制度的建议》两份文件。民建在1956年11月召开会议，黄炎培在开幕词中说，三大改造的基本完成和“长期共存、互相监督”方针的提出，向各民主党派提出了更高的要求，要求民建培养更多的工商界骨干分子，更广泛地联系工商界人士，努力生产，在完成社会主义改造和监督中，发挥应有的积极作用。与此同时，民进、农工党、致公党、九三学社、台盟也相继召开中央工作会议，讨论如何贯彻“长期共存、互相监督”的方针和在全面建设社会主义中如何充分发挥作用。1957年4月26日，《人民日报》发表社论《从各民主党派的会议谈“长期共存、互相监督”》，指出这一方针得到了各民主党派的热烈拥护，推动了各民主党派的进步，并且在我国政治生活中发挥了积极影响。

3. 整装待发：各民主党派投身社会主义建设

社会主义改造基本完成后，我国进入社会主义社会，各民主党派纷纷召开全国代表大会，在中国共产党的领导下，积极投身社会主义建设事业中。

明确社会主义条件下的任务纲领

1956年，我国生产资料私有制的社会主义改造基本完成，消灭了资本主义私有制，我国进入社会主义社会。从1955年4月到1957年3月，各民主党派分别召开全国代表大会、中央全会和各地负责人工作会议，各民主党派中央领导人向大会作了工作报告，主要明确了社会主义建设事业迅速发展新形势下，各自的性质、任务、纲领以及发展对象，通过了相关决议和章程。

1956年2月21日至29日，民革第三次全国代表大会在北京举行。民革主席李济深在会上指出，民革的首要任务就是团结、教育、改造原来与国民党有联系的中上层民主人士，特别是散处在社会上的中上层民主人士。也要根据必要的可能，对晚清和北洋军阀政府时代的旧军政人员、旧知识分子进行一些工作。民革要加强与上述人士的联系，向他们宣传社会主义，帮助他们进行思想改造，使他们提高觉悟，和全国人民一道进入社会主义社会。要求民革全体成员，利用自己的历史关系和社会关系，通过广播、写信和其他有效方式，向台湾国民党军政人员宣传中共对台湾的方针政策；要积极参加社会主义建设和社会主义改造事业，努力工作，改造思想；参加协商机构和国家权力机关的成员，要竭忠尽智，恪尽职责，反映意见，提出建议，深入群众，贯彻国家政策；在国家管理机关工作的成员，要积极做好岗位工作。号召民革全体成员，要认识前途，掌握命运，积极学习，紧张工作，克服保守思想，努力自我改造，不断提高社会主义觉悟，带动所联系群众，为社会主义革命事业贡献一切力量。

1956年8月11日至23日，民进第二次全国代表大会在北京举行。大会在“长期共存、互相监督”方针的鼓舞和指导下，明确了民进在今后工作中的五大任务：密切联系群众，加强对要求进步而政治上开展较慢的人进行工作；协调各方面关系，加强团结；积极代表会员和所联系群众的合理要求和正当利益；提高觉悟，贡献力量，为社会主义服务；积极发展组织，做好基层工作。

民主党派的组织发展

◎ 中共热情帮助和支持民主党派

新中国成立后，民主党派组织发展离不开中国共产党的支持，以毛泽东为代表的中共老一辈领导人，不仅保留了各民主党派，还对其组织发展提出了宝贵建议。

新中国成立前，中国国民党民主派存在着民革、民联、民促三个独立的组织，这种组织上的不统一状态，影响着国民党民主派整体作用的发挥。新中国成立后，中共中央和毛泽东向李济深等人建议，希望“孙中山先生的信徒，不分先后，为实现革命的三大政策，为遵守共同纲领，为人民服务，首先要团结起来，统一组织”，“集中力量，为新民主主义建设工程发挥作用”。李济深对中共中央和毛泽东的建议非常重视，立即邀请民联、民促的领导人进行商议，大家认识到实现联合的必要性和重要性，立即着手解决这一问题。1949 年 11 月 12 日至 16 日，中国国民党民主派第二次全国代表会议在北京召开，李济深向大会做报告，决定将民革、民联、民促和国民党的其他爱国民主分子合并成一个组织——中国国民党革命委员会。民联、民促同时宣告结束。会议选举了新的领导班子和领导机构，通过了《中国国民党革命委员会组织总章》《中国国民党民主派代表会议宣言》，并决定以《中国人民政治协商会议共同纲领》作为民革的政治纲领。这样，在毛泽东的亲切关怀和李济深的直接领导下，国民党民主派的组织问题圆满解决，实现了国民党民主力量的大团结。

新中国成立以后，由于台盟成立的时间不长，建立组织比较匆忙。对此，中共领导人高度重视。周恩来了解相关情况后，十分关心，并对谢雪红说：“你们公开号召以后，可能有不少台湾关系、台湾同乡会来找你们，你们应该重视，而且要放胆一些，来响应的人，可能成分很复杂，也可能有坏分子和特务分子，但在学习中可以发现的，即使在学习中没有暴露，在工作中可以发现的。这些坏分子与其放在外面，不如放在我们面前较好。”李维汉也对谢雪红说：“台盟要建立理事会，机构要搭起来。”作为台盟主席的谢雪红，听了周恩来和李维汉的话，着手筹备机构，发展台盟组织，为台盟的建设和发展奠定了基础。

◎ 巩固与发展相结合的方针

新中国成立初期，民主党派存在着组织不纯和机构不健全的问题，各民主党派中央先后都作出了清理整顿组织的决议。经过一年多的工作，各民主党派在巩固组织方面都获得相当成绩，在政治上和思想上也前进了一步，为组织上进一步发展创造了条件。

新中国成立初期，民主党派成员较少，截至 1950 年 12 月底，已经登记的成员，民革 1600 余人，民盟在国内有 7000 余人，民建从 600 余人发展到 1600 人，民进有 200 余人，农工党有 1600 余人，致公党 400 余人，九三学社 100 余人，台盟几十人，总计不到 1.3 万人。

在各党派清理整顿组织的基础上，中共中央把帮助民主党派发展组织作为一项重要工作。1951 年 1 月召开的第二次全国统战工作会议，专门把这个问题作为一项重要的议题进行了讨论。毛泽东在听取这次会议汇报时说：“去年说要巩固，今年说要发展，如果今年还只是一个巩固，那是不行的。因为社会上有民主党派的阶层和人物存在，所以就应当发展。中国人口四万万七千五百万，所有民主党派不到二万人，今年发展一倍也不过四万人，并不算多。”这次统战工作会议，中共中央提出了协助各民主党派发展党员的建议，要求各大中城市在 1951 年要协助民主党派发展成员 1 至 2 倍。经过各党派的努力，加上中国共产党的积极帮助，到 1953 年初，民主党派在国内党员的总数为 3.2 万余人，比 1950 年底的人数翻了一番还要多。

◎ 各民主党派的界别分工

中国共产党还建议各民主党派在社会发展成员应有适当的侧重，各党派间的关系由此可作必要的调整。各民主党派中央负责人经过与中共中央领导人协商，明确了各自的主要活动范围和组织发展重点。即：民革主要是以原国民党党员及在职的旧公务人员的中上层为主；民盟是以文教界的中上层知识分子为主，首先吸收大学教授和文教界有影响的上层人士；民建是以工商业资本家及其代表人物为主，与工商界有联系的知识分子、资本家代理人、私营企业中的高级职员亦可吸收；民进以中学教职员和文化出版界人士为主要发展对象，在社会上较有影响的上层知识分子、大学教职员亦可吸收；农工党主要发展公职人员、与经济建设有关的中上层人员和医务工作者；致公党发展归国侨胞及与华侨有联系的人士；九三学社是科学技术界的高、中级知识分子；台盟的发展对象是居住在祖国大陆的台湾省籍同胞。为避免有关国家的疑虑和外交纠纷，经协商确定，各民主党派原在国外以及香港、澳门等地建立的分、支组织，停止活动。

中共八大之后，民主党派成员数量由 3.9 万人增长到 1957 年上半年的近 10 万人，《人民日报》的社论还专门谈到“从去年（1956 年）以来，各民主党派不仅在组织上有了发展，同它们所代表的阶级阶层的群众的联系也大大地加强了。以中国国民党革命委员会为例，在去年一年中联系了社会人士两万多名，其中大部分是解放以前国民党的上层军政人员”。

发挥作用：参、代、监、改

社会主义三大改造和社会主义建设初期，民主党派在国家政治生活中的作用，可以归纳为“参、代、监、改”四个方面。

所谓“参”，就是民主党派参加国家政权，参加国家事务的管理，要求成员及所联系的群众积极参加国家建设，在各自的岗位上贡献力量；所谓“代”，就是代表和反映成员及所联系的阶级、阶层的合法利益和合理要求；所谓“监”，就是在国家政治生活中，中国共产党同各民主党派实行互相监督；所谓“改”，就是在自愿的基础上，组织广大成员学习马克思列宁主义、毛泽东思想和国家的大政方针，进行思想改造，培养和提高走社会主义道路的自觉性。

◎ 千夫诺诺，不如一士谔谔

监，在古文中形似一只目光向下的眼睛。在新中国成立初期，一些民主党派成员敢于直言、坚持真理，积极发挥民主党派民主监督作用。

“剪刀差”指的是工农产品的价格差距。新中国成立初期，往往低价收购农产品，用于工业生产，而工业产成品却高价出售，就形成了工农剪刀差。1952 年底，国民经济恢复任务已经基本完成，根据毛泽东的建议，党中央从中国的实际情况出发，提出了过渡时期总路线。在讨论总路线问题时，学者、民盟成员梁漱溟却不这么认为，根据自己乡村建设经验，他认为总路线在扩大工农剪刀差，让农民吃亏。后来在谈及工农剪刀差问题对自己的冲击时，梁漱溟的回答让人感慨：朋友的事情要当作自己的事情来做，不会考虑那么多。

1953 年，新中国进行了第一次人口普查。这次普查引起了著名经济学家、北京大学校长马寅初的注意，他对普查的方式和结果表示怀疑。

经过三年的调查研究，马寅初将研究结果写成《控制人口与科学研究》一文，1955年7月在一届全国人大二次会议的浙江小组讨论中，提出了自己的意见，被有些人批评是“马尔萨斯的一套”。1957年2月，在最高国务会议第十一次（扩大）会议上，马寅初再次就“控制人口”问题发表了自己的看法。当即得到毛泽东的赞赏：“人口是不是可以搞成有计划地生产，这是一种设想。这一条马老讲得很好，我跟他是同志，从前他的意见，百花齐放没有放出来，准备放，就是人家反对，就是不要他讲，今天算是畅所欲言了。此事人民有要求，城乡人民均有此要求，说没有要求是不对的。”马寅初受到鼓励，高兴地说：“现在人口问题可以公开谈了，这说明我们国家进步真快。”7月5日，《人民日报》全文发表了马寅初的《新人口论》。但是，随着“大跃进”人口越多越好的论调不断升温，马寅初及其《新人口论》遭到了康生等人的批判。马寅初始终坚持自己的基本观点，哪怕唱“独角戏”，他在1960年第一期《新建设》发表《重申我的请求》一文，明确表示：“我虽年近八十，明知寡不敌众，自当单身匹马，出来应战，直至战死为止，决不向专以力压服不以理说服的那种批判者们投降。”

黄万里，著名水利工程学专家，也是我国著名教育家、革命家黄炎培的儿子。和名字一样，黄万里一生的命运都和万里江河连接在一起。1950年，黄万里成为黄河水利委员会的一员。1955年，在苏联专家的帮助下，我国决定上马三门峡水库工程。4月工程动工的同时，水利部召集学者和水利工程师70多人就已开工的三门峡水利规划方案进行讨论。苏联派来的专家是搞工程的，不懂水文也不了解黄河，而当时与会的国内水利专家，除了黄万里，居然没有一个人反对苏联专家的意见。于是，黄万里单枪匹马与其他专家在会上进行了7天的辩论。1956年5月，黄万里向黄河流域规划委员会提交了《对于黄河三门峡水库现行规划方法的意见》，针对防洪方法及下游的防洪问题，阐述了自己的看法。历史虽然在错误的轨道上兜了一个圈，但事实证明真理在黄万里一边。

◎ 自我教育与自我改造

在贯彻国家过渡时期总路线过程中，在工商业者中培养了一大批主动接受社会主义改造的积极分子，这些人对带动整个民族资产阶级接受社会主义改造，实现国家对资本主义生产关系的伟大变革，发挥了极为重要的作用。两个大民族资本家荣毅仁和刘鸿生，在中国共产党的帮助和协调下，思想境界得到升华，形成了对社会主义中国的新见解。

在中国民族资产阶级中首屈一指的荣毅仁，在接受采访时说：“我是一个资本家，但是我首先是一个中国人”，“解放以后六年来，国家强盛了。这是每一个从旧中国过来的中国人最感到骄傲的”。在回答“消灭剥削、废除资本主义制度，对于你失去了什么、得到了什么？”的问题时，荣毅仁回答：“对于我失去的是个人的一些剥削所得”，“得到的却是一个人人富裕、繁荣强盛的社会主义国家。……失去的是剥削阶级人与人之间的尔虞我诈、互不信任；得到的是作为劳动人民的人与人之间的友爱和信任，而这是金钱所买不到的。因为我积极拥护共产党和人民政府，自愿接受改造，在工商界做了一些有利于社会主义的工作，我受到了政府的信任和人民的尊重，得到了荣誉和地位。从物质生活看，实际上我并没有失去什么，我还是过得很好”。

被誉为“煤炭大王”“火柴大王”“水泥大王”的民建会员刘鸿生也有同样的心境：“我为什么拥护共产党？我是一个企业家，我的企业……目前都在发展着，规模远较过去大得多。共产党能推动企业，能使中国变成工业化国家，这是我过去五十年的梦想，我为什么不拥护它？”“我还有一个最主要的原因：我是一个中国人，中国资本家”，“在过去几十年中，从杨树浦到南码头，沿着黄浦江一带是各国的码头，一长串的外国兵舰插着各式各样的国旗。人们走过这里，会不知道这儿究竟是哪国的土地？我自己是搞码头企业的，往往站在码头上摇头。如今呢，这一带地方每个码头上都是五星红旗迎风飘扬。你想想看：一个看过上海五十年变迁的中国人，他心中会不高兴吗？”

◎ 创办社会主义学院

1956年，对生产资料私有制的社会主义改造已经基本完成，各民主党派和无党派民主人士迫切要求学习马列主义、毛泽东思想，以便跟上社会前进的步伐。为了加快这一进程，中国人民政治协商会议全国委员会发布了《关于组织各界民主人士和工商业者进行政治学习和理论学习的决定》，并决定创办社会主义学院，吸收一部分高级民主人士和工商业者参加学习。在这种新形势下，有的民主党派负责人提议创办一所提供系统学习机会的学校，并建议命名为“毛泽东思想学院”。毛泽东得知后，对于开设这样的学校深表赞同，但是提议这所学校叫“社会主义学院”。

1956年10月15日，社会主义学院在全国政协礼堂举行开学典礼，149名学员参加，他们是各民主党派和无党派上层人士，也有国家机关高级干部、大学教授和科学技术人员、工商业者，以及宗教界和少数民族的上层人士等。在典礼上，院长吴玉章发表了热情的讲话，他谈到，来社会主义学院学习就是为了学习社会主义而来，学院主要开设三门课程——辩证唯物主义和历史唯物主义、政治经济学、中国革命史，以及一些重要时事政策学习和参观。

中央社会主义学院成立后，全国各省、自治区、直辖市先后成立了社会主义学院。社会主义学院是中国共产党领导的统一战线性质的政治学院，是各民主党派、无党派人士的联合党校，对培训民主党派和无党派人士、提高民主党派成员素质发挥着不可替代的作用。

第二章

烈火中淬炼

中国新型政党制度经受考验

1966年8月31日，周恩来情急之下开列了一份名单：宋庆龄、郭沫若、章士钊、程潜、何香凝、傅作义、张治中、邵力子、蒋光鼐、蔡廷锴、沙千里、张奚若和李宗仁。同时，也包括了人大常委；国家副主席；部长、副部长；人大副委员长、政协副主席；国务院副总理；各民主党派负责人；最高人民法院院长、最高人民检察院检察长。

这份应予保护的干部名单及范围因何而来？1966年8月底，红卫兵冲击章士钊的住宅。8月31日，周恩来在接到毛泽东批转的章士钊来信之后，严厉批评了有关人员，当即部署了对章士钊的三条保护性措施。在布置这些任务的同时，周恩来还想到了大批与章士钊处境相同的干部和朋友，对他们也需要刻不容缓地采取相应措施加以保护，因此产生了这份应予保护的干部名单及范围。

此后，围绕着对这份名单中所列人士的保护工作，周恩来以无产阶级革命家的胸怀和勇气，与林彪、江青一伙展开了异常特殊的斗争。在周恩来尽心竭力的关怀和保护下，名单上开列的民主人士大多得到了不同程度的保护。

一 冰火两重

整风运动和反右派斗争中的民主党派

1957 年下半年以后，中国共产党领导的多党合作经历了一个曲折的过程。1957 年对极少数资产阶级右派分子的进攻实行反击是必要的，但是出现了严重扩大化，错划了一大批包括许多民主党派成员在内的右派分子，并且给民主党派戴上了“资产阶级性的政党”的帽子，严重损害了社会主义民主和多党合作事业。在这以后，在民主党派工作中实行以阶级斗争和思想改造为纲，影响到他们组织的正常发展。1959 年到 1961 年的暂时经济困难时期，中共中央和毛泽东明确肯定民主党派大有进步，采取措施纠正某些“左”的错误，各民主党派动员广大成员为克服三年困难作出积极贡献。

1. 初心本善：中国共产党邀请民主党派帮助整风

1956 年后，国际国内皆不太平。国内出现了一些群众闹事等未曾预料到的问题。国际环境动荡波折，发生了波匈事件。在这样的背景下，中央决定开展整风运动。

行之有效的方法——中共中央“开门”整风

根据中共的八大精神和现实生活中党内外出现的新情况、新问题，中央决定从整顿党的作风入手，克服官僚主义、宗派主义和主观主义，正确处理人民内部矛盾。在 1956 年 11 月中共的八届二中全会上，毛泽东郑重宣布在 1957 年开展全党整风。毛泽东强调：“整风是我们历史上行之有效的方法。以后凡是人民内部的事情，都要用整风的方法，用批评和自我批评的方法来解决，而不用武力来解决。”[1] 毛泽东指出：“党希望通过整风，达到这样的目标：造成一个又有集中又有民主，又有纪律又有自由，又有统一意志、又有个人心情舒畅、生动活泼，那样一种政治局面。”[2]

各民主党派也相继举行中央全会或工作会议，研究如何正确处理人民内部矛盾问题。中共中央连续发出党内指示，党报相继发表社论，推动这一进程。毛泽东、刘少奇、周恩来、邓小平等中央领导人分赴各地视察，沿途宣讲。在一系列的宣传动员下，党外人士和人民群众积极帮助共产党改进作风的热情日益高涨。

1957 年 4 月 27 日，中共中央正式发出《关于整风运动的指示》，决定在全党进行普遍、深入的反对官僚主义、宗派主义和主观主义的整风运动。《指示》强调，这次整风运动应该是一次既严肃认真又和风细雨的思

1　刘延东主编：《当代中国的民主党派》，当代中国出版社 1999 年版，第 280 页。

2　中共中央党史研究室著：《中国共产党的九十年》，中共党史出版社、党建读物出版社 2019 年版，第 488 页。

想教育运动，应该是一次恰如其分的批评和自我批评运动，应该多采取个别谈心或开小型座谈会和小组会的方式，一般不要开批评大会或斗争大会。[1]应该坚决实行“知无不言，言无不尽；言者无罪，闻者足戒；有则改之，无则加勉”的原则，以达到“惩前毖后，治病救人”的目的。

天安门城楼座谈——民主党派应邀帮助共产党整风

为了推动整风运动，毛泽东、刘少奇、周恩来、朱德等中共中央主要领导人，于4月30日在天安门城楼约集各民主党派中央负责人和无党派民主人士座谈，请他们帮助共产党整风。会上，毛泽东着重讲明了整风的意义，表示共产党真诚欢迎民主党派和无党派民主人士提意见、作批评，以处理人民内部矛盾为题目，分析各方面的矛盾，提出解决的办法。毛泽东号召民主党派和无党派民主人士对高等教育、普通教育、文学艺术、科学技术、卫生等部门的官僚主义切实攻一下。还提出由邓小平负责找党外人士和民盟、九三学社等开座谈会，就党外人士有职有权的学校党委制等问题征求意见。毛泽东的谈话，调动了民主党派、无党派民主人士帮助共产党整风的积极性。

此后的两个月内，中央统战部召开13次各民主党派负责人和无党派民主人士的座谈会，中央统战部和国务院第八办公室联合召开25次工商界人士座谈会。许多有影响的党外人士积极响应号召，对党和政府的工作，以及党政干部的思想作风提出了大量的批评和建议。这些座谈会提出的绝大多数意见，虽然尖锐，但比较中肯，也富有建设性。比如，民革中央副

1　中共中央党史研究室著：《中国共产党的九十年》，中共党史出版社、党建读物出版社2019年版，第488页。

主席张治中在书面发言中谈及中共与党外人士的关系，建议从思想认识上解决问题，从制度上求得保证，从生活和交往上培养感情，从加强学习、宣传教育和检查工作上贯彻政策；民革中央常委王昆仑提出统战部“统上不统下”是事实，但“上”是不是都统够了也是个问题；民建中央副主任委员胡子昂提出党群关系“敬而不亲，亲而不密”。[1]

上海《解放日报》于5月10日以《大胆揭露矛盾，帮助党内整风》为题，刊登了中等初等学校教师代表座谈会的发言摘要。毛泽东阅后批语：“这一整版值得过细一看，不整风党就会毁了。”开展整风，正确处理人民内部矛盾，“这是天下第一大事”。随即，中共中央在一份党内指示中指出：自从展开人民内部矛盾的党内外公开讨论以来，异常迅速地揭露了各方面的矛盾。这些矛盾的详细情况，我们过去几乎完全不知道。现在如实地揭露出来，很好。党外人士对我们的批评，不管如何尖锐，基本上是诚恳的，正确的，这类批评占百分之九十以上，对于我党整风，改正缺点错误，大有利益。[2]

这些都说明，中共中央非常重视和认真听取民主党派和无党派民主人士的批评意见，党确实诚心诚意希望通过整风，正确处理人民内部包括人民群众同领导者之间的矛盾，克服党内的不良倾向，密切党和人民群众的关系，以此推进党的作风建设。然而，随着整风运动的迅猛开展，一些复杂情况出现了。

1 中共中央党史研究室著：《中国共产党的九十年》，中共党史出版社、党建读物出版社2019年版，第489页。

2 同上。

2. 风云突变：反右派斗争及其扩大化

整风运动开始后，出现了右倾分子、反共分子，之后运动的重点开始由党内整风转向反击右派，随着后来形势的发展，反右派斗争被严重地扩大化了。

异常现象引起党的高度警觉

整风运动开始以后，极少数资产阶级右派分子错误地估计了当时的国际和国内形势，借机散布反对共产党的领导和社会主义制度的言论，放肆地向共产党和社会主义制度发动进攻。把共产党在国家政治生活中的领导地位攻击为“党天下”，公然提出共产党退出机关、学校，公方代表退出合营企业，要求“轮流坐庄”，妄图取代共产党的领导；极力抹杀社会主义改造和建设的成绩，根本否定社会主义制度的优越性，把人民民主专政的制度说成是产生官僚主义、宗派主义和主观主义的根源，对肯定党领导新中国取得成绩的人，称为“歌德派”。他们的言论和主张，在社会上和人民群众中造成了很大的思想混乱。这种异常现象，不能不引起中共中央的高度警觉。[1]

知识分子队伍中极少数人对社会主义抱有敌对情绪，这是中国共产党本来清醒估计到并且多次指出过的。但是，他们这时发动猖狂进攻，这种情况是共产党在决定开展整风时所没有预料到的，因而对形势的认识和判断发生了变化。

1 中共中央党史研究室著：《中国共产党的九十年》，中共党史出版社、党建读物出版社 2019 年版，第 490 页。

“中国共产党是全中国人民的领导核心”

在要不要共产党的领导和社会主义制度这些关系到国家命运的根本问题上，以毛泽东为代表的中共中央是十分警惕的，并且联系当时国际上出现的反苏反社会主义逆流，为防止匈牙利事件在中国重演，密切注视着国内局势的发展。

中共中央发出党内指示，在强调党外人士的批评百分之九十以上是诚恳、正确的同时，就如何对待右翼言论作了部署。5月中旬，毛泽东写了《事情正在起变化》一文，措辞严厉地分析了整风鸣放的形势和党内外的思想状况，第一次提出“右派猖狂进攻”的问题：“最近这个时期，在民主党派中和高级学校中，右派表现得最坚决最猖狂。”“他们不顾一切，想要在中国这块土地上刮起一阵害禾稼、毁房屋的七级以上的台风。”这篇文章标志着运动的重点开始由党内整风转向反击右派。5月25日，毛泽东和其他中共中央领导人接见参加中国新民主主义青年团第三次全国代表大会的全体代表。毛泽东在讲话中强调：“中国共产党是全中国人民的领导核心。没有这样一个核心，社会主义事业就不能胜利。”他号召大家团结起来，坚决地勇敢地为社会主义的伟大事业而奋斗。[1]

坚持社会主义！——各民主党派迅速行动

按照中共中央的指示精神，各民主党派迅速采取行动。农工党中央、民进中央、九三学社中央分别向各自的地方组织发出通知或指示，要求成

1 中共中央党史研究室著：《中国共产党的九十年》，中共党史出版社、党建读物出版社2019年版，第491页。

员与各种反共产党和反社会主义言论在思想上和政治立场上划清界限，并予以坚决反击。民盟中央常务委员会举行紧急扩大会议，批判章伯钧、罗隆基的右派言论，会议通过了《全盟展开反右派斗争并开始盟内整风的决定》。农工党中央执行局举行扩大会议，决定向全党发出《坚持社会主义！与反党反社会主义的右派分子斗争到底》的通知。民建中央常委会通过会内整风的决定。致公党、九三学社、民进、民革等先后举行中央常委会，作出反右派斗争和党内整风的决定，成立领导小组，制定整风反右文件。会后，各民主党派通过各种座谈会、批判会、大字报等形式，积极参加反右派斗争。

反右派斗争扩大化

随着反右派斗争的推进和形势的发展，反右派斗争开始出现扩大化的错误。7月1日，《人民日报》发表《文汇报的资产阶级方向应当批判》的社论，点名批判了“章（伯钧）、罗（隆基）同盟”，同时把右派分子的性质定为“反党反社会主义的反动派”。7月9日，毛泽东在上海干部会议上发表讲话，号召打退资产阶级右派的进攻，认为民主党派内部存在着一条资产阶级右派的反动路线，“民主党派整风的重点是整路线问题，整资产阶级右派的反革命路线”。[1]

社论发表后，以揭批“章罗同盟”反党集团为中心的斗争在民主党派中迅速开展起来。由于把“章罗同盟”作为组织上的统帅者，民盟中央和地方组织中不少人被打成“章罗同盟”的“军师”“谋士”“代理人”“骨

---

1 刘延东主编：《当代中国的民主党派》，当代中国出版社 1999 年版，第 288 页。

干”；在农工党内也有一些人和地方组织被诬为“章罗同盟”的分店，牵连一大批人，严重扩大了打击面。7月12日至15日，在全国人大一届四次会议上，章伯钧、罗隆基、章乃器、储安平、龙云、黄琪翔、陈铭枢、费孝通等20位民主党派负责人作了检讨。次日《人民日报》发表题为《反右派斗争的一次伟大胜利》的社论。

7月17日，中共中央在青岛召开省、市委书记会议。会议讨论了毛泽东写的《一九五七年夏季的形势》一文，进一步部署反右派斗争。文章认为“反共反人民反社会主义的资产阶级右派和人民的矛盾是敌我矛盾，是对抗性的不可调和的你死我活的矛盾”。文章提出，“反右派斗争还需要几个月深入挖掘的时间，取得全胜，决不可以草率收兵”。这次会议后，中共中央发出一系列文件，进一步把反右派斗争推向全国自然科学界和中小学教员，推向全国各个领域。这样，反右派斗争便迅速成为全国范围的、疾风暴雨式的斗争，发生了严重的扩大化。

8月26日，《人民日报》发表《各民主党派的严重任务》的社论，对民主党派的政治和组织状况进行了分析，指出“各民主党派在总的方面还是资产阶级性的政党，还没有成为真正为社会主义服务的政治力量”。9月9日至21日，民建和工商联、民盟、致公党、民进、九三学社、台盟、民革、农工党等先后召开以反右派斗争为中心议题的全国整风工作会议，其基本精神是要克服右倾、消除顾虑、依靠左派、加强领导、发动群众、争取多数、深入基层、打垮右派。以此为标志，在民主党派中迅即出现了广泛深掘深挖为特点的反右斗争高潮，打击面进一步扩大。

从整风运动到反右派斗争的进程表明，当时确有一股反对共产党和社会主义的思潮，确有极少数资产阶级右派分子借帮助中共整风之机，向共产党和社会主义制度猖狂进攻。对这种思潮进行批判，对这种进攻进行反击是完全必要的。反右派斗争在全国人民中间澄清了大是大非，稳定了刚刚建立起来的社会主义制度。但是，随着斗争的发展，出现的反右派斗争严重扩大化，造成了极为严重的后果。它严重混淆了两类不同性质的矛盾，把大量人民内部矛盾当作敌我矛盾来处理。在反右派斗争初期，中共中央指示需要在各种范围点名批判的右派和极右派人数，全国大约 4000 人。随着斗争的扩大化，全国共划右派分子 49 万多人，以后经过“深挖”“补课”，又错划了一批右派。到运动结束时，全国在中共党内外，共划右派分子 55 万多人。其中，民主党派被划为右派分子的有 12500 多人。在被划为右派分子的人中，除极少数是反党反社会主义者以外，许多人是向共产党的工作和干部提出了批评意见，批评或者是正确的，或者有片面性，甚至言辞过激、言过其实，但并不是敌视党和社会主义。还有一些人对共产党的路线、政策，对社会主义的现实和理论提出了一些问题和看法，即便方向上有偏差，包括有明显的错误，本来也应该通过讨论和教育来解决，不应该当作反党反社会主义加以打击。

对反右派斗争扩大化，民主党派和工商联的一些负责人从一开始就表示不满，提出不同意见。黄炎培提出不要树敌过多，要把可能拉过来的人拉过来，而不要把这样的人推到反党这一派别里去。陈叔通说，不能因为对共产党提了意见就作为右派，中共的某些领导人没有掌握好这一点，现在问题很严重。邵力子说，现在有许多问题处理的方法太硬，得人心很难，失人心很易。史良表示不赞成把揭发右派分子的材料登在报上，担心这样做运动搞得太大。对民主党派人士的这些意见，中央统战部虽然向中共中央作了反映，但在当时“左”倾思想影响下，不可能对这些正确的意见引起重视和认真研究。

反右派斗争扩大化是新中国成立后党的历史上的一大教训。从新中国成立到社会主义改造基本完成，在短短的七年里实现这样深刻的社会变革，在一些人的心目中，中国要不要共产党领导和要不要走社会主义道路的问题，并没有完全解决。一小部分人仍存有崇尚西方资本主义政治和经济制度的倾向。在国际国内政治气候的影响下，这种倾向就会突出地表现出来，以致发生极少数人向中国共产党、向社会主义进攻的事件。对极少数右派分子的进攻进行反击，对反对中国共产党的领导、反对社会主义道路的思潮进行批判，是必要的，也是正确的。整风开始时，中央反复强调不要用对敌斗争的办法来处理人民内部矛盾。但是，在出现极少数右派分子进攻的局势下，由于党没有充分的思想准备和应对这种复杂局面的政治经验，对阶级斗争的形势作了过于严重的估计，把历史转变时期新出现的大量人民内部矛盾当作敌我矛盾，把大量思想认识问题当作政治问题，党的各级领导走上开展对敌斗争的群众运动的熟路，反右派斗争被严重地扩大化了。

反右派斗争扩大化对民主党派和多党合作带来消极影响，特别是对民主党派性质的认识发生偏差和失误，推翻了新中国成立以来对民主党派性质的正确认识，将民主党派认定为“资产阶级性的政党”，民主党派成为被改造的对象，严重地挫伤了各民主党派为社会主义服务的积极性。

3. 改弦更张：对民主党派方针政策的调整与改善

1960 年下半年，中共中央决定，对国民经济实行“调整、巩固、充实、提高”的方针，克服严重经济困难的同时，强调发扬人民民主，加强调查研究，认真总结经验，纠正实际工作中的“左”的错误，采取相应的方针措施，主动调整政策，改善同民主党派、无党派民主人士的合作共事关系。

贯彻“弛”的方针

1958年反右派斗争基本结束后，经中共中央审批，明确了下一步统战工作的方针，即：领导资产阶级分子、从旧社会过来的知识分子及各民主党派成员到实践中去，同全国人民一起，鼓足干劲，力争上游，积极参加社会主义建设，参加技术革命和文化革命，从工作和劳动的实践中调动和发挥他们为社会主义服务的积极作用，检验他们的整风成果。同时，要求他们在实践中，按照六条政治标准，继续进行自我改造，使社会主义改造和为社会主义服务密切结合，相互促进。六条政治标准，即1957年6月毛泽东在《关于正确处理人民内部矛盾的问题》中总结提出判断“言论和行动的是非”的政治标准：“（一）有利于团结全国各族人民，而不是分裂人民；（二）有利于社会主义改造和社会主义建设，而不是不利于社会主义改造和社会主义建设；（三）有利于巩固人民民主专政，而不是破坏或者削弱这个专政；（四）有利于巩固民主集中制，而不是破坏或者削弱这个制度；（五）有利于巩固共产党的领导，而不是摆脱或者削弱这种领导；（六）有利于社会主义的国际团结和全世界爱好和平人民的国际团结，而不是有损于这些团结。这六条标准中，最重要的是社会主义道路和中国共产党的领导两条。”

中共中央和毛泽东在对民主党派、无党派民主人士和工商业者的关系上，提出了“一张一弛”，强调要把紧张的关系弛下来。在1958年7月召开的全国统战工作四级干部会议上，中共中央总书记邓小平到会就国际国内形势作了报告，并针对反右派斗争后滋长起来的宁“左”勿右的情绪和怀疑统战工作是否右倾的思想，明确指出：“统战部的同志要有热心，要努力工作，同一些爱国人士多来往、多接触。他们应该参与的事情，要吸收他们参加。经常了解他们的意见，我们需要有这么个角度来反映问题，这对我们考虑整个国家大事有益处。”[1]这次会议确立了服务与改造相结合的统战工作政策。虽然这个政策的确立，并未从指导思想上根本改变关于社会主要矛盾、民主党派和知识分子性质的错误认识，但缓和了紧张的斗争，纠正了某些“左”的错误，在当时形势下具有积极意义。

中共中央政治局委员、书记处书记彭真到会作了题为《一张大字报》的重要讲话，他指出：“对民主党派、知识分子和资产阶级分子不要总是斗下去，把弦绷得那么紧。现在整风应该告一段落，转到为社会主义建设服务的实践上来，从以斗争为主转入以团结为主，让他们到实践中去，以实际行动来表现思想改造的决心和成果。毛主席经常讲文武之道，一张一弛。老是那么紧不行，要松一松，让朋友们到实践中去为社会主义服务。……让他们有多少劲使多少劲，有多大本事用多大本事，发挥他们的作用，为6亿人民作贡献……把他们的积极性调动起来。”[2]

从1958年11月到1959年7月，中共中央先后召开了郑州会议、武昌会议、八届六中全会、七中全会以及前期的庐山中央政治局扩大会议，强调主动采取措施缓和与民主党派、无党派民主人士和工商业者的紧张关系，着重推动他们参加社会主义建设和文化、技术革命的实践，为社会主义建设服务。中央统战部于1958年底在北京召开第十一次全国统战工作会议，继续克服统战工作中的“左”的错误。中央统战部副部长徐冰在会上着重讲了对阶级关系“一张一弛”的体会和当前贯彻缓和阶级关系的“弛”的方针的必要。他强调，1958年以来阶级斗争的形势不是尖锐，而是缓和下来，党对资产阶级和知识分子的改造，应当实行“弛”的方针，也就是缓和的方针。我们要搞正面说理，搞和风细雨，耐心教育。为了继续贯彻“弛”的方针，1959年5月，中央统战部召

1 刘延东主编：《当代中国的民主党派》，当代中国出版社1999年版，第304页。
2 同上。

开了各省、市党委统战部部长座谈会，明确指出“贯彻政策，调整关系，调动服务，继续改造”的指导思想。强调要创造适合于“弛”的形势的工作方法，深入贯彻执行统一战线政策，对党外人士的政治思想工作应当是更加和风细雨地进行正面教育，一般地不进行群众性的批判和斗争。会议还针对当时有些省、市对民主党派和无党派民主人士政治安排的人数减少过多、比例下降过大的情况，强调要继续贯彻政治安排不变的政策，指出要注意选拔和安排一些经过考验、对社会主义事业有较大贡献、在群众中有较好影响的党外人士。地方政协可以根据实际情况和工作需要的原则，适当地扩大名额。

此后，1958 年 10 月至 1959 年 5 月各民主党派先后举行全国代表大会和中央全会，宣布在民主党派中反右派斗争和一般整风运动结束，明确今后一个时期服务与改造的方针任务。

“五不变”政策

1958 年底至 1959 年初，民建、工商联召开中执委联席会议。会上反映出工商界担心共产党改变赎买政策和安排政策的思想顾虑。同时也反映出厌倦改造的情绪。中央统战部副部长徐冰根据中共中央的指示，在招待民建、工商联与会人员的 1959 年元旦宴会上，宣布了“五不变”的政策，即：定息政策不变，领不领听便；高薪不变；政治上适当安排的方针不变；学衔制不变；根本改造的政策不变。这对工商界、知识界和民主党派都起到了团结稳定的作用。

对民主党派人士不开展反右倾运动

庐山会议后期，全党开展了反右倾运动，这使民主党派和无党派民主人士感到不安，担心反右倾先党内后党外，思想很紧张。这一情况引起毛泽东的重视。1959 年 9 月 15 日，毛泽东邀集各民主党派负责人和无党派民主人士召开座谈会，明确指出，现在不是 1957 年那样的形势，知识分子大有进步，民主党派大有进步，工商界也大有进步。各民主党派和工商联贯彻了为社会主义服务的政治路线和自我教育、自我改造的政策，取得了成绩，应该继续前进，继续改造。可以看出，中共中央在对待与民主党派负责人和无党派民主人士的关系上，采取了慎重的、比较稳妥的政策。

中央统战部根据毛泽东和中央书记处的指示，于 11 月 13 日向中共中央报送了《关于在民主党派、资产阶级分子和资产阶级知识分子中不进行反右倾斗争的整风运动的意见》，明确指出现在不同于 1957 年资产阶级右派猖狂进攻的那种形势。根据毛泽东 9 月 15 日在民主党派负责人座谈会上提出的对党外不搞运动的指示，在各民主党派、资产阶级知识分子和从旧社会来的知识分子中间不采取大鸣、大放、大字报、大辩论等群众性的斗争，不进行反右倾运动，不进行重点批判，不搞交心运动。还提出，在组织党外人士学习中共八届八中全会决议和有关文件时，要贯彻自我教育的精神，着重正面教育。中共中央批转了中央统战部的文件，纠正了想对民主党派和无党派民主人士搞批判斗争的“左”的思想，稳定了统一战线，是适时的和正确的。

甄别、平反和摘帽

在 1959 年 9 月 15 日召开的各民主党派负责人座谈会上，毛泽东还提出要分批给右派分子摘掉帽子和对国民党战犯实行特赦。随即，中共中央、国务院联合发布《关于确实表现改好了的右派分子的处理问题的决定》，中共中央发出《关于摘掉确实悔改的右派分子的帽子的指示》，具体规定了摘掉帽子的条件："党中央根据毛泽东同志的建议，决定在庆祝建国十周年的时候，摘掉一批确实改好了的右派分子的帽子。"并规定，今后根据右派分子的表现，对那些确实改好了的人，还准备分批、分期摘掉他们的帽子。此后，中共中央又作出《关于摘掉右派分子的帽子的人员的工作分配和生活待遇的规定》。全国各地开始分期分批给右派分子摘帽子，从 1959 年国庆节开始到 1962 年，共分四批，给全国 55 万多被划为右派分子中的大多数人摘掉了右派分子帽子。各级政府对他们的工作、学习、劳动、生活等方面都作了适当安排，调动了他们为社会主义服务的积极性。

1962 年 4 月，中共中央发出《关于加速进行党员、干部甄别工作的通知》以后，中央统战部提出了《在党外人士中进行甄别平反工作的意见》，确定凡是在交心运动中受了处分或者被划为右派分子的，一律平反；在"拔白旗"反右倾运动中受到了批判、斗争、处分或者戴了帽子的，凡是批判错了或者基本错了的都予平反。凡是平反的，都摘掉帽子，恢复原来的工作或者安排其他相当的职务。对一般人士，采取召开会议宣布平反的简便办法。对中上层人士，则逐个甄别，逐个处理。对于 1958 年以来在其他运动中受过重点批判、处分或者戴了帽子的人士，经过甄别，凡是完全错了或者基本错了的，也坚决予以平反，不留尾巴。

生活上的关怀与温暖

20 世纪 60 年代初期，有些地区在精简机构、下放人员支援工农业生产第一线时，精简、下放了一批原资本主义工商业者，在工商界中引起相当大的震动，多数人心情非常紧张，怕被精简和下放农村，更怕到农村安家落户。针对这种情况，同时考虑到下放农村不利于对他们的改造，中央统战部提出，对于有定息的私方人员和资方代理人，应不下放农村安家落户，已经下放的应明确期限，定期调回。中共中央同意了这个意见，并进一步指示，这些人原则上一律不要下放农村，而在必须精简的单位，在完全自愿条件下，可以下放一些人到城市企业。1962 年，中共中央决定压缩 2000 万城市人口下乡时，有些地区又在工商业者和非中共人士身上打主意，把他们下放农村或者精简回家。中央统战部立即提出了在精简机构、压缩城市人口中对工商业者和党外人士做好安置工作的意见，重申了中共中央关于他们不下放农村的指示，纠正了某些地区的错误做法，使多数地区的工商界和党外人士逐步稳定下来。

给予高级知识分子和民主人士在副食品供应方面特殊照顾。1960 年 8 月，中央书记处批准了中央统战部关于对在京高级干部和高级知识分子在副食品供应方面给予照顾问题的报告。次年，中共中央批转了国务院财贸办公室、中共北京市委关于在北京的高级知识分子和一部分负责干部副食品供应问题的请示，指出各省、自治区、直辖市可以参照这一办法执行。中央统战部贯彻了中共中央的这些指示，在副食品供应十分困难的条件下，给高级知识分子和民主人士以特殊照顾，送去了中国共产党的关怀和温暖，产生了良好影响。

给知识分子“脱帽加冕”

中共中央从 1962 年 1 月至 4 月间，召开了相关重要会议，调整中国共产党同民主党派关系，为知识分子“脱帽加冕”，给民主党派很大鼓舞。1962 年 1 月 11 日至 2 月 7 日，中共中央召开了扩大的中央工作会议，即“七千人大会”，初步总结了新中国成立 12 年特别是 1958 年以来社会主义建设的基本经验教训，分析了几年来工作中的主要缺点和错误，开展了批评和自我批评，强调要恢复党的实事求是、群众路线的优良作风，健全党内外民主生活，加强集中的统一领导。大会对于统一全党思想，纠正经济工作中“左”的错误，动员和组织全党、全国人民全面贯彻“调整、巩固、充实、提高”的八字方针，克服经济困难，起到了积极作用。

1962 年 2 月至 3 月，全国科学技术工作会议和全国戏剧创作座谈会在广州召开。周恩来在会议上作了《论知识分子问题》的重要讲话，分析和评估了我国阶级关系的变化，他指出：“我国知识分子的状况，已经同解放初期有了很大的不同。新社会培养出来了大量年轻的知识分子，他们正在沿着‘又红又专’的道路成长。从旧社会来的知识分子，经过十二年的锻炼，一般地说，已经起了根本的变化。知识分子中的绝大多数，都是积极地为社会主义服务，接受中国共产党的领导，并且愿意继续进行自我改造的。毫无疑问，他们是属于劳动人民的知识分子。我们应该信任他们，关心他们，使他们很好地为社会主义服务。如果还把他们看作是资产阶级知识分子，显然是不对的。”陈毅副总理也强调，经过十二年的考验，尤其是近几年严重苦难的考验，证明我国广大知识分子是爱国的，相信共产党的，跟党和人民同甘共苦的。八年、十年、十二年，如果还不能鉴别一个人，那共产党也太没有眼光了。他宣布给广大知识分子“脱帽”（脱“资产阶级”知识分子之帽），“加冕”（加“劳动人民”知识分子之冕）。

其后，周恩来还在政府工作报告和全国政协会议的讲话中指出："民族资产阶级分子的绝大多数是爱国的"，"他们在改造成为社会主义劳动者的过程中是有成绩的，他们中间有一部分人已经成为自觉的社会主义劳动者"，"我们应该继续加强同他们的团结和合作"。他强调，"进入了社会主义建设阶段，人民民主统一战线的任务就更重了，就要负起新的任务（当然，同时还有社会主义改造的任务），就要有新的发展。就是说，它在社会主义改造和社会主义建设取得伟大成果的基础上，现在要团结一切可以团结的力量，动员更多可以动员的因素，来参加社会主义建设，扩大我们的民主生活。这就是我们的新任务"。对于这个任务，作为领导党的中国共产党无疑负有重大责任，但"各民主党派在统一战线中的责任，应该说不是轻了，而是更重了"。"今后要把事情搞得更好，大家要共同负责，长期共存、互相监督，民主党派要负起监督的责任"。[1]

1962 年 4 月 23 日至 5 月 21 日，中央统战部召开全国统战工作会议，会议以周恩来在二届全国人大三次会议上的《政府工作报告》为指导，研究统战工作的形势和任务。中央统战部部长李维汉在书面意见中指出，各民主党派政治面貌和组织面貌都起了根本性变化，实际上已经成为为社会主义服务的政治力量。今后要进一步加强和改善同民主党派、无党派民主人士的合作共事关系，发扬民主，实行长期共存、互相监督，发挥各民主党派和无党派民主人士在国家政治生活和经济、文化等建设事业中的积极作用。对以上观点由于有不同意见，这个书面意见没有提交统战部部长会议讨论。会后，中央统战部向中共中央报送了《关于全国统战工作会议向中央的报告》，提出对民主党派一般不再叫资产阶级政党。中共中央批准了这个报告及这次会议提出的方针任务，指出党领导的统一战线，在社会

1 刘延东主编：《当代中国的民主党派》，当代中国出版社 1999 年版，第 311 页。

主义改造和社会主义建设时期，仍然是革命的三大法宝之一。

中共中央采取的这一系列措施，改善同民主党派的合作共事关系，在当时不仅是必要的，而且深得人心。这些方针政策的贯彻落实，巩固了统一战线的内部团结，使民主党派、无党派民主人士在国内物质生活十分困难和国外压力面前，能够经受考验，紧紧地团结在中共中央周围，为国民经济的调整工作提供了安定团结的政治局面。

心之所善——民主党派成员为国家建设作出重要贡献

各民主党派成员在三年困难时期，克服各方面困难，努力工作，为国家发展作出了积极贡献。

民盟盟员在贯彻党的文教政策方面做了大量工作，取得了显著成绩。他们在各自的岗位上积极参加学术机关、学术团体和学术讨论会，发表各种学科的学术论文和专题报告，组织学术讲座，开展学术研究。不少盟员在提高教学质量、进行科学研究和培养人才方面，作出了比较突出的贡献。1960 年 6 月召开的“全国教育和文化、卫生、体育、新闻方面社会主义建设先进单位和先进工作者代表大会”，民盟有 104 人作为代表出席大会，受到表彰，其中有著名语言学家、教育家陈望道，著名科学家唐敖庆、谷超豪，著名中医王任之，著名作家秦牧，著名画家潘天寿、王个簃、陈之佛、雷圭元，著名新闻记者赵超构，著名演员童芷苓、筱爱琴、刘天韵等。据不完全统计，从 1958 年到 1960 年 7 月，民盟盟员被评为各级先进工作者的有 2700 多人。[1]

---

1 刘延东主编：《当代中国的民主党派》，当代中国出版社 1999 年版，第 329 页。

即使是在反右派斗争扩大化过程中被错划为右派分子的盟员，在身处逆境的状况下，仍然忠于事业，努力工作，与共产党风雨同舟，克服困难。例如，民盟中央常委、中央民族学院著名社会学教授潘光旦，在被错划为右派分子后，仍坚持学术研究，从事少数民族史料的收集整理工作，完成资料卡片4000多张，发表了《湘西北“土家”与古代的巴人》一文，还翻译了恩格斯的《玛尔克》和达尔文的《人类的由来》。民盟中央常委、著名政治经济学家沈志远，在被错划为右派分子后，在极其困难的条件下，仍坚持用马克思列宁主义观点来研究中国的现实经济问题。他在上海市政协会议上发表书面发言，直言不讳地指出，我们往往强调了不断革命化，却忽略了发展阶段论；强调了主观能动性的作用，却忽略了客观可能性和尊重客观规律的必要性；强调上层建筑比较多，注意经济基础的决定作用则比较少等。他还在《文汇报》上发表《关于按劳分配的几个问题》一文，严正地批驳了当时经济战线上的“左”倾错误思潮，主张在社会主义阶段必须坚持按劳分配原则，捍卫了马列主义基本原理。民盟中央常委、原高教部副部长、中国著名化学家曾昭抡，在被错划为右派分子后，应武汉大学之邀，独自离京前往该校化学系执教。在他的领导下，武汉大学建立起元素有机化学教研室，他亲自主持开展中国这一最早建立的新学科领域的科研和教学工作，编写了200多万字的讲义，并先后建立了有机硅、有机磷、有机氟、有机硼和元素高分子等科研组，为中国有机化学的研究与发展奠定了基础。1961年，他得知自己患了癌症后，加倍工作，在治疗、休养期间，撰写了100多万字的著作。1963年2月，他由人搀扶着出席了在天津召开的“全国高等学校有机化学讨论会”，向大会作了《元素有机化学进展》的学术报告，到会代表无不为之动容。

民进会员立足本职工作，在文化教育事业和其他方面都作出了积极贡献。1960年6月，民进成员车向忱、吴若安、何炳麟、刘震华、杨明书、李楚材、刘佩琪、薛正、林耀华、张弦、张正芳、张淑贞、康明德、汪润泽、郑天挺、陈秀夫、刘公铎、杨一南等人，由于在各自的岗位上作出了突出的成绩，光荣地出席了全国文教群英会。据 1962 年的不完全统计，民进会员被评为各级先进教师、先进工作者和获得各种光荣称号的就有 1200 余人，约占会员总数的 1/6。民进会员、著名化学家、南开大学教授杨百先率领一班人研制出一批新农药，填补了国内空白，并获国家科技奖。民进会员、河北医学院教授刘震华于 1957 年成功地完成心脏二尖瓣分离术，挽救了大批患者的生命。民进会员、无锡轻工业学院教授刘复光 20 世纪 50 年代末主持“油脂浸出”新工艺的科研，于 1960 年获得成功，并在某些设备和操作方面超过了美国的技术水平。这项技术为中国油脂浸出工业奠定了技术基础，为国内初期的油脂浸出工厂改进了技术。还有地矿专家王鸿侦、岳希新，农业专家黄敬芳，物理学专家金建中、肖健、汪德熙，光学专家吴学甫，经济学家巫宝三，印刷标准字体“牟体”的发明者牟紫东等，都在各自的岗位上作出了积极的贡献。

九三学社成员在中国科学技术事业的发展上作出了重要贡献。“两弹”元勋邓稼先，是新中国成立后最早加入九三学社的成员之一，是一位卓有成就的物理学家，任核武器研究设计院院长。20 世纪 40 年代，他从昆明西南联合大学物理系毕业后，赴美国印第安纳州普渡大学留学，获博士学位并在该校任教。新中国刚刚成立，在周恩来的直接关怀下，邓稼先和 200 多名留欧美学生，冲破重重阻挠，于 1950 年春回到了祖国。同年，他与著名科学家钱三强、彭桓武、王淦昌等一起，参加了中国近代物理研究所的筹建工作。1958 年春，邓稼先接受核工业部的特别任务，从事中国核武器的研制工作。他深感责任重大，彻夜难眠，对妻子说：“以后家里的事全托付给你了，我的生命全部献给未来的事业，做好这件事，我这一生就过得很有意义，就是为它献出生命也值得！”当时这件工作是保密的，妻子和家人始终不知道他去干什么，也不知道他的通信地点，邓稼先这个国内外崭露头角的著名物理学家似乎一夜之间从人间消失了。在北京郊外一片庄稼地里，邓稼先与其他同志一起，开始创建新中国的核武器事业。20 世纪 50 年代末，苏联完全撕毁援助协议，撤走了全部专家，企图扼杀中国的核事业。在严峻的考验面前，邓稼先表示："研制战略武器，是中国人民和世界人民的利益所在，任何困难都不会把我们吓倒，中国人有能力走出自己的道路！"他鼓励周围的同志说："干我们这个工作，就要甘心当无名英雄，一没有名，二没有利，有的只是吃苦，做出科学成果即是国家机密，不允许发表论文，咱们一块干吧！"他们就这样在完全封闭的环境下，日日夜夜默默工作，在近两年的理论建设准备工作中，使用手摇计算机外加算盘，竟然模拟出原子弹爆炸的全过程。1964 年 10 月 16 日下午 3 时，浩瀚的戈壁滩上升起一个烈焰翻滚的蘑菇状烟云。震撼世界的惊雷向人们宣告，中国人民有能力走在世界科学技术的前列。后来，邓稼先在领导研制氢弹方面也获得巨大的成功。在中国已经进行的 30 多次核试验中，邓稼先亲自在现场指挥试验工作的就有 15 次。九三学社社员中还有很多为国家科学技术和文化教育事业作出卓著贡献的人。例如，人工合成核糖核酸探索生命奥秘的王德宝、王应睐，创造人工合成牛胰岛素的邹承鲁，发现反西格马负超子的王淦昌，为大庆油田的发现和开发作出贡献的著名地质学家黄汲清、侯德封等，均在国内外享有盛誉。

二

风雨同舟
“文化大革命”中的民主党派

1966 年至 1976 年的“文化大革命”，是一场由领导者错误发动，被反革命集团利用，给党、国家和人民造成严重灾难的内乱。这场全局性、长时间的“左”倾严重错误，使党和国家的工作、社会秩序受到巨大破坏，给我国社会主义事业造成新中国成立以来最严重的挫折，教训极其深刻。随着“文化大革命”的发展，在党的领导层内，在党内外广大干部群众中，对“左”倾错误和极左思潮的抵制和抗争不断发展起来。这其间，我国社会主义建设事业虽然遭到巨大损失，但仍取得进展，外交工作也打开了新局面。在极其艰难的情况下，各民主党派与中国共产党风雨同舟、患难与共，在与林彪、江青反革命集团的斗争中经受了严峻的考验。1976 年 10 月，中共中央政治局采取果断措施粉碎“四人帮”，中国共产党依靠自己的力量结束了“文化大革命”。经过“文化大革命”的严峻考验，中国共产党、人民政权、人民军队和整个社会的性质都没有改变。历史证明中国共产党和社会主义制度具有强大的生命力。

1. 患难真情：一份特殊的保护名单

“文化大革命”正式发动后，毛泽东在处理具体问题上，也注意纠正一些错误做法，尤其是对民主党派和无党派民主人士，从多方面予以保护。周恩来在这个特殊时期，排除一切困难，尽可能地保护了一大批民主党派和无党派民主人士，又在林彪事件之后，开展了一些统战工作和活动，使我国多党合作事业没有被“文化大革命”这场空前的浩劫摧毁。

“这个道理也请同志们予以注意”——毛泽东对民主党派人士的保护

在“文化大革命”初期红卫兵开始“造反”的时候，毛泽东就写信告诫他们注意团结一切可以团结的人们。“我们支持你们，我们又要求你们注意团结一切可以团结的人们。对犯有严重错误的人们，在指出他们的错误以后，也要给以工作和改正错误重新做人的出路。马克思说，无产阶级不但要解放自己，而且要解放全人类，如果不能解放全人类，无产阶级自己就不能最后地得到解放。这个道理也请同志们予以注意。”[1]

◎ “民主党派还是要的”——毛泽东对民主党派的重视和保护

“文化大革命”发动后几个月，1966 年的国庆节，毛泽东在天安门城楼上，把著名爱国人士、中华民国前代总统李宗仁拉到身边说：“红卫兵把全国政协、民主党派封了，但政协还是要的，民主党派还是要的。”10 月 24 日，毛泽东在中共中央一次汇报会上说，民主党派还要，政协也还

1 刘延东主编：《当代中国的民主党派》，当代中国出版社 1999 年版，第 346 页。

要，同红卫兵讲清楚。中国的民主革命是孙中山搞起来的，那时没有共产党，是孙中山领导着反帝制。今年是孙中山诞辰一百周年，怎么纪念要和红卫兵商量一下，还要开纪念会。1968 年 10 月，在中共八届十二中全会上，毛泽东在讲话中又一次提出，政协、民主党派还是要。1971 年 8 月，毛泽东巡视南方几省，在同地方负责人谈话中又一次讲到，民主党派还是要的，不要急于取消。

◎ “继续写下去”——毛泽东保护周谷城

十年浩劫期间，周谷城受尽折磨，遭受“批斗”“抄家”，他的“时代精神汇合论”被列为全国重点批判的“黑八论”的第二位，让他为此吃了不少苦头。但他虽身处逆境，依然相信“万品争妍发众香”的一天终究会来临。1968 年的一天，复旦大学工宣队把周谷城从“牛棚”里揪出来，送到市府大礼堂，让他听毛泽东的讲话录音。录音中有这样一句话：“周谷城的《世界通史》还没写完，书还是要让他继续写下去的。”周谷城听后感慨万千，知道毛泽东对他采取的是保护政策。1976 年 9 月 9 日，毛泽东与世长辞。当周谷城惊闻此噩耗时，潸然泪下，心情十分悲痛，夜不能寐，乃起床挥泪作《哀悼毛主席逝世》七律一首：

阴沉一霎朔风号，领袖惊传别我曹。
抢地吁天呼不应，伤心惨目泪如潮。
五洲魑魅焰仍在，百国工农志不挠。
且化悲哀为力量，继承遗志夺高标。

此诗表现出周谷城对毛泽东的无限敬意。毛泽东与周谷城的交往一直很好，用周谷城的话说：“几十年来，没有半点隔阂。”毛泽东与周谷城的交往清淡如水，也用周谷城的话说：“我没有向毛主席要过一官半职。”

当然，毛泽东也没有给他一官半职。两人的交往可以说是真正的君子之交。[1]

◎ “我负责赔偿”——毛泽东安慰周世钊

1967年，民盟中央委员、湖南省主委、湖南省副省长周世钊的家被红卫兵查抄后，他去北京面见了毛泽东。毛泽东问及红卫兵抄家的情况，周世钊说，一身之外无长物，抄家者一无所获，不过搞乱了我好些旧书，弄得残缺不全，可惜，可惜！痛心，痛心！毛泽东安慰他说，这对不起你，由我负责赔偿，你那些旧书，我这里都应该有，任你挑选拿去作赔。毛泽东还说，你不要心存芥蒂，湖南的事，你要管，不必负气。周世钊说：我连个共产党员都不是，怎能管事，怎么管事？毛泽东说，你愿入共产党我可作介绍，你是副省长嘛！即使造反，你也应管，再说你又是湖南民盟的负责人，怎能袖手旁观？周世钊说，今天这个局面，民主党派还能起什么作用？连个庙都没有了。毛泽东鼓励说：庙可以重修嘛！修庙是积福的事，我出点香火钱。后来毛泽东又几次对周世钊讲，民主党派还是要。周世钊忧虑地说：有庙宇找不到和尚。毛泽东说：像胡愈之、杨东莼和你，不都是和尚？[2]

◎ “这几年为什么没见到你发表文章”——毛泽东关心谈家桢等专家学者的研究工作

1968年10月，在中共八届十二中全会上，毛泽东在讲话中提到了著名遗传学家谈家桢，说：“谈家桢还可以搞他的遗传学嘛！”不久，正在农村劳动改造的谈家桢回到了复旦大学。1974年，毛泽东已重病在身，却还关心着著名专家学者的工作，他特意嘱托王震在路过上海时给谈家桢

1 尤兰田主编：《同心往事》，群言出版社2012年版，第173页。
2 刘延东主编：《当代中国的民主党派》，当代中国出版社1999年版，第347页。

捎去口信说："这几年为什么没见到你发表文章？你过去写的文章，有些观点是正确的嘛！"还鼓励谈家桢用马列主义观点指导遗传学的研究工作。1975 年 10 月，毛泽东看了报道参加国庆活动的各方面人士的名单后说："可惜梁漱溟、周扬没有出来。"[1]

◎ "老九不能走"——毛泽东提出调整知识分子政策

1975 年 5 月 3 日，毛泽东召集在北京的中央政治局委员谈话时说：教育界、科学界、文艺界、新闻界、医务界知识分子成堆的地方，其中也有好的，有点马列的。同年 7 月，针对江青等人诬蔑知识分子是"臭老九"，毛泽东指出：老九不能走。有缺点要多帮助。要给知识分子创造条件，让他们专心致志地工作。

"对统战政策不要动摇"——周恩来对民主党派人士的保护

周恩来是统一战线工作的杰出典范，为建立、巩固和发展共产党领导的统一战线作出了巨大的贡献。即使在"文化大革命"这样极端困难复杂的情况下，周恩来仍然克服重重阻力，为维护统一战线和民主党派与中共的长期合作共事关系，为保护一大批中共领导干部和民主党派、无党派民主人士，殚精竭虑，呕心沥血，进行了不懈的斗争，作出了最大的努力。

"文化大革命"爆发后，统一战线的各个方面就受到了猛烈冲击，陷入一片混乱。1966 年 8 月，周恩来获悉民主党派机关被冲击、查封后，非常痛心，指示中央统战部有关负责同志："对统战政策不要动摇，不要

1　刘延东主编：《当代中国的民主党派》，当代中国出版社 1999 年版，第 348 页。

撤手不管。统战工作必须坚持下去。”[1]

周恩来在关注稳定整个局势的同时，高度重视和坚持中国共产党的统一战线政策，尽一切可能保护民主党派负责人和无党派民主人士。亲自列了一份应予保护的干部名单及范围：“宋庆龄、郭沫若、章士钊、程潜、何香凝、傅作义、张治中、邵力子、蒋光鼐、蔡廷锴、沙千里、张奚若。（1）人大副委员长、人大常委、国家副主席；（2）部长、副部长；（3）政协副主席；（4）国务院副总理；（5）各民主党派负责人；（6）最高人民法院院长、最高人民检察院检察长。（李宗仁）”[2]

◎ 三条保护性措施——周恩来保护章士钊

1966 年 8 月 30 日，中央文史馆馆长章士钊写信给毛泽东，反映红卫兵抄家并斗争他的情况，恳求在“可能范围内稍稍转圜一下”。毛泽东当日批示：“送总理酌处，应当予以保护。”9 月 1 日，毛泽东又亲笔复信给章士钊：“来信收到，甚为系念。已请总理予以布置，勿念为盼！”8 月 30 日，周恩来在接到毛泽东批转的章士钊来信之后，严厉批评了有关人员，当即部署了对章士钊的三条保护性措施：（1）责令立即送还抄走的全部东西；（2）派两名中共中央警卫局的解放军战士到章士钊的家，负责保卫工作，劝阻再来抄家的红卫兵；（3）秘密地将章士钊送到解放军 301 医院，以保人身安全。在布置这些任务的同时，周恩来还想到了大批与章士钊处境相同的干部和朋友，对他们也需要刻不容缓地采取相应措施加以保护，因此又亲自开列了一份前文提到的应予保护的干部名单及范围。此后，围绕着对这份名单中所列人士的保护工作，周恩来以无产阶级革命家的胸怀和勇气，与林彪、江青一伙展开了异常特殊的斗争。

1　刘延东主编：《当代中国的民主党派》，当代中国出版社 1999 年版，第 349 页。
2　同上。

有关部门根据周恩来的指示，给每个保护对象派去两名解放军战士守卫。9月1日，周恩来给解放军301医院下达命令，要他们准备接收一批特殊的“病人”。遵照周恩来的指示，负责秘密护送的干部到被保护人家中接人时，不告诉家属到什么地方去，只允许1名秘书随同前往照顾，并且被保护人要用假姓名。到医院后，由解放军负责警卫工作，安排医院人员特别照顾这些人的饮食起居。

◎ “不能进到李宗仁家里去”——周恩来保护李宗仁

李宗仁曾任中华民国代总统，于1965年7月回到祖国，受到中国共产党和人民的欢迎。周恩来得知有关单位的群众要到李宗仁家中批斗后，当即指示：不能进到李宗仁家里去，不能在李宗仁家里搞斗争。以后，周恩来亲自安排，由国务院机关事务管理局的同志接李宗仁到301医院保护起来。1969年1月下旬，李宗仁病危，周恩来指示：尽一切可能抢救。李宗仁病逝后，周恩来亲自修改和批准了李宗仁的治丧报告，对主持骨灰安放仪式的人选作了调整，指示报纸立即发讣告和照片，香港报纸也要发消息。2月初，周恩来主持了李宗仁的骨灰安放仪式。参加李宗仁骨灰安放仪式的还有章士钊、张治中、罗青长、程思远、刘仲容等人。周恩来一一和大家握手，关切地询问了他们的情况。当时在北京外国语学院任副院长的刘仲容正被红卫兵“专政”，面容憔悴。周恩来知道了这个情况，回去便和有关单位打招呼，改善了刘仲容的处境。周恩来亲自主持了李宗仁的骨灰安放仪式，在当时来说也是很高的礼遇。

◎ “应当尊重宋庆龄”——周恩来保护宋庆龄

宋庆龄是举世闻名的爱国主义、民主主义、国际主义、共产主义的伟大战士。周恩来在对北京红卫兵的讲话中，特别讲到“应当尊重宋庆龄”。

1966年9月1日，他说宋庆龄是孙中山先生的夫人，孙中山的功绩，毛主席在北平解放前夕写的一篇重要文章《论人民民主专政》中就肯定了的，他的功绩也记在人民英雄纪念碑上。南京的同学一定要毁掉孙中山的铜像，冲闯宋庆龄住处，到她家贴大字报，我们绝不赞成，无论如何也要劝阻。孙夫人宋庆龄自从与我们合作以后，从来没有向蒋介石低过头。大革命失败后，她到了国外，营救过我党地下工作的同志，抗日战争时期与我们合作，解放战争时期也同情我们，她和共产党的长期合作是始终如一的。我们应当尊重她。她年纪很大了，今年还要纪念孙中山诞辰一百周年，她出面写文章，在国际上影响很大。到她家里贴大字报不合适。她兄弟三人姐妹三人就出了她一个革命的，不能因为她妹妹是蒋介石的妻子就要打倒她。在当时民主人士处于逆境的情况下，周恩来对宋庆龄给予高度评价，使民主党派、无党派民主人士深受感动。由于周恩来的极力保护，宋庆龄的北京寓所和上海寓所在“文化大革命”中均未受到冲击。

◎ “张治中是我们党的朋友”——周恩来保护张治中

张治中在新中国成立以后任中央人民政府委员、政协全国委员会常务委员，并任西北军政委员会副主席，是著名爱国人士，也是民革卓越的领导人。当北京红卫兵四处冲击民主党派、无党派民主人士住宅时，张治中正在北戴河休养，听说红卫兵在北京大搞打砸抢，他心中常惊疑不定。他从北戴河返回北京的家里不到两小时，红卫兵就撞开门来，楼上楼下、翻箱倒柜地搜寻。张治中忍无可忍，他质问领头的红卫兵：“凭什么来抄家？”红卫兵气势汹汹地反问他：“你是什么人？敢来阻拦？”张治中也没好气地回答：“我是什么人，你们去问毛主席好了。”咄咄逼人的红卫兵本欲大打出手，可一听此话，一时也摸不着头脑，只好说：“你等着瞧！”随后就撤走了。这以后，张家上下整天提心吊胆的，恐怕哪一天无法无天的红卫兵又要上门滋事。周恩来知道情况后，对当时的总参谋长黄永胜说，张治中将军是我们党难得的朋友，你要绝对保证他的安全。黄永胜只得从北京卫戍区调了一个排守在张家周围，红卫兵来了几次，都被警卫战士挡了回去。就是这样，林彪、江青一伙仍不放过，形势越来越紧张。周恩来挺身而出，在红卫兵集会上说：张治中是我们党的朋友，他曾三到延安，重庆谈判时亲自接送毛主席，保证了毛主席的安全。随后，周恩来派人将张治中护送到 301 医院加以保护，并常常派人前去看望。[1]

在周恩来尽心竭力的关怀和保护下，名单上开列的 13 位民主人士都安全度过了最艰难的岁月。这些人多数是民主党派的领导人。对程潜、傅作义、蔡廷锴也都是用这种办法保护起来的。对郭沫若是将他护送到外地，直至形势有所好转后才返回家中。对因这样那样原因不能离家的人，周恩来则变换方式加以保护。他派解放军战士和公安人员身穿便服，臂带红卫兵袖章，到被保护人家中以阻止前来抄家的红卫兵。同时，让当地派出所与所在机关联系，请他们予以大力配合。邵力子、蒋光鼐、沙千里等人都受到了这种措施的保护。

受到周恩来保护的不仅仅是名单上的人，许多著名的民主人士同样感受到周恩来的关怀。民革中央副主席、甘肃省省长邓宝珊在兰州被冲击后，周恩来立即派飞机把他接到北京予以保护。当时担任民革中央常委的钱昌照，他家与蔡廷锴、熊克武、李书诚三家，同在一个居民委员会范围内，周恩来交代了公安局的同志：这四家不允许红卫兵闯进去。1968 年底的一天，公安局的同志对钱昌照讲，遵照总理的嘱咐保护这四家人的安全，白天还好办，到了晚上就特别担心，只好扮成便衣整夜巡逻。由于周恩来总理的保护，红卫兵始终未冲进这四个家庭。

1　刘延东主编：《当代中国的民主党派》，当代中国出版社 1999 年版，第 351 页。

周恩来还关注着更大范围内的民主党派和无党派民主人士的境遇，并尽一切可能加以保护。1969 年 5 月 4 日，周恩来在给当时国务院直属口中共核心小组负责人转人大、政协军代表的一封信中提出："派往各民主党派机关的军代表不知已否派去？如已派去，可与他们谈谈政策。机关革命造反派的任务是清理机关干部的队伍，而不要去斗批民主党派的领导人，即他们的中央委员、省市党部委员……机关干部也要在清理队伍时，按具体情况区别对待，不能以中共党内标准要求。"[1] 正是在周恩来的亲切关怀下，一批党外人士得到了保护。

周恩来就数学家、民盟中央常委华罗庚来信要求追查被盗手稿一事，给当时国务院直属口中共核心小组负责人、北京市公安局军管会负责人和周恩来派到中国科学院的联络员发出指示，他说："首先，应给华罗庚以保护，防止坏人害他。次之，应追查他的手稿被盗线索，力求破案。再次，科学院数学所封存的他的文稿，请查清有无被盗痕迹，并考虑在有保证的情况下发还他。第四，华不适合再随科大去'五七'干校或迁外地，最好以人大常委身份留他住京，试验他所主张的数学统筹方法。此事请你们三位办好后告我。"[2]

民革中央常委屈武在"文化大革命"中被林彪、江青一伙宣布隔离审查，随后又被逮捕关押。周恩来知道后责问专案组关押的原因，专案组诬陷屈武在解放战争时期伙同张治中把 100 多名共产党员诱降之后，又放回延安为国民党服务。周恩来问他们有什么证据，他们说没有。周恩来说，既然没有证据，就不应随便关押人，应该马上释放。专案组向江青汇报了周恩来的意见之后，江青竟说，屈武态度顽固，应继续关押。一直到 1974 年国庆前夕，由于周恩来的直接干预，在国庆宴会参加者名单中加上了包

1　刘延东主编：《当代中国的民主党派》，当代中国出版社 1999 年版，第 354 页。

2　同上。

括屈武在内8个人的名字，屈武才重获自由。他从关押之处出来，就直接参加了当晚由周恩来主持的国宴。

民革中央常委、邮电部部长朱学范在“文化大革命”中被打成了“反革命”，关进北京秦城监狱达七年之久。1975年5月出狱后又被强制送到湖北黄石市郊区农村监督劳动。当时，“四人帮”横行，周恩来的处境十分艰难，但他一直挂念着朱学范，直到病危躺在床上时，还问身边的人员：朱学范哪去了？当人们把朱学范的遭遇告诉周恩来以后，他非常激愤，对身边的人员说：赶紧把朱学范请回来！在当时的情况下，还不能公开地把朱学范接回北京，只好通知朱学范的女儿悄悄赶到黄石，转达了周恩来的指示和问候。朱学范回京后，仍不能去看望周恩来，只能暗暗地为他祝福。

农工党的创始人和主要领导之一黄琪翔被抄家，和夫人郭秀仪挨批挨打。周恩来知道后，立即派人看望他们、关怀他们。黄琪翔难以忍受精神和肉体的折磨，又给周恩来写信，由夫人从地安门步行到天安门找“首长信箱”投寄。周恩来接信后立即派人再去看望，并帮黄琪翔迁居到了永安里。郭秀仪曾经深情地说，回忆数十年风风雨雨的岁月，敬爱的周总理使我们受益良多，他的恩情我们永难忘怀。

九三学社中央副主席周培源于1967年以北京大学副校长的身份去陕西汉中北京大学分校视察工作，不久，就遭到部分学生的围攻，且要批判。周恩来得知这件事以后，立即指示当时任中共陕西省委书记的刘澜涛，让中共陕西省委采取保护周培源的措施，并随时汇报情况。周培源在周恩来的关照下免遭批判。1971年，林彪事件发生后，周恩来受毛泽东的委托主持中央日常工作，他顶着压力，采取措施，尽力恢复国家的正常秩序，在教育领域着手对教育和科学研究的混乱状况进行整顿。1972年7月，由任之恭、林家翘等27名美籍华裔科学家组成的代表团来华访问。7月

14 日，周恩来在人民大会堂接见代表团，周培源作陪。会谈中，科学家们指出，中国对基础科研不够重视，并深表担忧。周恩来立即转向周培源说："你回去要把北大的理科办好，提高基础研究水平，在工作中有什么障碍要消除，有钉子要拔掉！"周培源在科学上是搞基础理论研究的，他对"文化大革命"中排斥基础理论研究的情况十分不满和担忧，曾多次奔走有关部门呼吁。这时得到周恩来的支持和指示，心情非常激动。周培源回校后，立即写了关于基础理论研究的意见和建议，并上书周恩来，周恩来批示让国务院科教组和科学院的负责人"好好议一下"，并要"认真实施，不要如浮云一样，过去就忘了"。足见周恩来对周培源意见的重视。

周恩来除了给民主党派领导人、无党派民主人士以安全保护外，还从各方面关怀他们，邀请他们参加各种社会活动，在政治上予以信任。在他们有病时积极组织力量治疗和抢救；在他们去世后妥善处理后事，尽可能设法为他们举行追悼会，以表达中国共产党对与自己长期合作的挚友的哀悼，并且对他们的遗属关怀备至。特别是在林彪事件后，周恩来指示要积极开展落实政策工作，不少人被诬陷的问题陆续得到了解决。

周恩来还积极为民主人士解决查抄财物问题。1970 年 10 月，根据中共中央和周恩来的指示，统战系统军管组起草了《对在京部分统战对象被查抄财物的处理意见》，这是当时条件下第一个处理"文化大革命"中查抄财物问题的政策文件。文件规定：除敌我矛盾外，查抄的爱国人士财物应一律发还；但对巨额存款冻结，留待以后再议。其后，在北京上层民主人士中开展了落实这项政策的工作。这体现了周恩来对民主人士的关心和对贯彻统战政策的重视。

周恩来还主动与各民主党派领导人和无党派民主人士谈心交流。1966 年 9 月 30 日，周恩来办公室主任童小鹏通知中央统战部负责人金城，周总理早就想和各民主党派领袖、民主人士谈谈心，想利用国庆观礼的机会和他们见见面，好好谈谈。当时被邀请的人员有：全国人大常委会副委员长杨明轩、程潜、张治中、周建人等；全国人大常委会委员贝时璋、卢汉、史良、庄希泉、许广平、华罗庚、严济慈、邵力子、王昆仑、茅以升、罗叔章、季方、胡子昂、胡厥文、胡愈之、章士钊、梅龚彬、蔡廷锴等；全国政协副主席、国防委员会副主席傅作义，全国政协常委沈雁冰、许德珩、李德全等；国务院部委的部长、主任刘文辉、蒋光鼐、朱学范、沙千里、张奚若等；著名爱国人士李宗仁。

10 月 1 日，在国庆典礼开始之前，周恩来来到天安门城楼的东休息厅，同聚集在这里的民主人士见面并一一握手，微笑致意，并与李宗仁、胡子昂等亲切交谈。周恩来握着李宗仁的手说：“德邻先生，我看你还是到 301 医院去住几天吧，红卫兵都是些年轻人，有革命热情，但不太懂党的政策，你可能也会受到他们的干扰。”李宗仁却执拗地回答：“我不去，我住在家里很好。”周恩来问：“你那里有没有红卫兵去闹呢？”李宗仁说：“没有，他们要来我也不怕。”周恩来笑道：“好！你倒想得开，我也放心了。”周恩来同胡子昂握手时，关切地问：“子昂，你怎么样啊？听说你们工商联和民建有不少人挨斗了。”胡子昂不忍心让周恩来为他担心，连忙掩饰说：“我没有挨斗。”周恩来说：“那就好。”庆典过后，民主人士又聚到东休息厅休息，等候周恩来会见。大家等了半个多小时，仍不见周恩来，只好陆续离去。原来，庆典过后，毛泽东决定走下天安门城楼，到群众中去，周恩来陪同前去了。这一次，民主人士虽然没有听到周恩来的讲话，但完全能体会到周恩来的关心与爱护。

2. 矢志不移：“坚信中国共产党”

在“文化大革命”期间，虽然民主党派与中国共产党的合作关系遭到破坏，民主党派的各级组织受到冲击，有的民主党派领导人和成员惨遭迫害，含冤受屈，身处困境，但即使在这样的情况下，各民主党派及其成员并没有动摇对中国共产党的领导和走社会主义道路的信念，始终仍然矢志不移，与中国共产党风雨同舟、患难与共，在艰难困苦中经受了锻炼和考验。

“这不过都是暂时现象”

民主党派广大成员坚信“文化大革命”的动乱是暂时的，相信终究会改变。民主人士、全国政协副主席、著名实业家和古籍文物收藏家周叔弢，在受批斗时说：“这不过都是暂时现象，肯定不是共产党的政策。”红卫兵抄家时，他还耐心地向他们宣传国家的文物保护政策。

民主党派领导人对“文化大革命”中的各种错误做法，在一些场合直言相谏。民革中央副主席张治中1967年国庆节在天安门城楼上见到毛泽东时说：“我一向认为共产党的干部都是好的，怎么一下子这么多好干部都变成走资派了？”1968年国庆节，张治中在天安门城楼上又对毛泽东说：“您的步子走得太快，我们跟不上。现在被打倒的干部超过百分之五了吧？”民革中央副主席程潜在住宅附近发现丑化朱德的大字报和漫画，就让人赶快撕掉。他还坚决反对揪斗陈毅、彭真等，说这些人都是毛主席的左右手，不能随意乱来。程潜还约朱蕴山商酌向毛泽东反映：江青是个坏人。民盟中央委员、湖南省主委、湖南省副省长周世钊，1967年进京面见毛泽东，直陈林彪、江青等人怂恿造反派胡作非为的言行，谏劝毛泽东采取措施，进行制止。1972 年 8 月，周世钊又坦率陈书毛泽东说：“林陈黑帮利用‘文化大革命’运动，背着主席，排摈异己，扩大黑帮。很多水平高，能力好，有斗争历史、工作经验而又忠于职守、成绩卓著的党内外老干部，被他们假借各种名义给以残酷斗争、无情打击，至今不能平反；林陈为了破坏主席的知识分子政策，对文化界、教育界、科技人员、医务人员、各类大小知识分子统统称为臭知识分子。一些年龄稍大，家庭出身稍差，而工作经验、教学经验都较好，文化水平都较高的人，常被斥为反动学术权威、反动资产阶级知识分子，强令其退职退休，用一切办法排斥出去。”信中还直言“文化大革命”造成的一些弊端：青年工人、农民和学生除政治理论外，没有多的书可读。一些基层干部除以私人关系开后门的作风颇为严重之外，又每每以派性和私隙作祟，借机会报复，打击别人。胡愈之约杨东莼和周世钊联名上书毛泽东要求见面，毛泽东派人见了他们，他们都很诚挚地对当时全国带有关键性的重大问题作了痛切进言。在当时的政治气候中，张治中、周世钊等敢于说出那样的话，需要很大的勇气和胆略，这不仅表明了他们对中国共产党所犯错误的深切忧虑，真心希望中国共产党能够改正错误，而且充分显示了他们爱祖国、爱人民的赤诚之心，对中共和国家的前途、命运关心至切。

一些民主党派人士被非法关押，虽然受尽折磨，依然保持了可贵的政治气节。他们不畏林彪、江青等人的迫害利诱，用自己的行为表明了拥护中国共产党和社会主义、热爱祖国和人民的坚定立场。民革中央领导人王昆仑、屈武、朱学范身陷囹圄，始终不屈服于林彪、“四人帮”的压力。民革中央委员廖运泽，曾参加“八一”南昌起义，林彪、叶群多次派人胁迫他提供伪证，捏造林彪是南昌起义的领导人，甚至以手枪当面威胁。廖运泽面对手枪说：“收起你们的手枪，我当年用手枪时，你们还未出世哩！”他严词拒绝了来人的要求。《海瑞罢官》作者、民盟中央副主席吴晗被批斗期间还对女儿说：“只要我不死，就要同姚文元斗争到底。”1965年底至1966年初批判《海瑞罢官》时，江青、张春桥、姚文元等人为达到其反革命目的，接二连三地炮制诬陷吴晗的文章。吴晗迫于形势发表了《关于〈海瑞罢官〉的自我批评》，但他并没有屈服，在自我批评中大量引用史料同姚文元等据理力争，并肯定自己20多年来在共产党的培养、教育和关怀下，站稳了阶级立场。其后，批判吴晗的声势日益猛烈，上纲更甚，但吴晗仍坚定地表示：相信群众，相信共产党，事实真相总会大白于天下的。即使在被捕入狱后，仍坚持实事求是，决不苟且偷生，至死都保持了刚直不折的气节。民盟中央副主席高崇民，被林彪、“四人帮”凭空捏造的一些所谓“东北叛党集团”大假案牵连了进去，1968年10月在北京遭非法逮捕入狱。高崇民在东北解放初期的1945年，曾由周恩来派往安东担任省主席，后任东北大区副主席。“四人帮”硬说他是国民党“军统特务”，对他使用酷刑逼供。如果当时他为这桩假案作了伪证，将要殃及原“东北救亡总会”的100多位成员。但高崇民一直坚持浩然正气，至死不吐不实之词。民进中央副主席车向忱，在被非法拘禁的情况下，在日记中写下了“文王拘而演《周易》，仲尼厄而作《春秋》，屈原放逐而赋《离骚》，孙子膑足而写《兵法》，司马迁受宫刑而作《史记》”的话语，借以激励自己身处逆境而不忘革命和建设事业，“准备再干上20年，为人民多做点工作，为共产主义献终身”。他坚信乌云遮不住太阳，一次又一次地给周恩来写信报告。直到1971年1月8日被迫害而死，他始终没有屈服。[1]

民主党派领导人对林彪、江青这两个反革命集团深恶痛绝，采取了各

1 刘延东主编：《当代中国的民主党派》，当代中国出版社1999年版，第365页。

种方法进行斗争。1974年初和1975年底，江青等人利用所谓“批林批孔”运动，大搞“反击右倾翻案风”，影射攻击周恩来，妄图打击邓小平和一大批老干部，民主党派绝大多数成员对此采取了消极抵制的态度。1976年1月8日，周恩来不幸逝世，全国各族人民无比悲痛，深切哀悼。4月，在全国范围内掀起了以“天安门事件”为代表的悼念周恩来、反对“四人帮”的群众抗议运动。不少民主党派成员冒着危险，主动加入了斗争的行列，表达了对周恩来的无限怀念和对“四人帮”的愤慨。例如，民革中央常委李俊龙，在天安门广场向群众解释悼念周恩来总理诗词的含义。民革中央委员、摄影家黄翔，不顾“四人帮”的淫威，与首都人民一道在天安门广场参加悼念周恩来总理的活动，并拍摄了许多珍贵的历史照片。民盟中央机关干部编扎了一个大花圈，敬献于人民英雄纪念碑前，寄托了对周恩来总理的哀思。致公党中央负责人黄鼎臣及其家属，也和首都广大群众一起悼念周恩来总理。有的民主党派成员满怀深情，含着热泪，用颤抖的声音吟诵：“周总理，您在哪里？想念您啊，想念您……”[1]

初心不改——为社会主义建设事业作贡献

“文化大革命”中，由于林彪、江青反革命集团践踏中国共产党的知识分子政策，公然宣称“知识越多越反动”，民主党派成员处境十分困难。但是，许多成员仍然满怀爱国热忱和对人民事业的责任感，尽一切可能，继续为人民作贡献。不少人被批斗后，仍坚持岗位，忠于职守，积极开展科研、文教工作和生产活动，作出了卓越成绩。有的成员利用他们的知识，

1 刘延东主编：《当代中国的民主党派》，当代中国出版社1999年版，第367页。

办起各种文化补习班，为许多学业荒废的青年补习文化。有的成员在被迫下放劳动期间，还在技术革命和增产节约方面做出了成绩。

民盟中央常委、著名生物学家、实验胚胎学家童第周教授，一直坚定地拒绝“认罪”，在长期被迫劳动中，一有机会就学习、思索，继续在科学上艰苦地攀登。终于在周恩来的亲自过问下，1973年和美籍生物学家牛满江教授合作，完成了著名的“童鱼”试验，对生物遗传学理论提出了独到的科学见解。民盟中央常委、著名数学家华罗庚，不顾江青等人的诬蔑和刁难，走访20个省、自治区、直辖市，传授和推广“统筹法”和“优选法”，对合理组织工业生产、提高劳动生产率起了重要作用。民盟成员、著名声学专家马大猷教授，在困境中编写了《声学工程手册》一书，进行气流噪声研究，提出新的理论。民盟成员、同济大学副教授李国豪，在逆境中继续从事钢桥震动的研究，没有资料凭记忆，没有纸张用旧报纸演算，克服不能进实验室做模型的困难，终于取得了成果。民盟成员、职业病防治专家吴执中教授，身受迫害又因癌症致使左臂残疾，但他还是深入钨矿，研究了上万张X光片，写出了重要论文，对防治职业病作出了贡献。

民进中央副主席林汉达被打成“现行反革命”，赶至干校监督劳动。在这种困境中，林汉达仍然忧国忧民，他坚信中国共产党、坚信社会主义的决心没有丝毫动摇。后来他因病重返回北京养病，还渴望自己能为祖国继续做力所能及的工作。不久他被告知，周恩来特地委托他审校一部译稿。林汉达异常高兴，尽管已年过七旬，又患有严重的冠心病，但他顾不上这些，接受任务后立即着手工作，每天伏案长达十几小时，终于圆满完成了任务，受到了国务院有关部门的好评。

九三学社中央副主席潘菽，是中国杰出的心理学家。在十年动乱中，心理学被诬蔑为“伪科学”，潘菽也被打成“反动学术权威”。然而他凭着长期革命锻炼和科研实践中形成的对马列主义的坚定信仰，依然坚信心理学作为一门科学是砸不烂的，也是取消不了的，前途是光明的。他坚持不懈地苦心探索，坚持以马克思主义的辩证唯物论为指导，密切结合我国社会主义建设的实际，努力探索和建立具有中国特色的科学心理学体系。他借写“交代”“检查”的时间，抱病著书立说，写出了50多万字的《心理学简札》初稿。九三学社邓稼先、王淦昌等在十年动乱中克服种种干扰和难以想象的困难，为新中国的国防现代化建设呕心沥血，在研制原子弹、氢弹和核利用方面作出重大贡献，被誉为中国科技界的无名英雄。九三学社徐采栋，是中国著名有色金属专家、中国科学院学部委员，他在“文化大革命”中被关进“牛棚”，勒令检查，但从不间断科研工作，两三年内写出了近40万字的《锌冶金物理化学》。

民主党派机关干部也尽一切力量和可能，千方百计保护组织的财产和资料。民进中央副秘书长葛志成被剥夺工作权利后，依然处处关心机关的事情，利用劳动机会从被封存、准备销毁的文书材料中，抢救出了一大批宝贵的档案资料，其中包括民进成立时的原始记录，民主革命时期民进理事会的全部会议记录，大量的文件、宣言、文章的原稿和新中国成立后民进创办的机关刊物《民进》的全套资料，并整理成册，完整地保存民进的文字历史档案。

各民主党派之所以能在“文化大革命”中经受住严峻的考验，与中国共产党风雨同舟、患难与共，首先是他们有着强烈的爱国热忱，在中国革命和建设的过程中，经过长期不断学习、实践和锻炼，树立起拥护中国共产党的领导和为社会主义服务的牢固信念，这是禁得住“文化大革命”的磨难而不动摇其意志和初衷的政治基础和思想基础；其次，各民主党派在同中国共产党长期合作中已经成为中国共产党的可贵诤友，能够理解共产党在其发展中出现的历史曲折，并能同共产党休戚相关、荣辱与共、战胜困难；再次，各民主党派在“文化大革命”中经常得到老一辈无产阶级革命家的关心和保护，特别是周恩来等在极端困难的复杂的情况下，勇于团结和保护各民主党派，在一定程度上阻挡或减轻了“文化大革命”带给各民主党派的灾难，使民主党派和无党派民主人士看到了前途和希望，能够满怀信心地期待着历史的转机。

三

春江水暖

民主党派开始恢复活动

1976年10月，中共中央一举粉碎了祸国殃民的江青反革命集团，结束了持续十年之久、给国家和人民带来深重灾难的“文化大革命”。在拨乱反正中，中共中央逐步恢复了被林彪、江青两个反革命集团破坏的统一战线工作，各民主党派开始恢复活动。

重建组织和恢复活动

积极参加揭发批判林彪、江青反革命集团的群众运动。从1976年10月后的将近一年时间里，民主党派成员以极大的愤慨，揭发批判林彪、江青反革命集团践踏统战政策，破坏统一战线，摧残民主党派的罪行。中国共产党也开始支持民主党派恢复组织活动。

“文化大革命”最终结束的胜利消息传来，民主党派人士兴高采烈，奔走相告，积极参加各类活动。1976年10月24日，各民主党派中央领导人和机关干部参加了在天安门广场举行的声讨“四人帮”罪行和庆祝粉碎“四人帮”胜利的集会和游行。1977 年 2 月 18 日，全国政协在经历十年劫乱之后，第一次举行春节联欢会，各民主党派中央领导人应全国政协邀请，在北京饭店与叶剑英、李先念、邓颖超、乌兰夫、廖承志等中共中央领导同志一起欢度粉碎“四人帮”后的第一个春节。北京、天津、上海、广东、广西、福建、江西、陕西等省（自治区、直辖市）的中共党委也先后召开了民主人士座谈会、联欢会等，与会人士心情舒畅，喜气洋洋，认为统一战线和民主党派工作经过冬眠，现在到了惊蛰，以后该活动起来了。

1977 年 5 月初，中央统战部向中共中央报送了《关于爱国民主党派开展活动问题的请示报告》和《关于全国工商联开展活动问题的请示报告》，提出自“文化大革命”以来各民主党派、工商联组织一直停止活动，他们的成员特别是上层人士普遍关心恢复组织活动，建议中共中央邀请各民主党派和工商联的负责人座谈，研究恢复活动问题。

5 月 27 日，中共中央召集中央统战部负责人座谈恢复统战工作、民族工作问题，强调开展统战、民族工作的重要性，要落实统战政策和民族政策，要保持与各民主党派和民主人士的接触，调动各方面的积极性。9 月 27 日，中共中央召开全国各省、自治区、直辖市党委组织部部长、统战部部长，集中讨论支持各民主党派恢复活动的问题。指出要进一步从政治上、思想上、组织上肃清“四人帮”的流毒和影响，从思想上重视统战工作，更好地调动各个方面的社会主义积极性。10 月 15 日，中共中央批转中央统战部《关于爱国民主党派问题的请示报告》，重申中国共产党对民主党派的方针是“长期共存、互相监督”，提出推动民主党派组织的整顿、恢复与健全。10 月 18 日，中央统战部向各民主党派中央传达了中共中央关于各民主党派、工商联恢复活动的指示。

为有序开展恢复活动的工作，10 月 11 日，各民主党派中央、全国工商联的负责人协商恢复和开展组织活动事宜，提出首先是恢复、建立各民主党派中央的领导班子。经过酝酿、商议确定了组建领导班子的措施，即：领导班子健全的，不再变动；正副主席没有的，提出临时领导班子的组成人员和负责人名单；主席空缺，只有几位副主席的，商定临时负责人；领导班子人员过少的，补充一两人。

各民主党派中央陆续成立了临时领导机构。1977 年 10 月至 11 月，民革中央临时领导小组由朱蕴山、王昆仑、陈此生、朱学范、刘斐、屈武、甘祠森、吴茂荪组成，朱蕴山为第一负责人，王昆仑、陈此生分别为第二、第三负责人。民盟中央临时领导小组由史良、胡愈之、邓初民、楚图南、萨空了、李文宜组成，史良为第一负责人，胡愈之为第二负责人。民建中央临时领导小组由胡厥文、胡子昂、孙起孟、郭棣活、孙晓村组成，胡厥文为负责人。民进中央临时领导小组由周建人、叶圣陶、杨东莼、徐伯昕、赵朴初、葛志成组成。农工党中央临时领导小组由季方、严信民、徐彬如组成。致公党中央临时领导小组由黄鼎臣、伍觉天、伍禅、王廷俊负责。九三学社中央临时领导小组由许德珩、周培源、潘菽、茅以升、严济慈、孙承佩组成。台盟总部临时领导小组由蔡啸、李纯青、田富达、徐萌山组成。

各民主党派中央临时领导机构成立后，开始着手恢复、建立地方组织和恢复活动的工作。1978 年 10 月到 1979 年 3 月，民盟中央临时领导小组的同志到上海、广州、天津，分别召开了华东六省一市，中南和西南五省、区，华北、东北和西北十一省、市、区的盟务座谈会，交流情况和意见，总结经验和教训，研究地方工作的恢复和全盟工作重点的转移。1978 年 11 月，民进中央常委会通过《民进中央调查研究工作提纲》，葛志成等人随即赴南京、杭州、上海，与当地民进同志研讨新时期的工作。1978 年 12 月，民建中央胡厥文、胡子昂分别率同志赴武汉、成都召开临近省份民建组织和工商联组织的负责人座谈会，讨论新时期民建的工作方针、任务和恢复组织活动等问题。其他民主党派也都开展了这方面的工作。

自 1977 年 10 月起，各省、自治区、直辖市人民政协相继召开新的一届政治协商会议，各民主党派的省级组织相继恢复，并参加了新一届政治协商会议。各民主党派一部分省辖市、大城市的区等地方组织以及基层组织，也逐渐恢复起来。

各民主党派在中共各级组织的帮助下，着手开展地市级和基层组织的重建和恢复活动，这是一项十分艰苦的工作。经过十年浩劫，民主党派地方和基层组织被解散，许多负责人遭到迫害，不少成员的组织关系离散。特别是“左”的思想束缚尚未解除，一些错误认识在人们思想上尚未廓清，许多民主党派的地方、基层领导骨干和成员顾虑重重，一些人对民主党派恢复组织和活动态度消极。面对这种情况，民主党派中央和省临时领导机构的成员，自上而下做思想政治工作，挨门挨户访问基层干部，深入了解成员情况，为给一些成员落实政策和平反冤假错案积极奔走。中共有关的党组织从思想政治工作、落实政策、平反冤假错案等方面也予以支持帮助。通过艰苦的努力，民主党派在许多市和基层恢复了组织，开始活动。

参加五届全国人大和全国政协五届会议

1977 年 12 月 27 日至 29 日，全国政协第四届第七次常委扩大会议召开，主要议题是讨论中共十一大提出的召开五届全国人大会议的同时召开全国政协五届会议的建议。这次会议标志着粉碎“四人帮”后，政协组织和统一战线工作的恢复。会议一致拥护中共中央的提议，决定 1978 年春在北京召开全国政协五届一次会议。中共中央副主席、全国政协副主席叶剑英作了重要讲话。中共中央政治局委员、中央统战部部长乌兰夫受中共中央委托，向会议提出关于召开全国政协五届一次会议的建议，并就全国政协五届的组成单位和名额分配等问题作了说明。在京的中共中央主席、副主席、政治局委员和候补委员，全国人大常务委员会委员长、副委员长，国务院总理、副总理，各民主党派和各人民团体的负责人、无党派民主人士以及有关单位的负责人出席了会议。民主党派领导人许德珩、胡厥文、史良、季方、胡子昂、叶圣陶、陈此生等在会议上发了言。他们一致表示衷心拥护叶剑英副主席在本次常委扩大会上的重要讲话，赞成乌兰夫代表中共中央提出的建议和所作的说明。会议通过决议，定于1978年春在北京召开全国政协五届一次会议，全体委员届时还将列席同期召开的五届全国人大一次会议。这是十几年来规模最大的具有广泛代表性的一次政治协商会议。

叶剑英在这次会议上所作的重要讲话，分析了粉碎“四人帮”后国内外形势，强调恢复、发展革命统一战线的重要性，揭露了“四人帮”肆意践踏中国共产党的统一战线政策、破坏统一战线工作、极力摧残一切积极因素的罪行。他充分肯定了新中国成立28年来，中国共产党的统一战线的成绩是巨大的，“毛泽东的革命路线始终居于主导地位”；充分肯定人民政协、各民主党派的历史作用，“大多数人是在接受社会主义改造的道路上逐步前进的”，广大知识分子是拥护社会主义的，并为社会主义事业作出了巨大贡献。他重申了中国共产党同各民主党派要实行“长期共存、互相监督”的方针，要恢复、发扬统一战线民主协商的优良传统，善于同党外人士合作，虚心听取党外人士的批评和意见，要正确执行中国共产党的知识分子政策、民族政策、侨务政策和宗教政策。叶剑英号召把人民政协、各民主党派、有关人民团体的工作活跃起来，在新的历史时期，加强全国各族人民的大团结，进一步发展工人阶级领导的、以工农联盟为基础的包括爱国民主党派、爱国人士和台湾同胞、港澳同胞、海外侨胞的统一战线，为争取社会主义事业和祖国统一大业的完成作出贡献。

叶剑英的讲话掀开了在政治上为统一战线、人民政协、各民主党派、知识分子工作进行拨乱反正、恢复和发展革命统一战线的新篇章。各民主党派成员普遍反映，这次会议肯定统战工作的成绩，肯定民主党派、无党派民主人士不断进步，有了这两条，就把“四人帮”搅乱了的路线是非澄清了，基本问题解决了，国家有了希望，表示要在有生之年为国家建设贡献力量。

1977 年 11 月 22 日，中央统战部受中共中央委托，邀请各民主党派负责人、无党派民主人士及有关单位负责同志，协商五届全国人大一次会议 100 名民主人士的代表候选人名单，中央统战部部长乌兰夫对名单作了说明。经过协商讨论，与会的民主党派领导人和无党派民主人士一致同意这 100 名民主人士代表候选人名单。

五届全国人大一次会议于 1978 年 2 月 26 日召开，会议通过的政府工作报告的第五部分“加强政权建设，加强各族人民的大团结”中阐述了统一战线和民主党派问题，指出：“发展工人阶级领导的，以工农联盟为基础的，团结广大知识分子和其他劳动群众，团结爱国民主党派、爱国人士、台湾同胞、港澳同胞和国外侨胞的革命统一战线，是毛主席的无产阶级革命路线的重要组成部分。在新民主主义革命时期，革命统一战线是我们战胜敌人的主要法宝之一。进入社会主义革命时期，革命统一战线继续得到巩固和发展，发挥了重要作用。我们要进一步落实毛主席关于统一战线的方针、政策，团结一切可以团结的力量，调动一切积极因素，为社会主义事业服务。”“凡接受共产党领导、热爱社会主义祖国的人们，我们都要团结，同他们合作，发挥他们的积极性。各级政府要认真听取他们的批评和建议，正确的加以接受，以改进我们的工作。”[1]

同时召开的全国政协五届一次会议对统一战线和民主党派问题也作了阐释。在通过的新政协章程中规定了人民政协的性质和任务：中国人民政治协商会议是共产党领导下的革命统一战线组织；政协的任务是要加强全国各族人民的大团结，发展革命统一战线。韦国清副主席在作章程修改说明时强调，对爱国民主党派要继续贯彻“长期共存、互相监督”的方针。大会决议号召，全国各族人民、广大知识分子、各爱国民主党派、各人民团体、各界爱国人士、台湾同胞、港澳同胞和华侨在中国共产党领导下，坚决贯彻政府工作报告中提出的各项方针任务，进一步清除“四人帮”的流毒和影响，发扬社会主义民主，调动一切积极因素，发展革命统一战线，加强全国各族人民大团结，为巩固无产阶级专政，为解放台湾、统一祖国，为开展反对美苏两霸的国际统一战线，为在本世纪内把我国建设成为伟大的社会主义现代化强国而共同奋斗！

五届全国人大一次会议、全国政协五届一次会议从政治上、组织上巩固和发展了粉碎江青反革命集团的胜利成果，巩固和发展了革命统一战线。一批民主党派人士进入人大、政协及其领导岗位，体现了中国共产党团结民主党派人士，实行民主协商、多党合作的一贯政策，对实现新时期总任务，活跃国家政治生活具有重要意义。五届全国人大代表 3497 人中，非中共人士 952 人，占代表总数的 27.2%；20 位副委员长中，非中共人士 5 人，分别是宋庆龄、阿沛·阿旺晋美、周建人、许德珩、胡厥文，其中 3 人为民主党派中央领导人。五届全国政协委员 1988 人中，非中共人士 1016 名，占总数的 51.1%，其中民主党派成员 249 名，占总数的 12.5%；政协常委 224 人中，非中共人士 113 人，占总数的 42.3%，其中民主党派成员 28 人，

1　刘延东主编：《当代中国的民主党派》，当代中国出版社 1999 年版，第 381 页。

占总数的12.5%；政协副主席共25人，非中共人士有11人，分别是沈雁冰、许德珩、史良、朱蕴山、季方、帕巴拉·格列朗杰、周建人、庄希泉、胡子昂、荣毅仁、童第周，其中7人为民主党派领导人。以后，全国政协五届二次会议又增选了三位非中共人士胡愈之、王昆仑、班禅额尔德尼·确吉坚赞为副主席。

参加揭发、批判“四人帮”的斗争

“四人帮”被粉碎后，他们的流毒和影响还存在，长期以来“左”的错误思想还存在，中国面临着一个由于林彪、江青反革命集团的破坏和长期“左”倾错误的影响所造成的非常困难的局面。为了迅速改变这种困难局面，中国共产党团结包括民主党派在内的一切可以团结的力量，深入揭批林彪、江青反党集团的罪行，揭露和声讨他们的反革命阴谋，批判和清算他们的极左路线。这是一个关系到国家和人民命运的伟大政治斗争。从1976年12月起，中共中央陆续印发《王洪文、张春桥、江青、姚文元反党集团的罪证》三批材料，在全国范围内掀起揭批“四人帮”斗争的高潮，清除他们在各条战线、各个领域中的流毒和影响。各民主党派积极参加了这场斗争。

1977年3月至5月，全国政协先后六次组织民主党派、工商联和无党派民主人士学习组的联组会，揭发批判“四人帮”的反革命罪行。各民主党派人士会前认真准备，会上踊跃发言。其中孙起孟作了题为《批判“四人帮”搞唯心论和形而上学的罪行》的发言，雷洁琼作了题为《粉碎“四人帮”炮制臭老九帽子的阴谋》的发言。各民主党派人士以大量的事实和满腔义愤揭发批判了“四人帮”祸国殃民的种种逆举，特别是践踏统一战线方针政策、破坏多党合作、摧残民主党派成员的罪行。许多人声泪俱下，以自身的遭遇进行了有力的控诉和批判。

各民主党派恢复组织活动后，进一步投入了揭批“四人帮”的斗争。各民主党派中央领导人积极参加全国政协组织的各民主党派、工商联和无党派民主人士学习组的联组会，并发动和组织成员学习中共中央有关揭批“四人帮”的文件，举行了各种类型的学习批判会。他们在深入揭批林彪、“四人帮”篡夺中国共产党和国家最高权力的反革命阴谋，揭发他们残酷打击、迫害干部和群众的罪行的同时，着重揭批“四人帮”破坏统一战线政策，迫害民主党派、无党派民主人士的罪行，把广大知识分子诬蔑为“反动的学术权威”“臭老九”等反动谬论，批判他们否定新中国成立以来教育科技战线伟大成就“两个估计”的反动罪行。民主党派、无党派民主人士还深入揭批了林彪、“四人帮”的爪牙炮制的所谓《处理海外关系干部的六条规定》，揭穿他们妄图割断归侨、侨眷和海外亲友的联系，破坏中共和政府侨务政策的贯彻执行的阴谋，揭批他们据以迫害有海外关系的干部和归侨、侨眷的罪行。

1980 年 11 月 20 日，最高人民法院特别法庭开庭，公审林彪、江青两个反革命集团的主犯江青、张春桥、王洪文、姚文元、陈伯达、黄永胜、吴法宪、李作鹏、邱会作、江腾蛟。最高人民检察院检察长兼特别检察厅厅长黄火青宣读了长达两万多字的《中华人民共和国最高人民检察院特别检察厅起诉书》。起诉书指出，以林彪、江青为首的反革命集团，在“文化大革命”中互相勾结，狼狈为奸，凭借其地位和权力，施展阴谋诡计，利用合法的和非法的，公开的和秘密的，文的和武的各种手段，有预谋地诬陷、迫害中国共产党和国家领导人，篡党篡国，妄图推翻无产阶级专政的政权。林彪、江青反革命集团给我们国家和民族造成的灾难是难以估量的。起诉书列举了这两个反革命集团的 4 大罪状、48 条罪行。

各民主党派为起诉书提供了大量的林彪、江青反革命集团的罪证材料。王昆仑等民主党派人士出庭作证，各民主党派还分别派人担任了最高人民法院特别法庭的审判员，他们是吴茂荪（民革）、费孝通（民盟）、黄凉尘（民建）、巫宝三（民进）、严信民（农工党）、司徒擎（致公党）、李毅（九三学社）、苏子蘅（台盟）。

各民主党派还有代表旁听了对林彪、江青反革命集团的审判。他们和来自各省、自治区、直辖市，中共中央机关，中央国家机关，人民团体，中国人民解放军的旁听代表一起，全力支持、完全赞同这一正义的审判。

第三章

春天的故事
中国新型政党制度
生机勃发

1979年1月17日，深冬的北京像往年一样寒风凛冽，不过对民建、工商联来说，这一天非同寻常。胡厥文、胡子昂、荣毅仁、周叔弢、古耕虞五位老同志应邀来到人民大会堂福建厅，与邓小平共同商讨改革开放的宏图伟业。时间在十分融洽、热烈的气氛中一分一秒地过去了，看到小平同志那么真诚地听取意见，五人也就不拘束、不避讳了。双方像拉家常一样，常常是一人话音未落，一人就接上了。不知不觉已到了中午时分，小平同志说：『先到此为止好不好？请大家一起吃顿便饭——涮羊肉！』于是，大厅的屏风后面摆上了两个长条桌，金灿灿的铜火锅端了上来。火锅周围放着几盘羊肉，还有几个简单的小菜。他们五人都多次在人民大会堂吃过饭，但这一餐饭，吃得格外有滋味。随着红色炭火的闪烁，白色水蒸气的升腾，再有那麻辣香甜的佐料拌着鲜嫩的羊肉下肚，大家的身上暖了，心里更暖了。

一 拨乱反正

提出民主党派是“两者政治联盟”

一百多年前，恩格斯对他的俄国朋友说：“没有哪一次巨大的历史灾难不是以历史的巨大进步为补偿的。”中国古代也有类似的说法：“殷忧启圣，多难兴邦。”“文化大革命”给中国人民带来了巨大的灾难。但从20世纪70年代末起步的改革开放带来中国的快速发展同样震惊了整个世界。历史的加速前进，同时带来了新时期政治与社会的转型，带来了中国共产党领导的多党合作和政治协商制度的恢复与发展，以及民主党派定位的转变与自身的快速发展。

1978年12月，中共十一届三中全会的召开，开启了改革开放和社会主义现代化建设的历史新时期。这一时期的统一战线已经成为工人阶级领导的、以工农联盟为基础的全体社会主义劳动者、拥护社会主义的爱国者和拥护祖国统一的爱国者的广泛联盟。统一战线适应党的工作重心的转移，调动一切积极因素，努力化消极因素为积极因素，团结一切可以团结的力量，把我国建设成为现代化的社会主义强国和促进祖国和平统一成为统一战线的两大任务。

1. 世事变幻：我国社会结构和阶级关系的变化

1978 年，中国实行改革开放，开始由计划经济体制向社会主义市场经济体制转变，经济体制改革不断深化，所有制结构已经由单一的公有制转变为以公有制为主体的多种所有制经济共同发展的基本经济制度，产业结构也发生了深刻的调整，国民经济持续稳定快速发展。随之而来的是中国的社会结构的深刻变化，原来以工人阶级、农民阶级、知识分子阶层组成的社会阶层结构也发生了深刻的变动。农民阶级分化，规模缩小；原来的工人阶级分化了，但规模有了很大的扩展；知识分子阶层的变化最大，社会地位普遍提高，队伍也越来越大；还出现了由民营经济人士和自由择业知识分子为主体的群体，并成为当代中国社会结构的新生力量和重要构成。说到民营经济，就不能不提本章开头的故事："五老火锅宴"。

一月的北京，还笼罩在瑞雪寒风中，人民大会堂福建厅内却已升腾起洋洋的暖意。中共十一届三中全会闭幕仅 20 多天，刚刚恢复党内外职务不久的邓小平就邀请五位原工商界巨子——胡厥文、胡子昂、荣毅仁、古耕虞、周叔弢座谈，并于中午邀请五老吃起了北京火锅。

可谓"久旱逢甘霖"！对于刚刚经历了"文化大革命"浩劫的原工商业者而言，急需这样一次和中共中央领导人的对话，摘下资本家的帽子，才有动力全身心投入社会主义现代化建设中去。与此同时，中央的工作重心也需要重新转到经济建设中来，一直靠边站的原工商业者，海内外联系广泛，有丰富的经商办实业经验，是不可忽视的力量。此时此刻，双方围坐在热腾腾的火锅前，喷香的火锅气息后面，是五颗火热跳动的心。

简单的火锅虽是便宴，但安排得却细致至极。会谈选址福建厅，体现了邓小平深远的思考和政治寓意。福建沿海与台湾隔海相望，散布于世界各地的华人华侨，最早都是从福建沿海出去的。邓小平以此希望原工商业者充分发挥海外联系面广的特点，积极与外界沟通，内引外联，为祖国的经济建设服务。同时，他还安排了国务院副总理、中央统战部部长等多位领导一起参加，充分显示出对这次会见的良苦用心。

“莫道桑榆晚，为霞尚满天。”邓小平火锅宴上对“老同志”的信任，激发了五老“老骥伏枥，志在千里”的豪情。五位老同志都是工商界的巨擘，也是当时民主党派和工商联的领导人，他们有着丰富的经营和管理经验。针对五位老同志提出的“工商界还没有摘掉帽子”，“一些企业把工商业者同地、富、反、坏、新生资产阶级不加区别地相提并论”，工商业者还“心有余悸”等情况，邓小平历史性地提出摘掉资本家帽子，打破身份枷锁，展现了中国共产党的广阔胸怀和卓越眼光。这次会见对于工商业发展意义深远。

没有了“资本家”的包袱，以“五老”为代表的原工商业者仿佛焕发了第二春。针对邓小平希望原工商业者站出来办企业，“钱要用起来，人要用起来”的观点，在这次会谈后不久，三家由原工商业者领衔的公司先后成立，即：由荣毅仁任董事长兼总经理的中国国际信托投资公司、由王光英任董事长兼总经理的中国光大实业公司、由胡子昂任董事长的中国工商经济开发公司。“中信”和“光大”在改革开放的大潮中起到了“领头羊”作用，目前已发展成为著名的国际化大公司。

“一只火锅，一台大戏！”成为多党合作的一段佳话。以改革开放为起点，中国整个社会阶层结构呈现出向多元化方向发展，社会分化和社会流动的机制变化了，社会流动渠道增加，流动速度加快，整个社会充满活力，正在向与社会主义市场经济体制相适应的现代社会阶层结构的方向演变。在这样的时代背景下，民主党派的发展迎来了难得的机遇。

2. 准确定性：民主党派是“政治联盟”

20 世纪 70 年代后期，我国社会结构和阶级关系的深刻变化，对我国统一战线和多党合作各项工作产生了深刻的影响，民主党派性质和作用需要作出新的概括，才能适应时代的变化要求。

“文化大革命”结束后，民主党派组织开始逐渐恢复活动，而真正的转折则是在中共十一届三中全会以后，以邓小平 1979 年的两次讲话为标志。

中共十一届三中全会后，我国进入了改革开放和社会主义现代化建设的新时期。中国共产党本着实事求是的精神，从我国阶级状况已经发生根本变化的实际出发，对各民主党派的性质地位作出了新的科学的分析和判断，使民主党派重获新生，民主党派工作出现了历史性的转折。

这种新生和转折始于 1979 年 6 月 15 日召开的全国政协五届二次会议。这一天，2000 多名全国政协委员登上人民大会堂东门的 40 级台阶，以凝重的目光久久仰望着这座神圣的殿堂。他们中有许多人是遭受林彪、“四人帮”迫害而现在得到平反昭雪的革命老干部、民主党派成员、知识分子和爱国人士。如今，他们在政治上重获新生，跨入人民大会堂，不由得发出“久违了，人民大会堂”的感叹。

9 时，会议准时开幕，由一年前当选的第五届全国政协主席邓小平致开幕词。庄严肃穆的大会堂内回荡着邓小平庄严的声音：“30 年中，我国的社会阶级状况发生了根本变化”，“我国广大的知识分子，包括从旧社会过来的老知识分子的绝大多数，已经成为工人阶级的一部分，正在努力自觉地为社会主义事业服务”，各民主党派“都已经成为各自所联系的一部分社会主义劳动者和一部分拥护社会主义的爱国者的政治联盟，都是在中国共产党领导下为社会主义服务的政治力量”。

话音刚落，掌声雷动，笑意和激动写在每位委员的脸上。眼泪模糊了民主党派成员们的视线。十多年来，积压在胸中的凝云顷刻散去，人们感到春风拂面般的温暖，精神为之振奋。他们彼此祝贺又一次“政治解放”，感谢邓小平为他们“脱帽加冕”。

小组讨论的时候，民主党派成员雀跃发言，都想一吐为快。有的说：“1949 年，共产党使我们从国民党反动统治下得到解放，1976 年 10 月和政协五届一次会议使我们从‘四人帮’的枷锁下得到解放，这次是从阶级关系、政治地位上彻底得到解放，使我们真正成为社会主义劳动者，真是扬眉吐气。”还有的说：“‘四人帮’横行时，我们是‘阶下囚’‘臭老九’，现在成了‘座上客’；过去是‘牛鬼蛇神’，今天成了主人翁，真是感慨万千！”民主党派成员普遍感到自己的责任更重大、更光荣，表示要理直气壮地以主人翁的态度干“四化”。一些民主党派领导人还提出了“老牛明知夕阳短，不用扬鞭自奋蹄”的感人口号。

政协五届二次会议重新确定了民主党派的性质，民主党派再也不是资产阶级性质的政党,而是在中国共产党领导下为社会主义服务的政治力量。

10 月 11 日起，各民主党派、全国工商联中断了 20 年左右的全国代表大会陆续在北京召开。19 日下午，2500 名与会的各民主党派、全国工商联代表受到了中共中央副主席、全国人大常委会委员长叶剑英，中共中央副主席、国务院副总理、全国政协主席邓小平，中共中央副主席、国务院副总理李先念等领导人的亲切接见，并合影留念。

当晚，全国政协、中央统战部在人民大会堂举行盛大宴会，招待各民主党派和全国工商联全国代表大会的代表。邓小平在招待会上发表了热情洋溢的讲话。他代表中共中央向各个代表大会表示热烈的祝贺，向参加会议的全体代表，向各民主党派和工商联的全体成员，致以亲切的问候。同时,对各民主党派和工商联在国家政治生活中的地位作出了进一步的阐述。

邓小平指出："各民主党派和工商联都是我国革命和建设的组成部分。各民主党派和工商联同我们党有过长期合作、共同战斗的历史，是我们党的亲密朋友。建设和发展社会主义事业，已成为各民主党派、工商联和我们党的共同利益和共同愿望。在新的历史时期中，各民主党派和工商联仍然具有重要的地位和不容忽视的作用。"他表示："我们相信，各民主党派和工商联一定能够在巩固和发展安定团结的局面，促进社会主义现代化建设，发扬民主、加强法制，进行自我教育和促进祖国统一等方面，作出新的更大的贡献。"

也是在这次讲话中，邓小平第一次郑重提出，在中国共产党的领导下，实行多党合作，是我国具体历史条件和现实条件所决定的，也是我国政治制度中的一个特点和优点。他强调，"长期共存、互相监督"是一项长期不变的方针，希望各民主党派和工商联以主人翁的态度，关心国家大事，热心社会主义事业，就国家的大政方针和各方面的工作，勇敢地、负责地发表意见，提出建议和批评，做我们党的诤友，共同把国家的事情办好。

邓小平的讲话，赢得了代表们的阵阵掌声，他们心情异常激动、兴奋，掌声经久不息，招待会气氛持续高涨。当晚，出席招待会的还有中共中央、全国人大常委会、国务院及全国政协的领导同志王震、韦国清、邓颖超、胡耀邦、彭真、阿沛·阿旺晋美、周建人、许德珩、胡厥文、朱蕴山、史良、谷牧、姚依林、宋任穷、季方、王首道、庄希泉、胡子昂、刘澜涛、陆定一、李维汉、胡愈之、王昆仑、班禅额尔德尼·确吉坚赞，以及最高人民法院院长江华、最高人民检察院检察长黄火青等，这充分体现了中国共产党对民主党派和全国工商联工作的高度重视及对其地位的充分肯定。

当中共中央政治局委员、全国政协副主席、中央统战部部长乌兰夫结束祝酒词后，所有领导同志和全体代表起立，举杯同庆，共祝美好前程。

"小平同志，祝您健康长寿！"许多民主党派领导同志特地上前向邓小平敬酒，把宴会气氛再次推向高潮。

这次招待会被一些民主党派领导人誉为民主党派 30 年来未有过的历史性的盛会。从此，民主党派的面貌焕然一新。[1]

3. 生机勃发：民主党派加强自身建设

新中国成立以后，各民主党派组织发展较快，1957 年后至“文化大革命”结束的 20 余年间，民主党派组织发展基本处于停滞状态，到 1979 年恢复活动时仅有成员 6.5 万人，比 1956 年下降了约 3.5 万人。1979 年各民主党派共有地方组织 272 个，其中，省级组织 92 个，市级组织 133 个，县级组织 47 个，基层组织 1852 个。民主党派“脱帽加冕”后，中国共产党积极支持民主党派发展成员，确定各民主党派组织发展原则和方针，协助解决组织发展中遇到的困难，各民主党派焕发了生机，组织得到快速发展。

恢复政策后的民主党派成员，当时喜上眉梢，阴霾一扫而空。尽管已是知天命之年，但民主党派成员以极大的热情投入工作中去，他们夜以继日地在办公室工作，很多人一两个月都不回一趟家。当时各民主党派组织百废待兴，但大家的信心被调动起来，工作积极性非常高。民主党派中央因为要指导省、市、州建立基层组织，很多人一年几乎有一半的时间在出差，在全国各地调研和工作。自 1977 年 10 月起，各省、自治区、直辖市人民政协相继召开新的一届政治协商会议，各民主党派的省级组织相继恢复，一部分省辖市、大城市的区等地方组织和基层组织也逐渐恢复起来。

1　孙晓华、宋士忠主编：《风雨同舟肝胆情》，中共中央党校出版社 1995 年版，第 76—79 页。

各民主党派组织迅速发展，使得民主党派工作内容不断丰富，各民主党派现有的章程和方针任务都不能适应新形势的发展需要，亟须召开代表大会讨论修改。

经过数月筹备，各民主党派于 1979 年 10 月 11 日至 22 日分别召开了各自的全国代表大会。这是进入改革开放新时期的第一次全国代表大会，也是新时期第一次章程修改,对此后民主党派的发展和作用发挥都很重要。大会的任务是：以四项基本原则为指导，总结经验，把工作重点转移到为社会主义现代化建设服务上来，推动成员在“四化”建设和祖国统一的伟大事业中作出新的贡献。各民主党派出席代表大会的代表共 2500 多人。会议着重讨论了当时国内外的形势，确定了今后的工作任务，讨论通过了各自的章程，选举产生了中央领导机构。朱蕴山、史良、周建人、季方、黄鼎臣、许德珩、蔡啸分别当选为民革、民盟、民进、农工党、致公党、九三学社、台盟中央的主席，胡厥文为民建中央主任委员。

各民主党派这次全国代表大会是在新的历史条件下召开的，成为他们各自历史上的一个新的里程碑。通过这次代表大会，各民主党派迅速地、坚定地实现了工作重点的转移，同时根据各自的特点，提出了新形势下必须努力做好的几项工作，包括：积极推动成员及其所联系的群众为四个现代化贡献力量；贯彻“长期共存、互相监督”的方针，维护安定团结的政治局面，为发扬社会主义民主和健全社会主义法制作出贡献；争取台湾早日回归祖国，反对霸权主义，维护世界和平；推动成员学习马列主义和毛泽东思想，在改造客观世界的同时改造主观世界。这些工作任务同中国共产党和国家在新时期的历史任务紧密结合起来，极大地调动了各自成员和所联系的人士爱国报国的热忱和为社会主义现代化建设服务的积极性、主动性、创造性，为广大成员服务“四化”和加强自身建设奠定了思想基础和组织基础，有力地推动了与中国共产党的团结合作，为中国共产党领导的多党合作和政治协商制度在新时期的发展提供了有力的保证。

随着各民主党派全国代表大会的召开，组织发展工作得以推进。1982 年 9 月，中共十二大提出建设有中国特色的社会主义的目标，在各民主党派中产生了巨大影响，各民主党派成员受到了极大鼓舞，他们决心为建设有中国特色的社会主义而奋斗。根据新形势新任务的要求，1983 年 11 月至 12 月，各民主党派先后召开各自的全国代表大会，制定了新时期为社会主义现代化建设服务的纲领，并根据当时各民主党派的组织发展状况，提出把加强组织建设作为今后的一项重要任务。[1]

民主党派组织在得到快速发展的同时，面临着两个方面的问题。一方面是发展过快，不注重质量等。主要体现在：有的民主党派在一些地方短时间内发展成员数量较大，而相应的组织建设工作跟不上；有的不顾条件，急于发展成员和建立组织，一些地方出现了不注重质量、争相发展的情况；另一方面是中共党内一些同志对新时期民主党派发展问题的方针政策认识不够明确，对民主党派发生的深刻变化认识不足，对民主党派正常发展成员存在支持不够的问题，影响了民主党派工作的开展。

针对这些问题，1983 年 11 月，各民主党派中央负责人就民主党派组织发展问题进行座谈，形成了《关于民主党派组织发展问题座谈会纪要》（以下简称 1983 年《纪要》），由各民主党派中央分别印发各自的地方组织贯彻执行。

1983 年《纪要》肯定了各民主党派原有的组织发展重点分工，指出新中国成立后，经各民主党派协商确定的工作范围和发展对象的重点分工，反映了各民主党派的不同特点，有利于发挥各自的优势和作用。今后仍应继续维持原有的重点分工。适应新形势的发展，1983 年《纪要》分别对

1　杜青林主编：《中共十一届三中全会以来多党合作理论、政策和实践的创新与发展》，华文出版社 2008 年版，第 40 页。

民革和民建发展对象作出适当调整。民革除发展原国民党和与国民党有历史联系的人士外，考虑到开展对台工作需要，今后可在四个特定方面适当发展，包括：从台湾起义归来或回大陆定居的原国民党人士；去台人员家属中的中上层知识分子和有一定代表性的、对台工作有一定作用的人士；特赦、宽释人员中政治上表现好的，特别是对台工作有一定作用的人士；其他与国民党有历史联系的人士。对于民建，原来发展的主要对象为代表性较大的原工商业者，今后应在同民建有历史联系或有密切工作联系的从事工商企业和其他经济工作的人士中适当发展。其他民主党派的发展范围基本不变，即：民盟为文教界（着重高等院校）人士；民进为中小学教师、师范院校和文化出版界人士；农工党为医药卫生界人士；致公党为归国华侨和侨眷人士；九三学社为科学技术界人士；台盟为居住在大陆的台湾籍人士。

根据各民主党派组织发展的现状和发挥作用的需要，1983 年《纪要》确定各民主党派的发展对象，仍以中上层为主，即发展有一定代表性的人士；发展地区仍以大中城市为主，一般不在县发展，鉴于当时统战工作已深入到县，今后民主党派在一部分经济文化较发达、民主党派发展对象集中的县城可以有计划、有步骤地发展成员，建立组织。为支持民主党派地方组织做好组织发展工作，1983 年《纪要》还提出，各民主党派要深入了解组织发展的情况和存在的问题，在调查研究的基础上，着重抓好加强组织建设、活跃基层组织、培训骨干和对新成员进行教育等工作。

根据 1983 年《纪要》精神，各民主党派组织发展更加健康。据统计，到 1988 年底，各民主党派成员总数达到 29.7 万人，是 1979 年成员总数的 4 倍多；到 1989 年，各民主党派成员总数达到 33.7 万人；在大部分省、自治区、直辖市建立了组织，在一些经济、文化比较发达的地、市也建立了组织。1989 年底，各民主党派的省级组织共 164 个，市级组织 685 个，县级组织 182 个，基层组织 12200 个。

另一个问题是各民主党派中央和省级组织领导班子普遍存在着成员年龄老化、青黄不接的问题。培养和选拔新一代代表性人士，实现新老班子成员的新老合作与交替，成为领导班子建设的一项重要任务。

在 1983 年 11 月至 12 月期间，各民主党派在全国代表大会上，选举产生了新一届领导班子，一些新一代代表性人士进入中央领导班子。各民主党派中央在选拔机关部门负责人时，也注意选配 50 岁左右的人士。通过各民主党派这次全国代表大会，新产生的领导班子成员在新老合作与交替上迈出了第一步。

但由于民主党派新老交替任务十分繁重，而培养和引进新人还有一个过程，到 1986 年，八个民主党派中央主席、代主席的年龄，90 岁以上的 4 人，85—89 岁的 3 人，81 岁的 1 人。有的副主席年老多病，难以工作和出席会议。中央委员、中央常委的平均年龄多在 70 岁以上，省级组织的正副主委、秘书长的平均年龄也多在65岁以上。领导班子成员年龄老化、新一代代表性人士缺乏的问题仍十分突出，影响到民主党派的活力和工作的开展。各民主党派中央领导人对此十分忧虑，广大成员也迫切要求加快领导班子成员新老合作与交替的步伐。

1986 年 6 月，各民主党派中央领导人再次就领导班子成员新老合作与交替问题进行座谈和研讨。大家一致认为，新老交替工作在步骤上宜安排得从容一点，稳妥一点，在 1988 年换届以前的这两年，首先要把引进新人的工作抓紧抓好，多方面物色和培养新人。各民主党派还就领导班子新老合作与交替的一些问题，逐步形成了共识，认为各民主党派中央和省级组织的老一辈领导人，只要健在，一般都要妥善安排，可以担任民主党派的荣誉职务（中央为名誉主席，省级为名誉主委），继续发挥他们的影响和作用。在中央和省级领导班子、工作班子中要大胆引进新人，不搞论资排辈。要规定引进新人的适当年龄界限，形成梯形的年龄结构，不搞终身制，以避免老化循环。民主党派领导班子成员新老合作与交替、引进新人是一项重要的工作，必须自始至终充分协商酝酿，进行深入细致的思想政治工作，使之平稳、有序、顺利地进行。

为积极稳妥地推进新老交替与合作的步伐，1986 年底到 1987 年底，民革、民盟、民建、民进、农工党、致公党相继召开全国代表会议，九三学社召开七届三中全会，在中央领导班子成员新老交替与合作上迈出了新的步伐，一部分老同志因年事高退出中央委员会，中央领导班子引进了部分新人。民盟、民进、九三学社、台盟推举了名誉主席，民革、民盟、民建、民进、农工党、台盟成立了中央荣誉机构（如中央监察委员会、中央参议委员会、中央咨议委员会等），一批退下来的老同志转到荣誉机构任职，一批年富力强的骨干进入中央委员会，加强了领导层的工作。

1988 年 6 月至 12 月，八个民主党派先后召开全国代表大会，选举产生新一届领导机构。通过这次换届，各民主党派在中央领导班子新老合作与交替上又取得了进一步的成果，进入领导层的新人约占三分之一，各民主党派中央领导班子和中央委员会的年龄结构发生了较大变化。据统计，新一届民革中央委员平均年龄 57.8 岁，比上届平均年龄下降 10.7 岁，新当选的中央委员占 37%；中央主席、副主席平均年龄为 68.78 岁，较上届降低 7.2 岁。民盟新一届中央委员平均年龄 59.2 岁，比上届平均年龄下降了 5.6 岁。民建新一届中央委员平均年龄 60.2 岁，比上届下降了 8.46 岁。民进中央新一届主席、副主席平均年龄 64 岁，比上一届下降了 19.1 岁。农工党中央新一届主席、副主席平均年龄 68.4 岁，比上一届下降了 12.2 岁。致公党中央新一届主席、副主席平均年龄 65 岁，比上一届下降了 8 岁。九三学社新一届中央委员平均年龄 61 岁，比上届下降了 12.5 岁。台盟中央新一届主席、副主席平均年龄 56.6 岁，比上一届下降了 4.4 岁。

经过1983年、1988年两次换届和1987年有的民主党派召开的全国代表会议，各民主党派中央在领导班子和中央常委会、中央委员会的新老合作与交替方面，迈出了较大步伐，取得了重要成绩。但由于历史原因，民主党派领导班子老化问题依然存在，领导班子成员进入了新老合作的阶段，同时，实现新老交替的任务还需继续努力。

二

情比金坚

确立“十六字方针”

1956年，毛泽东在《论十大关系》中针对社会主义条件下还要不要多党合作的问题，首次提出“长期共存、互相监督”。同年9月，中共八大把“长期共存、互相监督”确定为共产党与各民主党派团结合作的基本方针，奠定了社会主义条件下多党长期合作的理论基石和基本格局。中共十一届三中全会后，以邓小平同志为核心的中共第二代中央领导集体认真总结中国共产党同民主党派关系遭到破坏的历史教训，将“长期共存、互相监督”的“八字方针”发展为“长期共存、互相监督、肝胆相照、荣辱与共”的“十六字方针”，成为新时期正确处理中共同民主党派关系的指南。

1. 情如肝胆：“十六字方针”的提出与确立

1981年12月21日至1982年1月6日，第十五次全国统战工作会议在北京召开。1982年1月5日，在中南海怀仁堂，中央领导会见出席会议的部分同志，并与大家亲切座谈，胡耀邦发表了长篇重要讲话。在讲到同民主党派的关系时，他强调，各民主党派同我们党风雨同舟几十年，我们之间的关系不仅要“长期共存、互相监督”，而且要“风雨同舟，鱼水相依”。

会议间隙，胡耀邦见到一位熟悉的记者，打过招呼后，亲切地问：“我今天讲得怎么样？”

“很好！”记者回答。

“哎，你们新闻记者不能光挑好听的说嘛，你看还有什么问题没有？”胡耀邦继续笑着问。

“把我们党与各民主党派的关系比作鱼水关系，恰不恰当？”记者忐忑不安地说。

“说说看，有啥不恰当？”胡耀邦不但不生气，反而更加和颜悦色。

“我们一直把党和人民军队与人民群众的关系，比作鱼水关系，人民群众好比是水，党和军队好比是鱼，鱼是离不开水的。而我们党与各民主党派是朋友关系，把朋友关系比为鱼水关系，似乎不太科学。因为，你说谁是水、谁是鱼呢？”记者见胡耀邦虚心听取意见，便把自己的想法毫无保留地说了出来。

“好，有道理，有道理！”胡耀邦诚恳地说。

胡耀邦善待记者的宽广胸怀和虚心纳谏的态度，深深地感动了周围的人。

会后，经中央统战部审查的新闻稿送到胡耀邦手中，他认真琢磨记者的意见，经过缜密思考、反复推敲，决定把原稿中的“风雨同舟，鱼水相依”改成“肝胆相照，荣辱与共”。[1]

---

1 刘明钢著：《胡耀邦的公仆品质：不患位之不尊，而患德之不崇》，中国共产党新闻网站，http：//cpc.people.com.cn/GB/68742/106364/106365/6889853.html。

1982年1月16日，新闻稿发表。这是在多党合作历史上首次完整表述“十六字方针”。

1982年9月，中共十二大报告把“长期共存、互相监督、肝胆相照、荣辱与共”的“十六字方针”，作为新时期多党合作的基本方针和处理中共同民主党派关系的基本原则。明确指出：我们党要继续坚持“长期共存、互相监督、肝胆相照、荣辱与共”的方针，加强同各民主党派、无党派人士、少数民族人士和宗教界爱国人士的合作。“长期共存、互相监督、肝胆相照、荣辱与共”的十六字方针得以完全确立，标志着中共与各民主党派的合作关系发展到一个新的阶段，为坚持和完善我国新型政党制度奠定了坚实的基础。

2. 挚友良朋：“十六字方针”的丰富内涵和重要意义

同“八字方针”相比，“十六字方针”有着更丰富的内涵。

“长期共存”，这是对中国共产党与民主党派长期合作、共同奋斗的阐述，也就是新中国成立初期周恩来所讲的，共产党存在多久，民主党派就存在多久，一直要共存到将来社会发展不需要政党为止。中共中央早就明确指出：只要阶级还没有最后消灭，共产党还在，就要坚持党与非党合作，坚持统一战线。共产党与民主党派的“共存”，是双方“合作”的需要，也是彼此“监督”的前提。因此，民主党派在相当长的历史时期内仍有继续存在的条件和作用。那种认为阶级剥削消灭了，民主党派没有必要存在的观点，或者认为民主党派将“一代而亡”的观点，都是错误的。

“互相监督”，共产党同各民主党派在法律的范围内，在遵守共同的政治准则基础上，互相监督、互相批评、互提意见，言者无过，闻者足戒，共产党可以监督民主党派，民主党派也可以监督共产党，但由于共产党居于领导地位，主要是民主党派监督共产党。古人云：“千人之诺诺，不如一士之谔谔。”民主党派对共产党的监督，是我国社会主义监督体系的重要组成部分，是发扬社会主义协商民主的重要内容。民主党派对共产党的监督，是我国社会主义监督体系的重要组成部分，虽然是一种“柔性”监督，不具有强制性，不是国家权力的性质，但它同人大监督、行政监督、舆论监督、群众监督等相辅相成，对于发扬社会主义民主，加强社会主义法制，防止中共和政府脱离群众，克服官僚主义，及时发现和纠正工作中的缺点和错误，都大有益处。

“肝胆相照”，民主党派是参政党，同中国共产党之间彼此真心相见、披肝沥胆、坦诚相待。各民主党派与中国共产党在党的性质、阶级基础、政治纲领等方面虽有差异，双方在国家政治社会生活中地位和作用也不相同，但他们没有根本的利益冲突，为着同一个目标，即坚持和发展中国特色社会主义、为实现中华民族伟大复兴而奋斗。为此，中国共产党坚持照顾同盟者利益，各民主党派拥护中国共产党的领导，为中国共产党执好政掌好权出主意、想办法，当挚友、建真言。

“荣辱与共”，中国共产党同民主党派在我国社会政治生活中是命运共同体。中国共产党同民主党派在长期共存和团结合作过程中，始终做到风雨同舟，同甘苦，共患难。民主党派自成立以来，以国家兴亡为己任，和中国共产党一起，为实现国家的独立、民主、富强而不懈奋斗，与中国共产党建立了彼此尊重、彼此信任的关系。共同的历史、共同的事业、共同的使命和责任把中国共产党和民主党派的命运联系在一起，都以国家之兴为荣，以国家之衰为辱，形成了一种荣辱与共、生死相依的密切关系，一荣俱荣，一损俱损。

民进老一辈领导人雷洁琼曾说，民主党派在几十年的历史中，走过了一条同中国共产党风雨同舟、患难与共的道路，形成了与中国共产党团结合作的优良传统，真诚地希望民主党派的新人们，将同中国共产党团结合作的光荣传统继承下来，并不断地发扬光大，再谱写肝胆相照、荣辱与共的新篇章。

“十六字方针”凝结了中国共产党和民主党派老一辈的深厚友谊，寄托了他们的殷切心愿，也必将凝聚起更加广泛的力量，开创多党合作更加美好的未来。

“十六字方针”的提出，澄清了当时社会上一些人的错误认识。改革开放后，有些人认为既然我国的阶级剥削消灭了，民主党派就没有必要存在，或者随着民主党派老一代成员的先后离世，民主党派也将“一代而亡”。“十六字方针”的提出，强调共产党同民主党派“长期共存”，而且“肝胆相照、荣辱与共”，就明确表明了民主党派不仅不会“一代而亡”，而且会一直存在下去，并同中国共产党的命运紧密联系在一起。这就彻底消除了社会上尤其是一些民主党派成员对民主党派生存发展问题的担忧。

“十六字方针”的提出，进一步确立了新时期中国共产党处理与民主党派的关系的基本方针。“十六字方针”深刻反映了新时期民主党派阶级基础发生的重大变化，进一步深化了中国共产党同民主党派的亲密友党关系。在“长期共存、互相监督”基础上增加“肝胆相照、荣辱与共”，不仅赋予了双方“长期共存”的时代内涵，同时还赋予了“互相监督”新的含义，反映了中国共产党与各民主党派在团结合作的长期共存中的共生性，彼此互相监督、相互帮助的真诚性，双方根本利益和奋斗目标的一致性，使新时期中国共产党同各民主党派长期共存的社会基础更加坚实，互相监督内容更加丰富，合作共事形式更加多样，丰富和充实了中国共产党领导的多党合作和政治协商制度的内涵，进一步确立了改革开放和社会主义现代化建设时期中国共产党同各民主党派团结合作的格局，为新时期我国多党合作的发展和完善提供了坚实的政治基础，极大地调动了民主党派成员履行参政议政、民主监督职能的积极性和主动性。[1]

“十六字方针”的提出，表明民主党派是共产党的挚友、诤友，不同于西方政党那种对立的关系，而是在共同利益一致基础上的团结、和谐与合作。这在苏联共产党一党制的制度设计中找不到，在西方两党制和多党制的文化土壤中也难寻觅。体现了中国传统文化对中国现代民主政治的影响，体现了中国传统文化中正确处理和对待其他的或对等的主体力量的一般原则，体现了中国传统文化中追求“和合”、“和谐”和“和为贵”的价值境界。“十六字方针”是共产党和各民主党派对历史和现实的深刻总结，是我国社会主义时期政党关系的鲜明写照。

各民主党派、无党派人士及社会各界都对“十六字方针”称赞不已，一位民主党派中央的负责人感慨地说：“我每听到、看到‘肝胆相照、荣辱与共’这几个字，都禁不住感慨万千！共产党没有忘了我们，没有拿我们当外人啊！”

3. 风鼓新帆：研究制定系列配套政策

在我国社会各项事业拨乱反正、百废待兴的历史时刻，以邓小平为核心的中共第二代中央领导集体，着眼于社会主义现代化建设和祖国统一大业的大局，在多党合作事业和民主党派工作上拨乱反正，将“文化大革命”期间被林彪、江青两个反革命集团歪曲、破坏的一系列正确的政策恢复过来；同时根据中国共产党和国家领导制度改革的需要，坚持解放思想、实

1　杜青林主编：《中共十一届三中全会以来多党合作理论、政策和实践的创新与发展》，华文出版社 2008 年版，第 21 页。

事求是的思想路线，以巨大的理论勇气和政治智慧，开创性地提出了一系列具有突破性的政策，有力地推动了多党合作事业的健康稳步发展。

政治协商

1979 年 4 月 5 日，中共中央批准的中央统战部《关于爱国民主党派当前工作中几个问题的请示》提出，要发扬民主，加强协商。对于国家大事和有关政策问题，要注意吸收民主党派的代表人物参与协商，吸取他们的意见。这就恢复了同民主党派、无党派人士的协商座谈会，凡属有关国家和地方的重大问题，都同各民主党派的领导人和无党派代表人士进行协商。经过几年的实践探索，1986 年《关于新时期党对民主党派工作的方针任务的报告》对协商的内容和形式作了进一步的规定。政治协商的内容包括国家政治生活、“四化”建设、统战工作的重大问题以及政府工作中的一些重大问题，政治协商的形式是协商会、座谈会，同时规定每年都要进行几次，做到协商制度化。

民主监督

1979 年《关于爱国民主党派当前工作中几个问题的请示》指出，在有党外人士参加的会议和有关的活动场所，要鼓励和支持他们敞开思想，畅所欲言，欢迎他们积极地提出建议和批评，要坚决实行“三不主义”，做到“知无不言，言无不尽；言者无罪，闻者足戒”，要认真对待他们的建议和批评，实事求是地进行分析处理。1986 年《关于新时期党对民主党派工作的方针任务的报告》对民主党派的民主监督作了比较详细的阐述，强调中共与民主党派互相监督是推进我国社会主义民主政治建设、进行政治体制改革的一项重要内容。今后要积极支持民主党派行使其民主监督权利，鼓励他们为着国家和人民的利益，积极反映各方面群众的批评和建议，做我们党的亲密诤友。《报告》着重提出，要创造一切有利条件，积极支持民主党派对共产党和政府各级领导干部实行民主监督，主要包括：①进一步畅通民主渠道，使民主党派能够行使民主监督的权利，充分反映各方面群众的意见，做到知无不言，言无不尽。②支持他们据实揭发干部的错误，并且敢于坚持正确的意见，敢于把尖锐的意见讲出来。③中共和政府的任何一级组织和任何干部都不得干涉民主党派行使这种民主权利，更不容许对他们进行打击报复。对民主党派和无党派人士的意见、建议和批评，要及时答复和认真负责地处理。

三

与时俱进

民主党派发挥作用开辟新领域

随着中国共产党和国家工作重点的转移，特别是中共十一届三中全会确立了以经济建设为中心、实行改革开放的路线方针政策，在中共中央高度重视和指引下，在民主党派老一代领导人的带领下，各民主党派积极响应中共中央的路线方针政策，充分发挥自身特点和优势履行职能，积极投身改革开放和经济建设，开辟了发挥作用的新领域，开启了与中国共产党团结合作、并肩奋斗，共同致力于中国特色社会主义建设的新征程，成为促进祖国统一、进行“四化”建设的一支重要力量。

1. 建言资政：积极参政议政

中共十一届三中全会后，中共逐渐恢复并进一步明确和丰富了同民主党派政治协商的内容形式，增加了民主党派成员和无党派人士在人大、政协、政府及政府部门任职，民主党派通过多种形式参政议政。

应邀列席中国共产党全国代表大会。1982 年召开的中共十二大和 1987 年召开的中共十三大，民主党派中央领导人应邀出席开闭幕式，并参加有关方针任务的讨论。1982 年 9 月 1 日至 11 日，中国共产党第十二次全国代表大会在北京举行，邓小平致开幕词，胡耀邦代表十一届中央委员会作题为《全面开创社会主义现代化建设的新局面》的报告。各民主党派中央领导人、无党派民主人士和各界知名人士 73 人应邀列席，各民主党派中央领导人王昆仑、朱学范、钱昌照、史良、胡愈之、苏步青、华罗庚、胡厥文、季方、周谷城、许德珩、周培源、茅以升、严济慈、叶圣陶、黄鼎臣、苏子蘅等在大会主席台就座。9 月 3 日，列席中共十二大开幕会的各民主党派中央领导人和无党派民主人士举行座谈，讨论邓小平所作的开幕词和胡耀邦所作的报告。民革中央副主席朱学范说："邓小平同志在开幕词中提出，在今后的建设中，中国共产党还要同所有的爱国民主党派和爱国人士长期合作，胡耀邦同志在报告中也说，中国共产党要继续坚持'长期共存、互相监督、肝胆相照、荣辱与共'的方针，加强同各民主党派的合作。中国共产党这样重视民主党派，使我们感到鼓舞。民主党派要增强责任感，在共产党的领导下积极发挥作用。"民建中央副主任委员孙晓村在发言中以"承前启后、继往开来"八个字来形容中共十二大召开的意义。他说："中共十一届三中全会以后，统一战线的政策得到落实，我们民主党派身上的包袱没有了，我们要考虑的是怎样为人民服务、为'四化'贡献力量。我相信，中共十二大的召开，将更有力地鼓舞和促进民主党派和爱国人士为'四化'建设尽力。"这些民主党派领导人发言集中反映了广大民主党派成员的心声，中共十二大提出的全面建设社会主义宏伟纲领，在各民主党派中产生了巨大影响，广大民主党派成员深受鼓舞，决心为建设有中国特色的社会主义而奋斗。中共十二大闭幕后，各民主党派中央先后召开会议，号召各自成员认真学习贯彻中共十二大精神。

中共中央主要领导人邀请各民主党派主要领导人和无党派代表人士举行民主协商会，就中共中央将要提出的大政方针问题进行协商，是民主党派参政协商的重要形式。

1988年3月14日，中共中央举行民主协商会，这是第七、八届全国人大、全国政协一次会议召开前，中共中央举行的一次重要的民主协商会，各民主党派中央和全国工商联领导人、无党派代表人士、民族宗教界代表人士和有关人民团体负责人等100余人应邀参会，就第七届全国人大领导成员，国家主席、副主席，国务院组成人员，国家军委组成人员和高法、高检领导人及第七届全国政协领导成员建议名单进行协商。协商会后，中共中央又委托中央统战部组织没有发言的同志分组讨论，进一步听取各民主党派的意见。无党派代表人士程思远感慨地说："这次全国人大、全国政协的人事安排，从去年9月起，中共中央就与各民主党派协商，听取意见。今年3月又召开两次民主协商会讨论。在协商过程中，我们提出政协副主席候选人中应增加一位少数民族同志。大家认为维吾尔族的司马义·艾买提可作为候选人。这个意见被采纳了。"[1]

1982年12月，第五届全国人大第五次会议通过了《中华人民共和国宪法》。各民主党派、无党派人士参与了对宪法的讨论，提出的有关意见建议被吸收采纳。无党派代表人士程思远说：在讨论宪法时，包括我在内的一些同志提出要把中华人民共和国中央军事委员会列入国家机关，中央军事委员会人选由全国人大选举任命的建议，也被吸收了。

担任政府及政府部门职务，也是民主党派参政议政的重要体现和重要形式。

新中国成立初期，有一批民主党派成员、无党派人士在政务院及其相

1 薛建华著:《国共两党关系史上的风云人物：程思远传》，国际文化出版公司1994年版，第210—211页。

关部门中担任领导职务。1979 年 10 月，中共中央强调，中共党内要根据新形势的需要，克服“清一色”思想，切实做好对党外人士，特别是具有业务和技术专长的党外人士的安排工作，并和他们真诚合作，共同把国家的事情办好，明确提出“国务院各部委，凡有条件和对象的单位，一般应考虑安排一些党外人士担任副部长，副司、局长，条件合适的也可担任正职；地方各级人民政府，应选拔一些党外人士担任领导职务。各省、市、自治区以及省辖市，凡有条件和对象的，应选拔一两名党外人士。凡有条件的县，也应安排非党人士担任副县长”。在相关政策指引下，一批民主党派成员和无党派人士走上了各级政府及政府部门的领导岗位。据统计，至 1983 年底，全国副县长以上的非中共党员的干部有 981 人，其中大部分是民主党派成员。

充分发挥民主党派成员、无党派人士在人民代表大会中的作用，也是民主党派参政议政的重要体现。

随着多党合作理论政策措施的拨乱反正，民主党派、无党派人士在人大中的比例和担任人大领导职务的比例开始增加。据 1983 年统计，第六届全国人大代表中，非中共人士为 37.5%，比五届人大增加 10 个百分点。在人大常委会中，非中共人士上升为 24.8%。第七届全国人民代表大会 2970 名代表中，民主党派成员和无党派人士有 986 名，在 135 名人大常委会委员中，民主党派成员和无党派人士有 41 名，在 19 名全国人大常委会副委员长中，民主党派成员有 6 名，他们是：朱学范（民革）、费孝通（民盟）、孙起孟（民建）、雷洁琼（民进）、周谷城（农工党）、严济慈（九三学社）。第七届全国人民代表大会期间，各民主党派成员当选为各级地方人民代表大会代表共 9021 人，在各省、自治区、直辖市以及各市（州）、县（区）人民代表大会中，有不少民主党派成员担任人大常委会委员、副主任和专门委员会主任、副主任等领导职务。

与此同时，为进一步发挥民主党派和无党派人士在人民政协中的作用，在中共中央的高度重视和安排下，民主党派成员和无党派人士在人民政协中担任领导职务的人数越来越多。1984 年全国政协六届二次会议时，共有委员 2030 名，非中共人士 1180 名，占 58%，其中民主党派成员 662 人，占 36.6%；常委 294 人，其中民主党派成员 125 人，占 42%；副主席 32 人，其中民主党派成员 13 人，占 39.4%，他们是：屈武（民革）、王昆仑（民革）、钱昌照（民革）、费孝通（民盟）、胡子昂（民建）、王光英（民建）、刘靖基（民建）、周建人（民进）、叶圣陶（民进）、赵朴初（民进）、季方（农工党）、周培源（九三学社）、茅以升（九三学社）。此后三年在全国政协六届三次、四次、五次会议上，分别增选华罗庚（民盟）、雷洁琼（民进）、钱伟长（民盟）为副主席。1988 年全国政协七届一次会议时，共有委员 2081 名，非中共人士 1249 名，占 60%，其中民主党派成员 701 人，占委员总数的 33.7%；常委 280 人，其中民主党派成员 146 人，占 52.1%；副主席 28 人，其中民主党派成员 11 人，占 37.9%，他们是：屈武（民革）、钱昌照（民革）、苏步青（民盟）、钱伟长（民盟）、孙晓村（民建）、胡子昂（民建）、王光英（民建）、刘靖基（民建）、赵朴初（民进）、卢嘉锡（农工党）、周培源（九三学社）。1989 年 3 月，全国政协七届二次会议又增选侯镜如（民革）为全国政协副主席。在此期间，民主党派成员在省、市、县各级政协委员的 32641 人，有不少担任各级政协常委或副主席。

提交提案是民主党派政协委员参政议政的重要方式。恢复设立教师节，就是由民主党派的政协委员先后提出来的。

第一次是 1981 年 11 月全国政协五届四次会议上，由民进 17 位全国政协委员联名提交了《建议确定全国教师节日期及活动内容案》，该提案被全国政协编为第 170 号，提案人分别为徐伯昕、吴贻芳、史念海、李霁野、张明养、叶至善、徐楚波、郑效洵、马力可、霍懋征、葛志成、方明、巫宝三、张景宁、叶圣陶、雷洁琼和柯灵。提案提出：尊师重教远没有形成一种社会风气，殴打教师的事件时有所闻，广大教育工作者真正树立以教书育人为终身职业的思想也还不普遍。教师担负着培养“四化”建设人才的重任，应当享有崇高的社会地位，现在儿童有儿童节，青年有青年节，我们认为培养他们成为社会主义宏伟事业接班人的人民教师也应该有教师节。

第二次是 1983 年 6 月全国政协六届一次会议上，由方明等 19 位民进界别的全国政协委员联名提交了《为提高教师的社会地位，造成尊师重教的社会风尚，建议恢复教师节案》，该提案被全国政协编为第 656 号。提案提出：在建设社会主义两个文明的战略任务中，教师肩负着培养一代新人的重大责任。在这种情况下，提出恢复教师节，将进一步激发教师的光荣感和责任感，对调动他们建设社会主义的积极性有着深远的意义。

两份提案，目的只有一个，就是恢复设立教师节，在全社会倡导形成尊师重教的氛围。两份提案都受到了党和政府的高度重视和采纳，1983 年 9 月，中宣部办公厅致函教育部办公厅：经研究政协一次会议方明等同志的提案，同意恢复教师节。此后，经报万里、习仲勋、胡启立等中共中央领导同志审阅同意，并报中共中央批准，最终于 1985 年 1 月全国人大常委会通过了建立教师节的议案，确定每年 9 月 10 日为教师节。[1] 民进为恢复教师节建议献策只是各民主党派参政议政的一个缩影，在中共中央确立的以经济建设为中心、实行改革开放的路线方针政策的鼓舞下，各民主党派积极围绕党和国家的中心任务开展工作，提出了大量有价值的意见建议，为党和政府民主决策、科学决策作出积极贡献。

1　孙春兰主编:《大道——多党合作历史记忆和时代心声》，团结出版社 2017 年版，第 399—402 页。

2. 投身实践：发挥优势贡献力量

在中国共产党掀开改革开放和社会主义现代化建设的大幕之际，各民主党派以经济建设为中心，发挥人才荟萃、智力密集、对外联系广泛的特色和优势，围绕经济社会发展开展调研、建言献策，同时创造性地开展了智力支边、经济咨询、引进资金技术、安置待业青年等多种形式的为“四化”服务活动。自此，在中国共产党“导演”的改革开放和社会主义现代化建设这幕历史大剧中找到并开始担当重要“角色”。

1980年的一天，民盟中央机关的同志们迎来了一位特殊重要的客人。当时大家正在工作，突然通知来客人了，一位中共中央领导同志到访。见了面才知道原来是时任中共中央总书记胡耀邦。胡耀邦说他是一时兴起，来看望大家。在这次会见时，胡耀邦说：“民盟是个党外知识分子的政党。这些知识分子第一是爱国的，第二是学有专长的，第三是为人正派的。”他接着说：“我们就希望能发挥这些知识分子的作用，同我们合作，成为复兴中国的一个力量。”话音刚落，大家就热烈地议论开来，认为这一番话激励民盟在新的历史条件下，积极探索如何利用民盟人才荟萃、智力密集的特点和优势，更好地发挥作用。

费孝通回忆说，当时中共中央已经确定以经济建设为中心、坚持四项基本原则、坚持改革开放的基本路线。民主党派工作也要围绕这个中心。围绕这个中心，民主党派到底具体做什么、怎么做？我提出“做实事、做好事”。当时有些同志不理解，认为这不是政党的中心工作，是学雷锋。认为参政议政就是要“批评”。我认为不对！我主张提“建议”。费孝通还说，民主党派在一个历史时期应该做什么，不是自己决定的，而是时代决定的。我们“主要是为‘四化’服务的。知识分子入了盟，就有一个决心，要把自己的一生贡献给实现‘四化’的事业，这是盟员个人的目标。

作为一个组织，就要创造条件，鼓励他们、帮助他们，实现他们的愿望。这就是我们盟组织的作用，也是我们最大的政治。我们参加国家大事，还有什么事情比‘四化’建设更重要呢？”

费孝通是第五届、六届、七届民盟中央主席，他在参政议政方面作出了重要贡献，“七下定西”就是其中之一。

时光倒流到 1984 年 9 月的一天，地处甘肃中部的定西，迎来了一群北京客人,他们是时任民盟中央副主席费孝通率领的民盟中央考察组一行。地处甘肃中部的定西以“苦”出名，是历史上被称作苦甲天下的陇中，这里的年降雨量在 300 毫米左右，而蒸发量却往往超过 1000 毫米，即使在风调雨顺的年景，粮食依然十分紧张。到了定西后，已经 74 岁高龄的费孝通不顾长途奔波之累，带领民盟中央考察组立即投入考察调研，听取介绍、座谈交流，下农村、访农户，日夜奔忙，了解情况。家住三十里铺村的村民剡茂林回忆费孝通第一次到他们家时的情景说，费老很和蔼，他到我们家的第一件事就是直奔水窖，关切地问水质怎么样，够吃不够吃。从这次的定西之行开始，费孝通和民盟中央将目光锁定在定西，从此与定西结下不解之缘。在此后的近 20 年时间里，费老曾六次到定西考察指导，从解决用水问题入手，围绕定西经济社会发展，持续深入调研、出谋划策，推动当地办工业、发展农业、脱贫致富，在费孝通和民盟中央的真切和巨大鼓舞下，定西人走上了经济社会全面发展的康庄大道，成为全国闻名的“中国马铃薯之乡”“中国黄芪之乡”“中国当归之乡”，而费老率领民盟中央关注和支持定西经济发展、脱贫致富的故事成就了“七下定西”这段佳话。

“三老上书”也是参政议政的典范。

1982 年 10 月 28 日至 11 月 4 日，民建中央、农工党中央、全国工商联在北京召开一个专业咨询会议，会议名称叫“中药专业咨询座谈会”，主题是振兴中药事业，与会人员60多人，绝大多数是从事中医、中药研究的专家学者，与会同志针对提高中药质量、理顺药材管理体制及加大对科技人员的培养等方面开展了热烈讨论，并分析了中药生产、经营销售中的有关问题。

这个会议不是一个简单的座谈会，说它不简单，从会前、会中和会后的工作就可以看出来。为了开好这次会议，民建中央、农工党中央和全国工商联围绕振兴中医药事业开展了深入的调研。特别是农工党中央发挥医药卫生界别特点和优势，精心挑选部分医药卫生专家学者，组成了中南和华东两个工作组，开展了重点调研，同时还发动各省级组织开展了广泛调研，形成了侧重培养中医药人才、提高中药质量和加强医药结合科技建设等方面的建议。中央统战部对于这次会议给予了高度关注和大力支持，会议前夕专门召开了情况介绍会，邀请卫生部、国家民委、国家医药管理局、中国药材公司、中国人民银行、国家物价局等单位的同志参加，交流介绍有关情况。会议期间，国家计委、国家经委、国家民委、卫生部、国家医药管理局的领导同志到会讲话，相关业务部门的负责同志到会听取意见。[1]会议结束后，根据会议成果形成了《关于扶持和振兴中药事业的建议》，11月10日，民建中央主席胡厥文、农工党中央主席季方、全国工商联主席胡子昂联名正式向中共中央、国务院报送了建议。时任中共中央总书记胡耀邦作出重要批示，指出“党外三个党派团体，对中药的发展问题提出了许多好意见，值得我们重视。党外确有能人，他们有知识，又热心，因而能发现和提出问题”，并将建议批转有关部门，希望有关部门“同这批党外朋友密切合作，看如何能把中药这件事搞得更好些，以造福于人民”。这件事被称为统一战线的“三老上书”。这次“三老上书”，既推动了中

1　中国农工民主党中央委员会编：《同心同德谋发展——中国农工民主党新时期参政议政案例选》，中国言实出版社2007年版，第8—10页。

医药工作的开展，也为民主党派相互协作建言国家经济社会发展，提供了成功的范例。

还有著名的“863计划”，为我国科技事业的发展作出了重要贡献。“863计划”，即国家高技术研究发展计划。20世纪80年代，科学技术迅速发展，许多国家为了在国际竞争中赢得先机，都把发展高技术列为国家发展战略，不惜花费巨资，组织大量人力、物力。美国提出了“战略防御倡议”（即星球大战计划），西欧提出了“尤里卡”计划，日本提出了今后十年科学技术振兴政策。

九三学社中央常委王淦昌是我国著名实验原子核物理专家，他多次就我国科技发展提出自己的意见建议，受到中共中央和国务院的重视和采纳。1986年3月，他和王大珩、杨嘉墀、陈芳允等另外三位老科学家，针对世界高科技迅速发展的紧迫现实，向中共中央递交了《关于跟踪研究外国战略性高技术发展的建议》，提出我国要全面跟踪世界高技术的发展，制定中国高科技发展计划。这个建议呈送到了邓小平的案头，邓小平很快就作出重要批示。根据邓小平重要批示指示要求，中共中央有关部门立即组织全国200多位专家对我国高技术的发展战略进行了热烈讨论和全面论证，形成了《关于高新技术研究发展计划的报告》。同年11月，中共中央、国务院下发了《关于转发〈高技术研究发展计划（863计划）纲要〉的通知》。1987年3月，这项著名的“863计划”正式开始组织实施，推动了新时期我国科技事业的快速发展。

参与毕节试验区建设，是各民主党派发挥自身优势参政议政的重要而生动的实践，这项世人关注的伟大实践，正是在这个时期开启。

毕节地区位于贵州省西北部，在建立试验区之前是贵州省最贫困落后的地区之一，1985年5月，一篇反映毕节赫章县海雀村群众生活贫困的新华社内参引起时任中共中央政治局委员、书记处书记习仲勋的高度关注，随即习仲勋作出重要批示："有这样好的各族人民，又过着这样贫困的生活，不仅不埋怨党和国家，反倒责备自己'不争气'，这是对我们这些官僚主义者一个严重的警告!!! 请省委对这类地区，规定个时限，有个可行措施。有计划、有步骤地扎扎实实多做工作，改变这种面貌。"刚刚履新贵州省委书记的胡锦涛随即赶往赫章县走访调研，在深入调研的基础上，创造性地提出建立毕节试验区的设想。1988 年 4 月，胡锦涛代表贵州省委在京邀请了各民主党派中央、全国工商联的领导同志召开会议，介绍了拟建立毕节试验区的设想，期望得到中央统战部、国家民委、各民主党派中央、全国工商联智力支边小组的支持。1988 年 6 月，国务院批准建立"毕节开发扶贫、生态建设试验区"，之后，在中央统战部的牵头组织下，各民主党派、全国工商联拉开一段共同帮扶、共谋发展，展现新型政党制度优势的精彩大剧"帷幕"。从此，各民主党派、全国工商联 40 多年如一日，紧密围绕开发扶贫、生态建设、人口控制等主题，发挥自身优势，推动一批重大项目建设，打造了享誉全国的"同心工程"，探索开展了对口帮扶、定点帮扶等，为毕节实现跨越式发展贡献了智慧和力量，充分展示了中国共产党领导的新型政党制度效能优势。

这时期，各民主党派还通过开展智力支边、经济咨询、引进资金技术等，积极服务"四化"建设。

各民主党派开展的智力支边工作，为发展我国边疆和少数民族地区的科技文化作出了重要贡献。1983 年 2 月 20 日至 27 日，中央统战部和民革、民盟、民进、农工党、九三学社五个民主党派中央的负责人与边疆、沿海地区的统战、民族工作部门以及中央有关部门的同志，举行民主党派为边疆和少数民族地区"四化"建设服务的挂钩会议。经过充分磋商，会议达成了 151 项民主党派"智力支边"的协议，其中，举办讲学 62 项，各种讲座 28 项，各类培训班 31 项，经济、科技咨询 30 项。据不完全统计，从 1983 年提出“智力支边”到 1989 年的 7 年中，八个民主党派中央和全国工商联及其地方组织组织了近万人次到西北、西南、中南、华北等地 150 多个少数民族自治州、县和边远地区，提供咨询服务，协助制定地区经济社会文化发展战略规划，在开展专业培训、办学讲学、引进资金、发展横向经济联系与合作等方面，进行了大量工作，受到少数民族地区和边远贫困地区广大干部和群众的热烈欢迎和高度赞扬，为进一步发展国内各民族之间平等、团结、互助的民族关系，为稳定边疆、少数民族地区的知识分子队伍，发展当地经济、社会、文化事业，作出了独特的贡献。

与此同时，各民主党派发挥自身优势，大力开展了经济咨询活动。特别是民建以经济界为主界别，拥有独特的界别优势，对于经济咨询服务投入了极大热情，逐渐把开展经济咨询作为服务“四化”的重点工作。1981 年 1 月，民建中央、全国工商联召开“为社会主义现代化服务经验交流会”。会议围绕中共中央调整国民经济的重大决策，总结为“四化”服务工作经验，提出进一步做好服务工作的方针措施，并提出建立经济咨询服务中心和工商专业培训中心的设想，号召全体成员“坚定不移跟党走，尽心竭力为‘四化’”。据统计，截至 1983 年 8 月，民建、工商联已有 227 个地方组织开展了咨询服务活动，建立了 807 个综合性或专业性的咨询服务机构，经常参加咨询活动的成员达 2 万人次。仅民建统计，咨询服务机构提供咨询服务 1.5 万余项，创造经济效益达 12 亿元。截至 1988 年 9 月，民盟各级组织建立咨询服务机构 159 个，参加咨询服务的盟员达万余人次，完成项目 2000 多项。农工党各级组织建立咨询服务机构 227 个，2994 位成员参加咨询服务工作，完成项目 2102 项。九三学社建立科技咨询服务机构 115 个，完成项目 6063 项。

各民主党派都有着同台、港、澳和海外人士联系比较广泛的优势，在引进各方资金、技术、人才，为“四化”建设服务等方面发挥了独特优势。

民革和台盟充分发挥同台湾和台湾人士联系密切的优势，引进台资服务“四化”建设。由于当时两岸往来尚在起步阶段，引进的台资数量虽少，但却在松动两岸长期隔绝来往的关系方面发挥了有益作用。截至1984年底，民革经党员联系和落实的项目有77个，包括资金和设备技术在内，总值3亿多美元。台盟接待台湾人士100余批，促成两岸贸易总额超过5009万美元。民盟采取多种方式，引进外资共4亿美元、1.5亿港元、3亿元人民币，引进各类人才100余人。民建引进项目504项，总金额约21亿美元，涉及美、英、法等12个国家和中国香港地区。1985年，农工党中央利用外资在北京主办了有20多国专家学者参加的国际消毒工作会议。1986年，农工党中央和农工党上海市委会组织了有18位专家出席的“上海—迈阿密生物医学工程讨论会”。以归侨、侨眷为主要成员的致公党，在引进海外资金、技术、人才方面发挥出特殊优势。致公党中央和一些地方组织，邀请海外专家、学者回来讲学、办班，传授先进技术和培训人才，引进资金举办实业，促成外贸交易。据不完全统计，1983年至1988年的5年中，引进资金和成交外贸总额分别达到8.7亿美元和3.5亿美元，介绍劳务输出370多人次，邀请专家、学者来华讲学324人次。

3. 海外联谊：服务祖国完全统一

“一国两制”是中国共产党和中国政府为解决台湾问题和香港、澳门问题，以和平方式实现祖国统一的一项基本国策。各民主党派把“实现祖国统一大业”写入各自章程，体现了对祖国统一大业早日完成的殷殷期盼。特别是民革、致公党和台盟，其成员与香港、澳门、台湾和海外华侨华人有较多联系，在促进祖国和平统一大业中有着独特的优势作用。

1988年1月13日，台湾地区领导人蒋经国因病在台北去世，第二天，其遗孀蒋方良收到一封发自大陆的唁电：

方良弟妹礼鉴：

昨夜惊闻老弟病逝，悲痛无已，竟夕难眠。经国一生爱国，夙怀大志，正期再展长才，共竟祖国统一大业，不意遽尔长逝，痛惜何似！我与经国，两世交谊，情同手足，当年苏联同窗，溪口话别，此情此景，历历在目，虽两岸睽隔，音问久疏，然思念之情，无时或已，近见台湾开放探亲，方庆把臂话旧有期，讵料经国先我而去，竟成永诀，遥望云天，不知涕泗之所从矣。谨电致唁，敬希节哀顺变，善自珍重。经国灵前，尚祈为我馨香祝祷安息。临电神驰，未尽欲言。

这封唁电情真意切，唁电的署名者屈武，时任民革中央名誉主席，是国民党元老于右任女婿，蒋经国早年的结拜兄弟，莫斯科中山大学同班同学。新中国成立后，屈武利用与蒋经国的特殊关系，在推动祖国统一大业进程中做了一些独特工作，特别是在蒋经国成为台湾地区领导人后，通过各种途径，对蒋经国进行诚恳劝说，希望蒋经国能在有生之年，抓紧时间果断决策，打开台湾同祖国大陆和平统一的新局面。1979年屈武随同邓颖超访问日本，他向记者发表谈话，希望蒋经国能够顺应历史潮流，为促进第三次国共合作作出贡献。1980年3月12日，在孙中山逝世55周年那天，屈武给蒋经国写了一封长信，忆及两人当年在赣南相聚、相期青史留名的情景，期望蒋经国能“顺应潮流，体察民意，果断抉择”。1984年5月，屈武借第一次国共合作60周年、黄埔军校建校60周年的机会，发表了《与台湾国民党朋友谈第三次国共合作问题——并向蒋经国先生进一言》的文章，回顾第一次、第二次国共合作的历史，展望第三次国共合作，文章说："我希望经国拿出足够的决心和勇气来，排除一切干扰，当机立断，作出正确的抉择。不世之功，千秋之业，就在一念之间。如果能在他的任期内，实现国共合作，完成祖国统一，就会在中国历史上写下光辉的一页，永远为中国人民弦歌丝绣，口碑不绝，希望经国三思"。[1]

像屈武一样，各民主党派及广大成员干部怀着满腔爱国热情，热切响应党和国家号召，利用自身特殊关系，通过讲话、文章、集会等各种渠道各种场合，主动开展广泛深入的宣传，为两岸关系和平发展奔走呼号，为"一国两制"摇旗呐喊，使台湾、香港、澳门和海外华侨华人更大范围更加充分地了解"一国两制"、和平统一祖国的方针，产生了积极的影响。

1979 年，中共中央提出争取和平统一大政方针后，海内外中华儿女掀起了推动祖国和平统一进程的热潮。"和平统一、一国两制"方针在台湾引起强烈反响，岛内民众希望降低两岸敌意、恢复正常往来、回乡探亲、开展交流互动的呼声与日俱增。在各级中共党委和政府的支持下，各民主党派充分利用自身优势，采取各种方式，努力推进祖国和平统一事业。当时，民革成员中有亲友在台湾的占成员总数的 40%，有"三胞"关系的占 50%，民革八大通过决议要求全体党员充分运用各自的有利条件，为推进祖国统一的历史进程而努力工作。顺应到大陆访问、探亲、贸易、旅游和学术交流等的台胞日益增多的形势，台盟总部（1987 年 11 月第 4 次全盟代表大会后改称台盟中央）及有些分部从 1986 年开始设立联络部或联络机构，主要负责帮助和接待来访交流工作，此后 4 年，台盟各级组织接待来自海外和港澳的台湾同胞有 1000 多批、4000 人次。1987 年 8 月，台湾当局为形势所迫，表示允许部分台胞来大陆。9 月 5 日，台盟总部发

1　孙春兰主编：《大道——多党合作历史记忆和时代心声》，团结出版社 2017 年版，第 276—281 页。

言人发表谈话，对台湾当局允许部分台胞来大陆探亲表示欢迎，同时指出，台湾当局应该放宽限制，允许在大陆的台胞返乡探亲。10 月 17 日，台盟总部负责人促请台湾当局在两岸交流上采取放宽措施，使两岸同胞探亲能够顺利进行，彻底实现，希望台湾当局不要继续设置障碍和阻挠，同时建议两岸有关方面以平等、互尊的原则，采取适当的方式进行商议。其他民主党派也通过发表谈话、通信、通电与台胞叙旧情、谈形势、讲政策等各种方式和渠道进行工作，积极推动两岸民间的交流往来。

第四章

万象更新

中国新型政党制度走向制度化

1990年发生了一件中国新型政党制度历史上至今仍让人津津乐道的事。这要从民盟中央一件提案讲起。1990年4月9日是星期一，民盟中央向中共中央提交了一份《关于建立长江三角洲经济开发区的初步设想》的建议，最早提出建立长江三角洲经济开发区，长三角一体化发展的概念。建议得到中共中央高度重视，随即，民盟中央就接到了中共中央通知：4月10日上午9点，江泽民听取费孝通作情况介绍。第二天，江泽民亲自在中南海第二会议室听取专题介绍。汇报结束时，江泽民高兴地说，这个设想是好的主意！希望费老到江苏、浙江、上海等地与地方的同志作意向探讨。费老南下江浙沪，和当地的同志反复进行可行性探讨，并于5月15日再次给江泽民写了报告，提出了对上海发展战略的设想和具体建议。之后，民盟中央又就振兴上海经济发展做了一系列的调研，提出了一系列的意见建议，为中共中央提供了重要的决策参考。

一

1989年《意见》

一份文件定乾坤

中共十一届三中全会后，在中共中央的高度重视下，在一系列开创性和突破性的理论政策指导下，多党合作事业万象更新，多党合作制度涉及的一些基础性问题，在广泛系统深入的实践中不断得到丰富完善，推动多党合作走上了制度化轨道。

1989 年 1 月 2 日，邓小平在一份关于中国共产党领导的多党合作和政治协商问题的建议上作了专门批示："可组织一个专门小组（成员要有民主党派的），专门拟定民主党派成员参政和履行监督职责的方案，并在一年内完成，明年开始实行"。根据邓小平的批示精神，1989 年 1 月中旬成立了专门小组，民革中央朱学范、民盟中央费孝通、民建中央孙起孟、民进中央雷洁琼、农工党中央卢嘉锡、致公党中央杨纪珂、九三学社中央周培源、台盟中央蔡子民、全国工商联荣毅仁、无党派代表人士程思远，以及全国人大常委会、国务院、全国政协、中央组织部、中央宣传部、中央统战部、中央政治体制改革研究室等有关方面负责人参加。专门小组对坚持和完善多党合作的理论和政策问题进行了多次研讨。1989 年 5 月，由中央统战部综合各方面意见，代中共中央起草了《关于完善中国共产党领导的多党合作制度的若干设想（稿）》。

研究起草多党合作制度文件过程中，国际国内形势风云突变。在国外，东欧的一些社会主义国家纷纷实行多党制，出现共产党失去执政地位的重大事件，世界社会主义运动遭受严重挫折。在国内，改革开放经济建设取得快速发展，政治体制改革稳步推进，同时西方的民主、自由、平等、人权等观念随着国门打开涌入，受西方各种政治思潮的影响，加上当时国际形势的深刻变化，社会上一些人对中国特色社会主义表示怀疑；有些人否认共产党的领导，主张实行两党制、多党制；还有人准备组建各种政党组织和政治团体。在这种复杂的国际国内形势相互作用下，1989 年春夏之交发生了政治风波。风波平息后，中共中央总书记江泽民担任了专门小组组长，中共中央政治局候补委员、书记处书记丁关根负责具体领导工作。专门小组根据中共十三届四中全会、五中全会精神和江泽民对统战工作的指示，对文件稿又作了几次重要的修改，坚持和完善中国共产党领导的多党合作和政治协商制度的指导思想和基本原则更加明确。在起草修改过程中，多次征求各民主党派中央、全国工商联领导人、无党派代表人士和有关部门的意见。

1989 年 12 月 26 日，中共中央召开座谈会，征求各民主党派中央、全国工商联领导人和无党派人士的意见。中央政治局常委、中央书记处书记李瑞环主持会议并就《中共中央关于坚持和完善中国共产党领导的多党合作和政治协商制度的意见》的起草经过、指导思想等讲话，丁关根出席座谈会，中央统战部有关负责人对文件起草过程中吸收各方面意见的情况和几个问题做了说明。会后，与会的各民主党派中央、全国工商联领导人和无党派代表人士进行了两个半天的分组座谈讨论，对文件的修改完善又提出了一些意见建议。1989 年 12 月 30 日中共中央正式颁发《关于坚持和完善中国共产党领导的多党合作和政治协商制度的意见》（以下简称1989年《意见》）。1989年《意见》第一次以中共中央文件的形式对中国共产党领导的多党合作和政治协商制度进行系统、全面的阐述，明确了对多党合作的基本思想、基础理论和重大政策举措，是多党合作历史上具有里程碑意义的重大事件，为新时期多党合作制度化规范化发展提供了重要的政策保障和政策依据。

1. 横空出世：“参政党”概念的提出

1989年《意见》首次提出“参政党”的概念，并对参政党的属性、定位进行科学界定，是多党合作制度一项至关重要的理论创新。在我国政党制度中，共产党是执政党，民主党派是参政党，不是在野党和反对党。西方政治学一般把政党分为执政党和在野党、反对党。在西方的两党制或多党制中，各政党在一定时期内的基本政治地位都很明确，或者是执政党，或者是在野党、反对党。西方国家虽然有联合执政的情况，但也不叫参政党，其他社会主义国家也没有明确提出过参政党的概念。参政党是我国政党制度的一大创造，是对我国八个民主党派的统称。

“参政”溯源

从中国历史上看，“参政”一词由来已久。早在宋代就有了“参政”一词，当时为“参知政事”官名的简称。抗战时期，国民党政府迫于中国共产党和全国人民的压力，曾成立国民参政会，参政员由国民党“聘请”，但它只是一个咨询机构，而非权力机构，对国民党政府没有任何约束力，与我们现在说的“参政”，性质完全不同。

在西方，“参政”通常指公民的权利、共同管理国家。具体地说，就是有直接或间接参与国家管理的政治权利，包括选举权、被选举权以及通过结社参与国家事务等。作为公民个人的参政，早在希腊雅典时期就出现了；作为政治性团体的参政，则是近代资本主义时期的现象。

民主革命时期，中国共产党和各民主党派曾经被看作是在野党或非法政党。新中国成立后，中国共产党成为执政党，而对各民主党派，人们长期以来对其性质地位的认识并不十分清楚，在表述上也是含混不清的，曾被称为“为社会主义服务的政党”“亲密友党”，但这些提法只能说明民主党派的作用或与中国共产党的关系，并没有准确揭示出各民主党派在国家政权、在多党合作中所处的地位。

“参政党”概念横空出世

进入改革开放新时期以后，各民主党派已成为一部分社会主义劳动者和一部分拥护社会主义爱国者的政治联盟，都是为社会主义服务的政治力量。多党合作的实践日益丰富，各民主党派在改革开放、服务社会主义现代化建设，为统一祖国、振兴中华而奋斗中，发挥着越来越重要的作用。在这种情况下，理论界曾就民主党派在国家政治生活中的地位进行讨论，有的认为民主党派是“参与执政的党”或“次执政党”“亚执政党”，有的认为民主党派是“议政党”“资政党”等。

1986年中共中央批准中央统战部《关于新时期党对民主党派工作的方针任务的报告》中指出：“各民主党派都不是在野党，更不是反对党，而是同我党通力合作的共同致力于社会主义事业的亲密友党。”这一报告基本上确定了理论研究民主党派地位的方向。在各方面的深入研讨和交流中，许多新的概念和观点，不断被反复推荐和研究。1988 年 7 月 14 日《群言》编辑部举办了一场座谈会，民革中央原副主席贾亦斌在发言中说：“关于民主党派的地位问题，在民革有几种提法：一种是执政党。但有人认为执政党的提法不太合适，应该用次执政党或亚执政党。对于这个问题应该如何答复？假如不是执政党，是不是在野党呢？我觉得执政党的提法不行，亚执政党或次执政党的提法也不合适。所谓‘地位’，我的理解是指一个党派在国家政治生活中所处的地位，这是个很大的问题。我国各民主党派的地位，既不是执政党，也不是在野党，而是参政党。”这是目前所掌握的资料中，第一次提出民主党派是参政党，经过各方面的认真研究探索，这一概念逐步被人们所接受。

1989 年《意见》从国家政治制度和政党制度的高度，对民主党派在国家政治生活中的地位给予了界定，明确指出：“我国是人民民主专政的社会主义国家。中国共产党是社会主义事业的领导核心，是执政党。各民主党派是各自所联系的一部分社会主义劳动者和一部分拥护社会主义的爱国者的政治联盟，是接受中国共产党领导的，同中共通力合作、共同致力于社会主义事业的亲密友党，是参政党。”“民主党派参政的基本点是：参加国家政权，参与国家大政方针和国家领导人选的协商，参与国家事务的管理，参与国家方针政策、法律、法规的制定执行。”

“参政党”概念提出的重大意义

参政党概念的提出和性质属性的明确，突破了以往非执政党即在野党的思维定式，打破了西方政党理论的“绝对权威”，是中华民族优秀传统文化与现代政党制度相结合的创新。

——丰富和深化了对政党含义的认识。如果套用西方的政党概念，我国的“参政党”概念，是无法解释清楚的。我国的参政党是可以参与国家大政方针和国家领导人选的协商，参与国家事务的管理，参与国家方针政策的制定执行，这表明参政党既不属于执政党的范畴，更不属于西方在野党、反对党的范畴。参政党既体现了任何政党都与国家政权密切相关的共性特点，又反映出与两党制、多党制国家政党通过竞争谋取政权相区别的个性特点，是对政党定义的丰富和发展。

——丰富和深化了对非执政党含义的认识。我国民主党派不是执政党，执政并非其功能，它们的功能是参政，但这并不影响它们作为现代意义的政党而存在。也就是说，在政党发展史上，出现了以参政为目的而活动的政党，这就改变了过去人们的政党观，给政党政治增添了新含义。

——丰富和深化了对政党关系的认识。在中国参政党概念出现之前，西方政党政治的政党关系一般都是对抗、竞争的对立性质。但中国参政党不以执政为目的，同执政党是一种合作关系。这就在政党关系上增添了新的形式，使合作成为政党关系的又一基本形式，中国共产党是执政党，处于领导地位，共产党对于民主党派的领导，是一种政治领导，即政治原则、政治方向和重大方针政策的领导。主要依靠共产党制定和坚持正确的政治路线和方针政策，通过充分协商使自己的正确主张为其他政党所接受，并在协商中认真吸取其他政党提出的意见和建议。作为参政党的各民主党派，享有宪法和法律规定范围内的政治自由、组织独立和法律地位平等。中国共产党与各民主党派实行广泛的政治合作，这种密切合作而不是竞争相斗的关系，正是我国政党制度和西方政党制度的显著区别。

2. 参政何为：“一个参加、三个参与”

1989 年《意见》明确提出民主党派是参政党，并进一步提出参政的基本点，即：参加国家政权，参与国家大政方针和国家领导人选的协商，参与国家事务的管理，参与国家方针、政策、法律、法规的制定执行。“一个参加、三个参与”，第一次鲜明地昭告了民主党派“参政”的范围与职责，明确了民主党派在什么层次上、什么问题上参政，以什么方式、通过什么途径参政，为民主党派更好地履行职能，发挥参政党作用提供了科学的理论政策依据。如果说，“参政党”概念是对民主党派在我国政治社会生活中地位、作用的准确描述；那么，“一个参加、三个参与”基本点，则是对参政党内涵的进一步确定，是对民主党派履行参政党职能的具体内容、形式的确定，不仅明确了参政党同执政党的区别，而且划清了参政党同西方国家反对党、在野党的区别，澄清了人们在“参政党”内涵上的一些认识误区，进一步彰显了独具中国特色的政党类型和政党制度类型。同时，民主党派参政基本点的确定，为民主党派在实践中更加有效地履行职能、发挥作用提供了明确指南。

在“一个参加、三个参与”中，“参加”就是参加国家政权。人民代表大会是我国人民行使国家权力的最高机关，也是民主党派成员和无党派人士参政议政和发挥监督作用的重要机构。通过在人民代表大会中的活动，作为人大代表的民主党派成员、无党派人士反映社情民意，参与国家重大决策，制定法律，监督政府，在行使人民代表的各项权力的同时，也履行了参政党在国家政治生活中发挥作用的重要职能。其中最有代表性的就是《教师法》的确立，20 世纪 80 年代一度出现教师外流、弃教改行的情况，教师队伍不稳定成为我国教育事业发展潜在的危机。1984 年，全国教育工会、民进中央和全国政协教育组联合开展了历时一年多的调研，得出的结论是：必须抓紧教育立法，制定教师法，用法律保障教师的政治地位、社会地位、经济利益和合法权益，从而在根本上稳定教师队伍。1986年3月，民进21位全国政协委员联名提交了《尽早制定“教师法”案》的提案。经反复修改论证，1993年10月31日，《教师法》由八届全国人大常委会四次会议审议通过并公布，自1994年1月1日起施行。

此外，举荐民主党派成员、无党派人士担任国家和各级政府及司法机关领导职务，是实现共产党领导的多党合作的一项重要内容。民主党派作用发挥程度，直接影响到新型政党制度实践的成效。据统计，从1983年至1997年底，民主党派成员、无党派人士在国家层面及国务院有关部门、最高人民法院、最高人民检察院先后担任领导职务的30人，包括国家副主席荣毅仁（民建），国家科委副主任惠永正（无党派人士），监察部副部长冯梯云（民建），劳动部副部长李沛瑶（民革），化工部副部长成思危（民建），水利部副部长严克强（无党派人士），国家审计署副审计长刘鹤章（民建），国家统计局副局长贺铿（九三学社），国家医药管理局副局长张鹤镛（农工党），最高人民法院副院长端木正（民盟）、罗豪才（致公党），最高人民检察院副检察长王文元（九三学社），中国科学院副院长严以埙（无党派）等；在全国26个省、自治区、直辖市担任领导职务的有55人；在各省、自治区、直辖市政府直属厅、局担任领导职务的有114人；在计划单列市担任副市长的有5人，担任市直委、办、局副主任、副局长的有90人；在市（地、州、区）人民政府中担任副市长、副专员、副州长、副区长的有157人；在县（市、区）人民政府中担任副县长、副市长、副区长的有1341人。这期间，在各级政府及司法机关担任领导职务的成员1700多人，担任各级特约监察员、检察员、审计员、教育督导员的成员5300多人。截至2004年底，共有3.2万多人在各级政府和司法机关担任县处级以上领导职务。其中，有19人担任最高人民法院、最高人民检察院和中央国家机关领导职务；全国 31 个省、自治区、直辖市中，有非中共党员的副省长、副主席、副市长 27 人；全国 397 个市（州、盟、区）人民政府中有 354 人担任副市（州、盟、区）长；有 19 人担任省级法院副院长和检察院副检察长，有 87 人担任地市级法院副院长和检察院副检察长。他们与中共干部合作共事，相互支持，在国家机关中发挥着重要作用。

为了支持民主党派更好地发挥作用，国务院和地方各级人民政府在加强同民主党派的联系方面做了大量工作，为民主党派知情出力创造了许多好的经验。国务院每年起草的《政府工作报告》，在提交全国人大会议审议前，都要召开座谈会，广泛征求各民主党派中央、全国工商联领导人和无党派代表人士的意见。国家科委、国家民委还与民盟中央、民建中央、民进中央、致公党中央和九三学社中央开展对口联系，共同承担了推动“星火计划”和“科技扶贫”的工作。1990 年 5 月，共同组成联合考察组，赴贵州黔西南布依族苗族自治州进行考察，根据“星火计划”和“科技扶贫”的原则，将 12 个准备组织论证的项目作为近期工作，并按各民主党派的专长进行分工，分别确定专家人选，做可行性报告的论证工作。[1]

人民政协中的民主党派成员、无党派人士通过参加政协组织的视察和专题调研，深入实际、联系群众、了解社会、参政议政，通过提案、会议发言和反映社情民意等方式，为国家建设和经济社会发展建言献策。1997 年席卷整个东南亚的金融危机，给亚洲乃至全球经济带来极大的冲击和影响，也引起了人们对风险投资的极大关注。在这个背景下，怎样发展中国的风险投资事业，成为中国经济界探讨的一个热点。1997 年 9 月，民建中央充分发挥经济界人才特色优势，与国家自然科学基金会等单位一

1　杜青林主编：《中共十一届三中全会以来多党合作理论、政策和实践的创新与发展》，华文出版社 2008 年版，第 94 页。

起，邀请政府有关部门和国内外经济、金融、管理等方面的专家学者，以及民建成员中的部分企业家100多人，召开了“风险创业投资及资产证券化融资研讨会”，就如何促进发展中国的风险投资事业进行研讨。在此基础上，民建中央形成了后来被称为“一号提案”的《关于加快发展我国风险投资事业的提案》，提交全国政协九届一次会议。1998年3月，全国政协邀请民建中央和国家经贸委、国家科委、财政部、中国人民银行、中国证监会等单位召开协商座谈会，讨论研究如何落实提案问题，并协商决定由国家科委牵头，制定有关方案，加快促进中国风险投资事业发展。在民建中央和政府有关部门的共同努力下，此后一年多时间里，国内先后召开十余次相关研讨会，发表有关论文600多篇，使发展风险投资成为全国关注的焦点和热点，中国风险投资事业也因此取得了长足的进展。

2000年3月，由民进中央提出的《关于建设陇海线星火产业开发带，推动中、西部经济发展的建议》被列为全国政协九届三次会议一号提案。一号提案的背后，是民进长期关注西部地区经济民生发展的殷殷情意。当时，京九铁路的兴建使沿线群众受益良多，然而，横贯我国东西的交通大动脉——陇海线却长久沉默着。这条从连云港到兰州，再加延伸的兰新线，一直通达新疆的黑色长龙，是一大财富源，而它却一头是先进、富裕，一头是贫穷、落后，极不平衡。民进中央通过多次调研发现，如果沿陇海、兰新线建设一条以科技兴农为特点的“星火产业开发带”，使科技星火的火种由铁路沿线开始，燎原于西部广大农村，这对于西部大开发来说是事半功倍的好事情。提案提出：在西部地区以发展“星火”产业为抓手，加大农村经济中的科技含量，推动农村产业调整，发展地区经济，增加农民收入。国家科技部认为，该提案为加快中、西部地区的经济发展提出了一条符合实际的有效途径，决定将其作为贯彻西部大开发战略的一项重要工作，纳入“十五”星火计划。在民进中央的积极推动下，“星火计划”写入了政府工作报告。2002 年 6 月，科技部会同民进中央、陕西省人民政府共同在西安市召开了“星火西进”工作研讨会，由此推动建立了西部大开发中第一个星火产业带——“关中星火产业带”。2003 年 4 月和 9 月，民进中央领导两次率团到甘肃省考察，历时20余天，向有关部门提交了《关于建立河西走廊星火产业带的调研报告》，促成了甘肃“河西走廊星火产业带”的启动。“星火西进”不但给西部地区带去了先进技术，还带去了科学技术观念，对西部大开发和农民脱贫致富起到了促进作用。

3. 明确形式：民主监督的若干形式

民主监督是我国新型政党制度的重要内容之一，是我国社会主义监督体系的重要组成部分，是民主党派的一项基本职能，对于加强和改善中国共产党的领导、推进社会主义民主政治建设，促进改革开放和现代化建设事业发展，具有重要意义。民主党派民主监督具有独特的含义和特点。早在 1957 年，毛泽东就曾明确指出：“各民主党派和共产党相互之间所提的意见，所作的批评，也只有在合乎我们在前面所说的六条政治标准的情况下，才能够发挥相互监督的积极作用。”1989 年《意见》根据新的形势对这一原则作出了新的强调，提出了民主监督的总原则，这就是：“在四项基本原则的基础上，发扬民主，广开言路，鼓励和支持民主党派与无党派人士对中国共产党和国家的方针政策、各项工作提出意见、批评、建议，做到知无不言，言无不尽，并且勇于坚持正确的意见。”

民主党派履行民主监督职能，大体是两个层面：一个层面是担任各级人大代表和政协委员的民主党派成员，以参与立法和执法检查、人大议案、政协提案、信息专报等形式依法履职，开展工作；担任中央和地方各级特约监察员、检察员、审计员、教育督导员的民主党派成员，参与行风政风评议，为推进依法行政和廉政建设实施民主监督。另一个层面，是民主党派成员参与中共党委、政府的各种协商会、座谈会和向党政部门提出书面意见建议、向政协提出提案，为保障决策的科学和公正、决策执行不走样和不跑偏、政策实施过程中与基层实际接地气和杜绝漏洞，发挥民主监督作用。

1989 年《意见》实施后，各民主党派在履行民主监督职能过程中提出一系列重要意见和建议，主要有：要重视知识、重视人才、重视科技教育，完善知识分子政策，加强民主和法制建设，重视地区发展不平衡和少数民族问题，维护教师的合法权益等等。这些意见和建议大都被采纳，体现在有关重要文件、决策和各项文件中。这其中比较有代表性的一件事情是改扩建北京王府井新华书店。1994 年，因北京王府井大街改扩建工程，当时全国最大的书店王府井新华书店的“存留”成为热点。民进中央主席雷洁琼和陈舜礼、葛志成、楚庄、叶至善、梅向明、陈难先、冯骥才、邓伟志、许嘉璐等九位副主席一起，于 11 月 2 日在《光明日报》发表《我们呼吁》联名文章，表示了对王府井新华书店和首都文化市场以及整个精神文明建设的关注，希望为王府井新华书店留有相应的位置，在社会上引起很大反响。中共北京市委、市政府高度重视民进的建议，研究决定在原址附近建造新的王府井新华书店，且面积大幅度增加。11 月 10 日，中共北京市委负责同志致函雷洁琼，对她和民进中央各位副主席给予王府井新华书店以及首都精神文明建设的支持和热忱关心表示衷心感谢。中央统战部也对民进的这一做法给予高度评价，认为这是民进参政议政工作的一件大事，对政府工作成功地进行了民主监督。为了进一步发挥民主党派、无党派人士的民主监督作用，建立健全我国监督机制，加强政府和司法部门同人民群众联系的有效渠道，1989 年《意见》实施后，监察部、最高人民检察院、教育部、国土资源部、审计署和国家税务总局先后聘请了一批符合条件和具备专业知识的民主党派成员、无党派人士担任特邀监察员、特约检察员、特约教育督导员、特邀国土资源监察专员、特约审计员和税务特邀监察员。有关资料统计，至2000年底，全国省以上行政、司法系统已聘任特约人员近5000名，全国有数万名民主党派成员、无党派人士担任各级人民检察院以及监察、审计、教育、国土资源、税务、人事、公安等部门特约人员，取得了很好的效果。

一 一锤定音 多党合作写入宪法

1993 年，农历癸酉年，是中国新型政党制度历史上具有里程碑意义的一年，中国共产党领导的多党合作和政治协商制度被正式写入《中华人民共和国宪法》，用国家根本大法确立了制度的地位，保障了制度的实施，实现多党合作在制度化规范化进程中的跨越。

1. 强基固本：宪法与政治制度

人类社会发展至今，不可能存在一种绝对完美的政治制度，任何一种政治制度的出现和存在，都存在一定的客观性，有一定的历史或现实的合理性。

西方的学者普遍认为人类在政治制度上只有西方一种模式，其中最具有代表性的是“历史终结论”。1988 年，一个叫弗朗西斯·福山的日裔美国学者作了一次题为“历史的终点”的讲座，内容主要是认为冷战结束以后，人类政治历史发展就到了终点，西方的政治制度和西方的政党制度也许是人类政治制度和政党制度最终的形式。1989 年，福山关于历史终结论的文章在美国期刊《国家利益》发表，标志着“历史终结论”观点的正式提出。从那时起，西方学者把欧美国家政治制度普世化，认为人类在政治制度如果与西方的模式不一致，那一定就是不好的制度，迟早会寿终正寝。

人类政治发展历史表明，世界上没有完全相同的政治制度模式，政治制度不能脱离特定社会政治条件和历史文化传统来抽象评判，不能定于一尊，不能生搬硬套外国政治制度模式。毛泽东在 1945 年 4 月中共七大所作的政治报告《论联合政府》中说：“中国一切政党的政策及其实践在中国人民中所表现的作用的好坏、大小，归根到底，看它对于中国人民的生产力的发展是否有帮助及其帮助之大小，看它是束缚生产力的，还是解放生产力的。消灭日本侵略者，实现土地改革，解放农民，发展现代工业，建立独立、自由、民主、统一和富强的新中国，只有这一切，才能使中国社会生产力获得解放，才是中国人民所欢迎的。”在这里，毛泽东主要以生产力标准来衡量一个政党政策好不好、一个政党起什么样的作用。邓小平在 1987 年 3 月会见喀麦隆总统比亚时说：“我们评价一个国家的政治体制、政治结构和政策是否正确，关键看三条：第一是看国家的政局是否稳定；第二是看能否增进人民的团结，改善人民的生活；第三是看生产力能否得到持续发展。”这三条标准是对毛泽东的生产力标准的丰富和发展。江泽民在 2000 年第 19 次全国统战工作会议上，系统地提出衡量政治制度和政党制度的标准：“世界是丰富多彩的，没有也不可能有一种放之四海而皆准的政治制度模式。衡量中国的政治制度和政党制度，最根本的是要从中国的国情出发，从中国革命、建设和改革实践的效果着眼，一是看能否促进社会生产力的持续发展和社会全面进步；二是看能否实现和发展人民民主，增强党和国家的活力，保持和发挥社会主义制度的特点与优势；三是看能否保持国家政体的稳定和社会安定团结；四是看能否实现和维护最广大人民群众的根本利益。”江泽民关于我国政治制度和政党制度的衡量标准，有着丰富的内涵，是一个相互联系的有机整体，最根本的就是从中国的国情出发，坚持用实践来检验。

宪法是国家的根本大法，拥有最高法律效力。政治制度写入宪法，是进一步把党的政治主张，通过宪法程序上升为国家意志，使政治制度和政党制度成为一项具有最高法律效力的宪法原则。事实上我国用实践告诉世界一个事实：自从“历史终结论”提出以来，福山的预测就没有成功过。就连福山本人也在 25 年后的 2014 年否定了自己以前的论断，提出“如果中国成功化解了各种压力，并且在下一阶段继续保持强大和稳定的状态，那么，中国的政治制度确实成为西方政治制度以外的另一个选择”。

2. 推动入宪：一件提案的实现过程

说起多党合作制度写入宪法的历史，还要从一件可载入多党合作史册的提案说起。

1989 年《意见》明确了中国共产党领导的多党合作和政治协商制度是我国一项基本政治制度、各民主党派是参政党等一系列重大理论方针政策，确定了多党合作的制度框架，其重要意义不言而喻。但是，这样一项基本政治制度的规定，如果不在国家根本大法宪法中加以明确，成为国家意志，则容易引起国内外对我国民主政治建设的片面理解和种种不必要的误解。

1993 年，八届全国人大一次会议将对宪法部分内容作出修改，时任全国人大常委会副委员长、民建中央主席孙起孟得知了这一消息，力主抓住时机，动员民建上下一齐努力，希望能在修改宪法时把多党合作的有关内容予以体现。

修改宪法是国家政治生活中的一件大事，也是全国人大及其常委会最重要的职能。民建中央开始着手准备材料时，已是 1993 年初了。1 月，孙起孟邀请了一部分法律专家，就多党合作制度写入宪法的问题举行座谈，随后民建中央开展调查研究工作。

待到民建中央准备好修宪建议时，时间已至 2 月中旬。中共中央向第七届全国人大常委会提出了关于修改国家宪法的建议，其中提出了 8 条建议，没有涉及多党合作问题。由于建议案已经向社会公布，当时民建内部有不少同志表示，中共中央总揽全局，这次没提出多党合作问题，肯定有所考虑，建议暂时搁置，以后再提。孙起孟认为，只要建议理由充分，符合邓小平同志关于建设有中国特色社会主义理论，符合中共中央关于此次修改宪法的总原则，就应当善于把握机遇，尽到民建作为参政党的职责。

受孙起孟的委托，2 月 22 日，时任民建中央副主席、全国人大常委的李崇淮在七届全国人大常委会第 30 次会议上发言，建议“在宪法序言中增加中国共产党领导的多党合作和政治协商制度”，认为“我国这种共产党领导的多党合作和政治协商制度既不同于西方多党制的争权夺利，又不同于其他社会主义国家的一党制，在世界上独树一帜。把它写入宪法，可以凸显我国政党体制的特色、优越性和长期性，有利于推进我国的政治体制改革，有利于对内教育和对外宣传”。同时，他还建议在“把我国建设成为富强、民主、文明的社会主义国家”一句的“文明”之后，加上“法治”两字。据民建中央现任常务副主席辜胜阻回忆，李崇淮的建议得到时任全国人大常委会委员长的万里的充分肯定，当即表示“李崇淮的建议很好，宪法上应该增加这个内容，可以把他的发言稿转给乔石同志阅（注：

乔石时任修改宪法小组组长）”。

此次全国人大常委会议后，孙起孟主持召开了民建中央主席会议，决定正式向中共中央提交《民建中央关于在宪法中明确规定中国共产党领导的多党合作和政治协商制度的建议》，认为政治体制是现代各国政治制度的基石，中国共产党领导的多党合作和政治协商制度是邓小平同志关于建设有中国特色社会主义理论的不可缺少的重要组成部分，把这项制度写进宪法更有利于贯彻执行，更有利于加强中国共产党的执政地位和作用。在3月6日江泽民主持的高层协商会上，孙起孟再次建议把多党合作制度写进宪法。

民建的建议得到了中共中央的采纳。3月14日，中共中央向八届全国人大一次会议主席团提出了《关于修改宪法部分内容的补充建议案》，其中第一条就是在宪法序言第十自然段增加“中国共产党领导的多党合作和政治协商制度将长期存在和发展”。八届全国人民代表大会第一次全体会议审议通过，中国共产党领导的多党合作制度“入宪”，完成了执政党的主张转变为国家意志的全部法律程序。

3. 保驾护航：“入宪”的重要意义

把“中国共产党领导的多党合作和政治协商制度将长期存在和发展”写入宪法，从国家根本大法的高度确立了多党合作制度在国家政治生活和社会生活中的地位，是中国特色社会主义道路自信的体现，也是中华民族向世界提供中国方案、贡献中国智慧的一次生动展示。

——为多党合作事业的健康发展提供了法律保障。宪法是国家的根本大法，体现国家的意志。多党合作制度作为我国的一项基本政治制度，是在中国革命和建设的过程中逐渐形成的，是中国人民智慧的结晶，将这一制度载入宪法，有力地推进多党合作和政治协商走向制度化、规范化。从此，中国各政党之间不仅有共同的奋斗目标，有了互相的理解和信任，还有了处理党际关系的法理依据，使这种政党关系更加稳固。

——为民主党派履行职能、发挥作用提供了法律依据。多党合作制度载入宪法，其实也是肯定了民主党派在我国政治生活中的地位，有利于各民主党派进一步加强自身建设，更好地发挥其联系广泛的优势，集中各方面人才和智慧，更好地履行职能，也有利于广大人民群众对其重要性的理解和认同，为民主党派发挥作用创造更有利的空间。更重要的是，为民主党派的存在和发展提供了强有力的宪法保证。在涉及这一制度的问题上，必须以宪法为依据去处理和对待，任何人不得以任何借口否定这一制度。这样，在宪法的保护下，民主党派就可以充分发挥自身优势，更好地履行职能。

——表明了中国坚持走中国特色社会主义政治发展道路的决心。随着经济全球化的发展，一些外国势力利用其经济方面的强势地位，通过多种手段宣扬西方的政治标准，用西方“自由”“民主”的价值标准来攻击、否定我国的政党制度。将多党合作制度载入宪法，就是向全世界表明我们坚持走中国特色社会主义政治发展道路的坚定决心，对于坚持我国政治制度不动摇，抵制西方多党制、议会制的影响具有深远的战略意义。

三 历史传承 民主党派的政治交接

“人事有代谢，往来成古今。”人事更迭、新老交替是自然规律，但人事的更替更加注重精神的传承。20 世纪 90 年代，各民主党派在履行职能、发挥作用的同时，也在积极加强自身建设。随着形势的不断发展变化，民主党派承担的历史使命和政治责任不断增强，特别是在世纪交替之际，国际国内形势发展变化，社会环境的开放性、多样性更加显著，民主党派各级领导班子成员的新老交替和新成员的大量增加，使民主党派自身建设面临许多崭新课题。

1. 新的命题：“政治交接”的提出

各民主党派在与中国共产党长期合作的过程中，形成了各自有威望、有影响的领导班子。但是，由于 1957 年反右派斗争扩大化以后特别是十年“文化大革命”期间，民主党派组织发展处于停顿状态。进入 20 世纪

80年代中期以后，各民主党派开始出现年龄老化、后备干部缺乏的问题，出现严重的中间“断层”现象。经过1983年、1988年和1992年的三次换届，各民主党派中央领导班子成员在新老交替和合作方面取得了重大进展，新一代代表性人士成为民主党派领导班子的主体。民主党派新一代领导班子成员大多是在中国共产党的教育培养下成长起来的，有较好的思想基础和基本素质，文化科学技术水平较高，工作有热情、有朝气，思维敏捷，接受新事物快，有开拓创新的能力。但由于所处的历史条件和成长环境不同，相对于老一辈来说，他们缺少与中国共产党长期合作的经历和体验，尤其是缺乏大风大浪的考验，对中国共产党同人民群众共同奋斗的历史经验和优良传统缺乏深入的了解。世纪之交，在发展社会主义市场经济和对外开放的条件下，民主党派新一代领导班子如何尽快成为成熟的政治家和社会活动家，真正担负起时代赋予的历史使命，团结带领广大民主党派成员沿着正确的政治方向不断前进，是摆在民主党派面前的一个十分现实而重大的课题。

1996年底，各民主党派中央在酝酿1997年民主党派换届时提出了政治交接的战略任务，很快成为各民主党派广大成员的共识，并得到了中共中央的大力支持。1997年2月初，江泽民在中共中央举行的党外人士迎春座谈会上，明确提出了做好民主党派的换届工作，推进政治交接的要求。他指出，各民主党派选好新一代领导人，这种新老交替，既是人事上的交替，也是政治上的重要交接。民主党派政治交接，要做好“三个延续与发展”，即：要着眼于各民主党派政治纲领更好地延续与发展，着眼于民主党派与中国共产党亲密合作关系更好地延续与发展，着眼于民主党派老一代领导人的坚定政治信念、优秀品质和优良作风更好地延续与发展。同年12月，江泽民在中共中央举行的党外人士座谈会上，再次就政治交接问题发表重要讲话，回顾并总结了半个多世纪以来多党合作的历史经验，对完成跨世纪新老交替后如何进一步搞好政治交接提出了希望和要求。他指出，政治交接的核心，是把民主党派老一辈在长期革命和建设实践中形成的优良传统和高尚风范一代一代传下去，保证中国共产党领导的多党合作和政治协商制度得到坚持和发展。各民主党派对江泽民的重要讲话反响热烈，通过“政治交接学习教育活动”、老一代领导人言传身教等形式，积极开展政治交接活动。政治交接的提出，对民主党派以崭新面貌进入 21 世纪，具有十分重要的历史意义。

2. 内涵深邃：人变心不变

1997 年各民主党派中央换届之后，将加强自身建设作为实现政治交接的重要措施。思想建设是民主党派自身建设的中心环节。搞好思想建设是民主党派发扬优良传统、充分发挥作用的重要保证，是民主党派沿着正确政治方向前进的重要条件。在新的历史条件下，民主党派加强思想建设的社会环境和工作对象呈现两个显著特点：一是社会环境的开放性和多样性。过去，国际上社会主义与资本主义两大阵营基本处于冷战状态，相互关闭封锁；冷战结束后，由对抗转向对话，由关闭封锁转向合作交流。随着对外开放的扩大，信息化社会的到来，人们受各种思潮冲击、影响的途径增加，发达资本主义国家经济、科技占优势的压力和西方意识形态的渗透将长期存在。此外，我国处于社会主义初级阶段，多民族、多宗教、多种所有制和多种分配方式并存。这种社会结构和经济基础决定了人们思想的多样性，各种思想互相影响，互相渗透，使一些事物的性质和界限显得模糊不清，不可避免地会出现新旧碰撞、利弊伴生的局面，思想政治工作的难度增加。二是民主党派成员结构发生新的变化，民主党派领导班子正处于新老交替的关键时期，民主党派中青年成员大量增加。随着社会主义市场经济体制的建立和知识分子队伍的分流，民主党派一些成员在价值观念、思维方式和行为方式上也在发生某些变化。这就要求不断提高民主党派成员的整体素质，切实加强思想建设，将老一辈与中国共产党风雨同舟的优良传统得以继承和发扬光大。1999 年 5 月，由各民主党派中央共同协商后制定的《各民主党派中央关于加强自身建设若干问题座谈会纪要》，强调思想建设是民主党派自身建设的中心环节，要求各民主党派把加强思想建设作为一项经常性工作来抓，加强对民主党派成员的思想态势分析和政治引导，加强对民主党派新一代领导骨干和新成员的培训工作，积极探索新形势下统一战线思想教育的内容、形式、途径和方法，把思想教育的任务落到实处。

加强以坚持四项基本原则和反对资产阶级自由化为主要内容的思想政治工作

1989 年春夏之交在北京发生的政治风波，民主党派经受了严峻的考验。风波过后，各民主党派认真学习贯彻中共十三届四中全会决定，按照邓小平关于冷静地总结过去、思考未来的指示精神，分别在本党派发出关于加强思想政治教育的意见和决定，要求各级组织加强思想政治工作，在成员中开展坚持四项基本原则和反对资产阶级自由化的教育。1991 年 8 月苏联发生剧变后，各民主党派中央及各级组织及时举行各种形式报告会、座谈会，帮助广大成员认清形势，坚定信心。在 20 世纪 90 年代初国际风云变幻、国际共产主义运动处于低潮的情况下，各民主党派大力开展坚持四项基本原则、反对资产阶级自由化思潮的政治教育，对于广大成员认清形势、坚定信念，划清社会主义民主与资本主义民主、中国共产党领导的多党合作和政治协商制度同西方多党制的界限，坚定不移地走建设有中国特色社会主义道路，具有十分重要的意义。

开展爱国主义、社会主义和多党合作优良传统教育

1991 年 7 月 1 日，江泽民在庆祝中国共产党成立 70 周年大会上作了重要讲话。各民主党派中央纷纷向本党派各级组织发出通知，要求认真学习讲话精神，进一步认清只有中国共产党才能救中国，只有在中国共产党领导下走社会主义道路，才能发展中国；牢记建设有中国特色社会主义的经济、政治、文化的目标和基本要求，更加自觉地贯彻社会主义初级阶段的基本路线。农工党中央在庆祝中国共产党建党 70 周年和农工党建党 61 周年时，结合国内外形势及中国共产党和农工党的历史，在农工党全党开展了一次爱国主义、社会主义和多党合作优良传统的教育。1994 年，各民主党派中央、全国工商联与有关方面联合摄制了以宣传中国新型政党制度为主要内容的七集电视专题片《肝胆千秋》，在中央电视台和部分省市电视台播放后，在社会上尤其是各民主党派成员中引起热烈反响。各民主党派利用纪念日活动进行思想教育。1991 年 3 月 19 日是民盟成立 50 周年纪念日，民盟中央和地方组织举行了多种纪念活动。民盟中央主席费孝通在回顾民盟 50 年的历程后说：中国民主同盟在 50 年的曲折前进道路上取得的基本经验是：坚持接受中国共产党的领导，坚持走社会主义道路。这是我们的唯一历史选择，也是中国各民主党派的共同历史选择。这是中国民主同盟在任何历史时期不可动摇的根本原则，也是中国民主同盟取得一切成就的根本保证。

深入学习邓小平理论，不断巩固同中国共产党团结合作的政治思想基础

1992 年中共十四大提出了用邓小平同志建设有中国特色社会主义理论武装全党的战略任务，1997 年中共十五大提出高举邓小平理论伟大旗帜，并把邓小平理论确立为党的指导思想。各民主党派中央纷纷作出决定，采取读书班、培训班、座谈会、研讨会、报告会等多种形式，深入系统地学习《邓小平文选》，掌握邓小平理论的主要内容、基本观点、理论体系和精神实质，并在本党派刊物开辟专栏，学习、研究邓小平理论。1993 年 6 月，台盟中央召开全盟宣传工作干部会议，强调抓紧邓小平建设有中国特色社会主义理论的学习，坚持用这一理论武装全盟。1994 年 3 月，各民主党派中央、全国工商联领导干部和无党派人士理论研讨班在北京举行，45 名民主党派中央、全国工商联领导人和担任政府部门领导职务的无党派人士参加研讨班，主要学习《邓小平文选》第三卷。中共中央领导同志高度重视这次研讨班，中共中央政治局常委李瑞环、朱镕基、胡锦涛分别作了讲话，民进中央主席雷洁琼代表各民主党派中央作了学习动员。大家认真通读《邓小平文选》第三卷，联系思想和工作实际，进行了深入的研讨。通过学习，大家进一步增进了对中国特色社会主义的共识，增强了贯彻社会主义初级阶段的基本路线的自觉性。这次研讨班的举行，对各民主党派加强领导干部的培训起到了推动作用。研讨班结束后，各民主党派中央分别举办了学习《邓小平文选》第三卷的学习研讨活动。通过深入系统的学习，邓小平同志建设有中国特色社会主义理论，已经成为中国共产党和各民主党派最大的共识，成为指导各民主党派更好地坚持和完善中国共产党领导的多党合作和政治协商制度、充分发挥参政议政和民主监督的作用、在改革开放和社会主义现代化建设中作出更大贡献的思想源泉和不竭动力。

3. 新的面孔：一代新人在成长

进入20世纪90年代后，民主党派组织发展进入了一个相对平稳、健康的发展时期。1990年7月，各民主党派决定在近两年内把主要精力转到巩固、健全组织上来，放慢了发展成员的速度。发展主要是根据需要充实骨干和新生力量，并注意政治质量。1992年各民主党派中央换届后，在组织发展工作中坚持巩固与发展相结合，注重质量，稳步发展。为进一步做好民主党派组织发展工作，1996年6月，各民主党派中央联合召开组织发展工作座谈会，在充分协商的基础上，就组织发展问题达成一致，形成了《关于民主党派组织发展若干问题座谈会纪要》（以下简称1996年《纪要》），明确了民主党派组织发展的基本原则，要坚持“发展是为了工作和在工作中发展”的原则，妥善处理好发展与巩固、数量与质量、重点与非重点、发展骨干成员和发展一般成员的关系，保持进步性与广泛性相统一的特点；明确了民主党派组织发展的基本方针，即坚持“三个为主”，注重政治素质，发展与巩固相结合，有计划地稳步发展。1996年《纪要》强调，只有全面、正确地贯彻这一方针，才能不断发展符合条件的成员，补充新的骨干，提高成员素质，使组织发展工作健康、正常地进行。

1996年《纪要》在总结组织发展工作经验的基础上，重申了1983年各民主党派中央协商的组织发展的重点分工，并作了进一步完善，指出：根据目前各民主党派的章程，民革的发展对象是同原中国国民党有关的人士、同民革有历史联系和社会联系的人士、同台湾各界有联系的人士和其他中上层人士；民盟的发展对象是从事文化教育以及科学技术和其他工作的知识分子；民建的发展对象是经济界人士以及有关专家学者；民进的发展对象是从事教育文化出版以及科技等其他工作的知识分子；农工党的发展对象从事医药卫生以及科技、教育和其他工作的知识分子；致公党的发展对象是归侨、侨眷中的中上层人士和其他有海外关系的代表性人士；九三学社的发展对象是从事科学技术工作以及高等教育、医药卫生等方面的高、中级知识分子。1996 年《纪要》还规定：各民主党派在坚持重点分工的前提下，可适当发展一些其他方面有代表性的中高级知识分子。这部分人士一般掌握在发展成员总数的 30% 以内。鉴于台盟情况特殊，仍应坚持发展在祖国大陆的台湾省人士。根据形势发展需要，1996 年《纪要》对民主党派发展非公有制经济人士问题作出了规定，指出：考虑到从事非公有制经济的知识分子逐渐增多，有的提出了加入民主党派的要求，根据民主党派政治联盟性质和广泛性特点，对提出这种要求的，可按照下述条件有选择地发展：对于拥护中国共产党的领导、遵纪守法、热心公益、在同行业中有较大影响并已作一定政治安排的业主（不包括“三胞”投资者），民建可适当发展；在有中共组织的私营企业、合资企业中从事经营管理和技术工作的中、高级知识分子，其中政治素质好、有一定代表性的，各民主党派可个别发展。

在 1996 年《纪要》相关政策的指导下，各民主党派组织发展取得较好成效。1997 年各民主党派中央换届之后，普遍把加强自身建设作为实现政治交接的重要措施，进行深入的调查研究。在民主党派组织发展中，少数地方存在着一些不容忽视的问题，比如盲目追求数量、忽视质量，片面强调发展年轻成员，发展成员向基层延伸和在发展非公有制经济人士方面突破发展范围等。在世纪之交，为进一步加强民主党派自身建设，更好地履行参政党职能，使各级领导班子在新老交替基础上搞好政治交接，1999 年 5 月，各民主党派中央联合制定下发了《关于加强自身建设若干问题座谈会纪要》（以下简称 1999 年《纪要》），明确了民主党派自身建设的指导思想和原则，提出了加强自身建设的主要任务和具体措施。在组织发展工作方面，1999 年《纪要》提出，要继续贯彻 1996 年《纪要》

关于组织发展的原则、方针，坚持标准，保证质量，把发展的重点放在发展骨干成员、发展高素质的后备干部上来，特别要注意把握好四个方面的工作：一是通过建立年度发展计划，明确组织发展的重点对象等办法，由党派中央从总体上把握年净增率 5% 的发展速度，有计划、有重点地做好组织发展工作。二是要保持成员总体上较为合理的年龄结构，注意防止片面追求发展成员年轻化的倾向。三是对已建立的县级组织，重点做好巩固组织、提高成员素质的工作。新建县级组织要从严掌握，原则上暂不建立新的县级组织。不在没有本党派地方组织的县（县级市）发展成员。四是发展非公有制经济代表人士，要严格按照 1996 年《纪要》的有关规定执行。1996 年《纪要》和 1999 年《纪要》是经各民主党派中央认真讨论、充分协商并经各民主党派中央共同研究形成的，强调了民主党派组织发展要注重质量，严格把握发展成员的条件和程序，坚持组织发展方针，妥善处理好发展与巩固、数量与质量、重点与非重点的关系等问题，确定了每年发展净增率不超过 5% 的原则，这些对民主党派组织平稳、健康发展起到了重要的指导作用，是指导民主党派组织发展工作的重要依据。

各民主党派认真贯彻 1996 年《纪要》和 1999 年《纪要》精神，组织发展工作取得了较好的效果。

——各级地方组织和基层组织不断健全和完善，成员数量稳步、有序增长。从 1990 年到 2002 年的 12 年时间里，民主党派成员从 35 万余人增加到 59 万余人，增长约 1.7 倍，年均增长率为 4.3%。

——成员的整体素质有很大提高。这期间，从在大中城市分布和中上层人士所占的比例来看，1996 年以来大中城市分布比例平均每年递增 0.8% 左右，中高级职称所占比例平均每年递增 1% 左右。这表明民主党派成员整体素质构成有了进一步改善，有利于民主党派更好地发挥参政党作用。

——民主党派成员的政治安排和实职安排取得很大进展。如民建，截至2002年底，有会员总数8万多人，320多个地方组织。在会员中，担任各级人大代表的有2116人，担任各级政协委员的有11447人，占会员总数的15.3%；在政府和司法机关担任实职干部，区县级以上有1247人，占总数的1.4%；民建成员担任特约监察员、检察员的有2921人，占总数的3.39%。[1]

1 杜青林主编：《中共十一届三中全会以来多党合作理论、政策和实践的创新与发展》，华文出版社2008年版，130页。

第五章

神州写风流

中国新型政党制度

世纪新航

2002年12月冬至过后，京城喜降瑞雪，当选中共中央总书记不久的胡锦涛，在中共中央政治局常委贾庆林、曾庆红陪同下，踏雪逐一走访各民主党派中央机关。屋外天寒地冻，室内暖意融融，中共中央与各民主党派中央新一届领导人共商巩固和发展爱国统一战线、坚持和完善多党合作制度的大计……洋溢着肝胆相照、团结和谐的感人气氛。

一

两个《意见》：新世纪开启新征程

新世纪新阶段，面对新征程新挑战，多党合作理论不断创新、实践不断丰富，理论在指导实践中不断提炼提升，实践在理论指导下进一步彰显效能，理论和实践相互促进、共同发展，多党合作在国家政治生活中的地位和作用越来越重要，展现出进一步制度化、规范化、程序化的新气象新面貌。

1. 深刻变革：步入新世纪的多党合作

进入 21 世纪以来，国际国内形势发生深刻变化。国际上，随着经济全球化、世界多极化、信息社会化的浪潮在全球席卷扩散，各种文化、思潮、价值观相互交流、借鉴，不同形态的政治制度、民主制度及不同意识形态之间相互影响、渗透，随着程度和深度的越来越广泛激烈，其比较和斗争也更加直接和明显。受苏东剧变影响，世界上许多国家纷纷放弃原有的政治制度和政党制度，转而仿效和实行西方国家的两党制或多党制。美国及其他西方大国策动的“颜色革命”在独联体国家频频得手，世界200多个国家和地区，除20来个国家无政党外，其他都实行不同形式的政党政治，其中实行两党制、多党制国家猛增到170多个，占有政党国家总数的95%以上。世界政党政治的新变化，对国际政治局势的发展产生了深刻影响，我国深处世界格局之中，多党合作制度的坚持、发展和完善当然也受到了不同程度的影响。西方敌对势力加快了对我国政治渗透的进程，其渗透方法更加多样，手段更加隐蔽，其目标之一就是改变我国的政治制度——特别是多党合作制度，以期达到推翻共产党的领导、颠覆社会主义制度的最终目的。在国内，我国经济持续、快速发展，综合国力进一步增强。随着改革开放和社会主义市场经济的不断发展，社会结构深刻变动，利益格局深刻调整，思想观念深刻变化，发展既面临着前所未有的机遇，也面临着前所未有的挑战。我国已进入全面建设小康社会的关键时期，这是社会矛盾的多发期和易发期。一方面，改革开放以来，随着经济体制改革发展进程积极稳妥推进，社会主义民主政治建设取得了重大成果，人民代表大会制度、中国共产党领导的多党合作和政治协商制度、民族区域自治制度和基层群众自治制度日益完善；与此同时，人民群众的民主意识、自主意识、政治参与意识日益增强。这些都对社会主义民主政治建设提出了新的期待，也对多党合作制度提出了新的要求。

2005年《意见》颁布实施

我国的多党合作制度在社会主义革命、建设和改革开放的各个历史阶段都发挥了重要作用，取得了成功经验。总结过去是为了更好地前行，在

1989年《意见》颁布实施的基础上，进一步总结提炼多党合作的主要成绩和历史经验，提出新的发展要求，用制度的形式加以固定执行，有助于多党合作事业更加健康持续发展，有助于中国特色社会主义建设更加繁荣稳定。进入21世纪，中共中央站在发展社会主义民主、建设社会主义政治文明的战略高度，大力推进多党合作的制度化、规范化、程序化建设。2005年2月，中共中央颁发了《中共中央关于进一步加强中国共产党领导的多党合作和政治协商制度建设的意见》（以下简称2005年《意见》），这是继1989年《意见》之后又一个指导多党合作事业发展的纲领性文件，成为多党合作进一步制度化、规范化、程序化的标志。

2005年《意见》在总结1989年《意见》颁布实施以来多党合作理论成果和实践经验的基础上，结合新的形势任务和发展要求，提出了一系列新的理论观点和政策主张。

——明确了坚持和完善多党合作制度是建设社会主义政治文明的重要内容。离开了政党和政治制度，民主的实现就是一句空话，中国共产党领导的多党合作和政治协商制度是我国一项基本政治制度，是社会主义民主制度的体现形式。我国的多党合作具有强大的民主功能，体现在有序的政治参与、畅通和拓宽的利益表达、有效民主监督促进决策的科学化和民主化等，在新的历史条件下，发展社会主义民主政治、建设社会主义政治文明，其中一个重要方面就是坚持和完善中国共产党领导的多党合作和政治协商制度。

——概括了我国多党合作和政治协商的重要政治准则。强调多党合作必须坚持以马克思列宁主义、毛泽东思想、邓小平理论和“三个代表”重要思想为指导，坚持中国共产党的领导，坚持社会主义初级阶段的基本路线、基本纲领和基本经验，坚持“长期共存、互相监督、肝胆相照、荣辱与共”的基本方针，保持宽松稳定、团结和谐的政治环境，中国共产党和各民主党派都必须以宪法为根本活动准则，负有维护宪法尊严、保证宪法实施的职责。这既是对半个世纪以来多党合作历史经验的总结概括，也是对毛泽东、邓小平和江泽民为核心的三代中共中央领导集体在这个问题上探索成果的集中概括和丰富发展，在长期的多党合作实践中已成为共产党和各民主党派的政治共识，为新世纪新阶段多党合作事业健康持续发展提供了重要的政治规范和政治保障。同时也为多党合作和政治协商制度的长期存在和稳定发展、始终保持强大的生命力和旺盛活力提供了根本保障。

——完善了对民主党派性质、作用的表述。支持民主党派将新的社会阶层中的一部分人士纳入工作范畴，明确提出民主党派是各自所联系的一部分社会主义劳动者、社会主义事业建设者和拥护社会主义爱国者的政治联盟，是接受中国共产党领导、同中国共产党通力合作的亲密友党，是进步性与广泛性相统一、致力于中国特色社会主义事业的参政党，民主党派组织各自成员积极参加社会主义现代化建设，反映和代表各自所联系群众的具体利益和诉求，同香港特别行政区同胞、澳门特别行政区同胞、台湾同胞和海外侨胞有着广泛联系，是发展先进生产力、社会主义民主政治、社会主义先进文化和构建社会主义和谐社会的一支重要力量，也是实现祖国统一、民族振兴的一支重要力量。民主党派性质、作用的进一步阐述和完善，既体现了中国共产党在多党合作和民主党派工作理论、政策上与时俱进的精神品质，同时也体现了民主党派自身不断发展进步的历史轨迹，为新时期民主党派自身建设指明了方向，为民主党派不断发展壮大提供了理论依据和政策依据。

——进一步完善了政治协商的内容、形式和程序。明确“把政治协商纳入决策程序，就重大问题在决策前和决策执行中进行协商”作为政治协商的重要原则；提出政治协商的两种基本方式，一种是共产党同各民主党派之间的协商，一种是共产党在人民政协同各民主党派和各界代表人士的协商；规范了中国共产党同各民主党派政治协商的内容和程序，并提出“要按照《中国人民政治协商会议章程》的要求，推进人民政协政治协商的制度化、规范化和程序化”。[1]在以往有效实践的基础上，对政治协商的内容、形式和程序作出更加科学合理的总结规范，有效保障了决策前、决策中更全面听取多方意见建议，促进了决策的民主化和科学化。

——进一步提出要充分发挥民主党派参政议政作用。提出在全国和省级人大常委会中应有民主党派成员和无党派人士担任副秘书长；重点在涉及行政执法监督、与群众利益密切相关、紧密联系知识分子、专业技术性强的政府工作部门领导班子中选配民主党派成员担任领导职务，符合条件的可以担任正职；国务院有关部委领导班子中要注意选配民主党派成员；各省、自治区、直辖市可根据各级政府机构设置情况，明确需要选配的工作部门的适当比例；结合民主党派人才特点，进一步拓宽了民主党派参政议政渠道，推动民主党派成员更加有效展其才、尽其能，更加充分发挥作用。

——对加强和改善中国共产党对多党合作和政治协商的领导提出新的要求。要求各级党委进一步加强政治领导，改进领导方法，支持民主党派独立自主地处理内部事务，重视多党合作和民主党派工作，切实为民主党派和无党派人士履行职能、发挥作用创造条件。

此外，2005 年《意见》进一步提出了把坚持发展作为多党合作和政治协商的根本任务，明确了民主监督的性质、内容、形式、渠道和机制以及支持民主党派自身建设的若干要求等。

2005 年《意见》的颁布实施，是我国政治生活中的一件大事，在多党合作的历史进程中具有重要的里程碑意义，对统一战线和多党合作事业

1 楼志豪、陈喜庆主编：《〈中共中央关于进一步加强中国共产党领导的多党合作和政治协商制度建设的意见〉学习问答》，华文出版社 2005 年版，第 93 页。

的发展具有重大而深远的意义。

——是建设社会主义政治文明的重要步骤。2005年《意见》颁布实施是我国多党合作制度化、规范化、程序化建设的重要体现，对于在新的历史条件下，进一步坚持和完善中国共产党领导的多党合作和政治协商基本政治制度，发展社会主义民主政治、建设社会主义政治文明，更好地发挥我国社会主义政党制度的特点和优势，不断增强和释放我国政治体制的活力，必将产生巨大的推动作用。

——是全面建设小康社会的客观需要。全面建设小康社会是21世纪头20年全国各族人民的共同奋斗目标，要实现这一宏伟的奋斗目标，需要全社会的共同努力，需要统一全国人民的意志，凝聚和发挥各方面的力量。中国共产党是中国工人阶级的先锋队，同时是中国人民和中华民族的先锋队，具有广泛的群众基础，代表最广大人民的根本利益；各民主党派是"三者政治联盟"，反映和代表了各自所联系的成员和群众的利益。中国共产党和各民主党派通力合作，最大限度地团结一切可以团结的力量，调动一切积极因素，共同推动中国特色社会主义伟大事业。2005年《意见》适应了全面建设小康社会新阶段多党合作面临的新情况新形势和新任务，对于更好地把各民主党派、各方面的智慧和力量都团结和调动起来，发挥集中力量办大事的优势，一心一意搞建设，齐心协力谋发展，具有十分重要的意义。

——是构建社会主义和谐社会的有力保障。实现社会和谐、建设美好社会是中国共产党和各民主党派在内的全体中国人民的共同愿望，也是确保中国特色社会主义事业顺利发展的迫切要求。我国是多民族的超大规模的发展中国家，中国共产党是中国特色社会主义事业的领导核心，各民主党派的合作扩大了社会整合的边界，政党间的和谐关系是社会和谐稳定的重要基础和保障。我国政党制度强调以协商、合作代替竞争、冲突，具有西方多党制和其他政党制度所不具有的优越性。2005 年《意见》的颁布实施，有利于巩固和发展中国共产党与各民主党派之间的和谐政党关系，有利于巩固团结安定的政治局面，为建设民主法治、公平正义、诚信友爱、充满活力的社会主义和谐的社会提供根本保障。

——是发挥我国政治制度和政党制度优势的战略举措。新世纪新阶段，和平与发展仍然是国际形势的主流，但是这并不表示天下太平，国际敌对势力企图以议会制和多党制取代我国的人民代表大会制度和多党合作制度，妄图改变我国的政治制度——特别是多党合作制度，以期达到推翻中国共产党的领导、颠覆社会主义制度的最终目的也没有改变。国内也有一些人不同程度地受到西方民主观念和政治制度的影响，对这个问题看不清楚。在这种形势下，2005 年《意见》的颁发实施，对于保证新世纪新阶段我国政党制度的健康可持续发展，充分发挥制度优势，实现和发展人民民主，从根本上抵御西方议会制、多党制的影响，坚定不移地走中国特色社会主义政治发展道路具有重大的现实意义。

2006 年《意见》颁发实施

中国人民政治协商会议是中国人民爱国统一战线的组织，是中国共产党领导的多党合作和政治协商的重要机构，是我国政治生活中发扬社会主义民主的重要形式。随着我国统一战线事业的发展，人民政协理论也得到进一步完善丰富和发展，对多党合作的制度化、规范化、程序化进程起到进一步推动作用。继 2005 年《意见》颁布之后，2006 年 2 月，中共中央颁发了《中共中央关于加强人民政协工作的意见》（以下简称 2006 年《意见》）。2006 年《意见》系统总结了改革开放以来人民政协工作的成功经验，继承和发展了以邓小平、江泽民为核心的两代中共中央领导集体关于人民政协的理论，把我国多党合作制度和人民政协理论发展到一个新的历史阶段。2006 年《意见》既有顶层设计也有具体操作，既有经验总结也有规划蓝图，成为新世纪新阶段指导人民政协工作和多党合作的又一个纲领性文件。该《意见》明确规定了人民政协的三大职能，指出：人民政协的主要职能是政治协商、民主监督、参政议政；要充分发挥人民政协在我国政治生活中的作用，推进政治协商、民主监督、参政议政的制度化、规范化和程序化。

——对人民政协的政治协商主要内容、形式和程序作了详细规定。人民政协政治协商的主要内容是：国家和地方的大政方针以及政治、经济、文化和社会生活中的重要问题；各党派参加人民政协工作的共同性事务，政协内部的重要事务以及有关爱国统一战线的其他重要问题。该《意见》明确主要通过包括政协全体会议在内的八种形式实现人民政协的政治协商；明确从议题确定到反馈处理情况的主要程序。对人民政协政治协商主要内容、形式和程序的规范和界定，为新世纪新阶段人民政协政治协商的制度化、规范化和程序化提供了政策指导。

——对人民政协民主监督的政治定位、主要内容、实现形式以及对中共党委政府的要求等相关问题作出规定。人民政协的民主监督是我国社会主义监督体系的重要组成部分，是在坚持四项基本原则的基础上通过提出意见、批评、建议的方式进行的政治监督；监督的主要内容包括国家宪法、法律和法规的实施，重大方针政策的贯彻执行，国家机关及其工作人员的工作，参加政协的单位和个人遵守政协章程和执行政协决议的情况；监督主要通过政协全体会议、常委会会议、主席会议向党委和政府提出建议案等十一种形式实现。2006 年《意见》同时对中共各级党委和政府提出要认真倾听来自人民政协的批评和建议，自觉接受民主监督，要完善民主监督机制，在知情环节、沟通环节、反馈环节上建立健全制度，畅通民主监督的渠道等方面的要求。2006 年《意见》对人民政协的民主监督作出相关规定，对完善我国的监督体制，促进中国共产党和政府更加科学民主决策，为人民政协切实履行好民主监督职能提供了制度化、规范化、程序化依据。

——对人民政协的参政议政职能定位、主要内容、实现形式等作出规定。人民政协的参政议政是运用包容各界、联系广泛、人才聚集的有利条件，了解和反映社会不同阶层、不同群体的愿望和要求，就政治、经济、文化和社会生活中的重要问题以及人民群众普遍关心的问题，开展调查研究，反映社情民意，进行协商讨论，通过调研报告、提案、建议案或其他形式，向中国共产党和国家机关提出意见和建议。参政议政是人民政协的重要职能之一，2006 年《意见》对履行参政议政职能提出的制度化要求、规范化做法和程序化执行等方面的规定，有效促进了参加人民政协参政议政的各个主体和界别更好履行职能，促进党和政府正确决策。

2. 性质定位：三者政治联盟

20 世纪 90 年代，我国经济社会结构深刻变革，随之而来的是我国社会阶层也发生了新的变化，出现了包括民营科技企业的创业人员和技术人员、受聘于外资企业的管理技术人员、中介组织从业者、个体户、私营企业主、自由职业人员等在内的新的社会阶层。

中国特色社会主义事业建设者：新的社会阶层身份定位

随着我国改革开放程度的逐步扩大，经济社会不断发展，新的社会阶层人数增长速度逐渐加快，经济实力越来越强，在国家经济社会中的作用也越来越凸显。

如何定义这部分人，如何对待这部分人，如何把这部分人中的优秀分子团结起来，更好发挥作用，为统一战线带来了新的时代要求，成为统一战线工作的一个新课题。

江泽民分别于 2000 年 12 月在第 19 次全国统战工作会议上和 2001 年 7 月 1 日在庆祝中国共产党成立 80 周年的讲话中强调："他们为建设中国特色社会主义事业贡献了力量，应该受到社会的尊重。""这些新的社会阶层中的广大人员，通过诚实劳动和工作，通过合法经营，为发展社会主义社会的生产力和其他事业作出了贡献。他们与工人、农民、知识分子、干部和解放军指战员团结在一起，都是中国特色社会主义事业的建设者。"

2002 年 11 月，中共十六大报告进一步明确了新的社会阶层是中国特色社会主义事业的建设者的定位。

中共十六大报告明确的"新的社会阶层"，是有特定的含义名称和提法。从含义上看，它并不是特指某一个阶层，而是对 6 个社会阶层的统称，这些阶层的共同特点就是，都是在改革开放中出现并发展起来的；从外延上看，"新的社会阶层"并不限于 6 个阶层，而是随着改革开放的进一步深化，"人员在不同所有制、不同行业、不同地域之间流动频繁，人们的职业、身份经常变动。这种变化还会继续下去"。

巨大包容性：把新的社会阶层纳入统一战线范畴

随着“新的社会阶层”定位为“中国特色社会主义事业的建设者”，并提出要把其他社会阶层中的优秀分子吸收到中共党内。2004 年十届全国人大二次会议通过的宪法修正案，正式把“社会主义事业的建设者”纳入统一战线范围。随着新的社会阶层数量不断增多、社会影响力不断扩大以及政治参与度不断增强，新的社会阶层成为统战工作新的着力点。2006 年第 20 次全国统战工作会议明确了开展新的社会阶层统战工作的基本方针和政策，即坚持充分尊重、广泛联系、加强团结、热情帮助、积极引导的方针，引导新的社会阶层人士爱国、敬业、诚信、守法、贡献，致富思源、富而思进，自觉履行义利兼顾、扶贫济困的社会责任，积极回馈社会、造福人民，做合格的中国特色社会主义事业建设者；明确要求统一战线要把新的社会阶层人士工作作为新的着力点，坚持以社团为纽带、社区为依托、网络为媒介、活动为抓手，把新的社会阶层人士更广泛地团结和凝聚在党和政府的周围。

把新的社会阶层作为中国特色社会主义事业的建设者纳入统一战线的范围，不仅推动了我国统一战线的范围更加扩大，使统一战线包容的半径拉长，而且有利于更好地团结和凝聚新的社会阶层人士，更好地激发他们为中国特色社会主义事业贡献力量。新的社会阶层人士的加入，为统一战线和多党合作事业发展注入了新的活力。

进步性和广泛性相统一：民主党派是“三者政治联盟”

随着新的社会阶层成为统一战线的重要组成部分，民主党派将其中的代表性人士作为组织发展的一部分吸纳进工作范围，成为顺理成章、合情合理的事情。2005 年《意见》根据社会阶层的新变化，对民主党派的性质作了补充和完善，指出“在新世纪新阶段，民主党派是各自所联系的一部分社会主义劳动者、社会主义事业建设者和拥护社会主义爱国者的政治联盟，是接受中国共产党领导、同中国共产党通力合作的亲密友党，是进步性和广泛性相统一、致力于中国特色社会主义事业的参政党”。2006 年《中共中央关于巩固和壮大新世纪新阶段统一战线的意见》提出要加强同新的社会阶层的联系，并把他们纳入新世纪新阶段统一战线的工作范围。2007 年 10 月，中共十七大报告中关于“壮大爱国统一战线的表述”中，也强调要“鼓励新的社会阶层人士积极投身中国特色社会主义建设”。民主党派在性质问题上的充实和完善，明确将新的社会阶层中的一部分代表性人士纳入民主党派工作范围，使民主党派由以前的一部分社会主义劳动者和拥护社会主义爱国者的“两者政治联盟”，扩大到一部分社会主义劳动者、社会主义事业建设者和拥护社会主义爱国者的“三者政治联盟”。

民主党派扩大为“三者政治联盟”，既体现了中国共产党在多党合作和民主党派工作理论、政策上和实践上与时俱进的时代精神，也体现了民主党派自身不断发展、进步的不懈追求，民主党派性质、地位、作用认识上的进一步深化、发展，为统一战线和民主党派的不断发展和壮大提供了理论基础和实践指导。

3. 新里程碑：两种协商方式

政治协商是我国多党合作制度的重要组成部分，是实行科学决策、民主决策的重要环节，政治协商的制度化、规范化、程序化建设，是中国共产党提高执政能力的重要途径。2005 年《意见》，明确了政治协商的两种基本方式：中国共产党同民主党派的协商、中国共产党在人民政协同各民主党派和各界代表人士的协商。

政治协商的原则、内容、形式和程序

为切实推进政治协商的制度化和规范化，2005年《意见》和2006年《意见》在总结实践经验做法的基础上，对政治协商的原则、内容和程序作了明确规定，具体包括：

——重要原则：把政治协商纳入决策程序，就重大问题在决策前和决策执行中进行协商。

——主要内容：中国共产党同各民主党派协商的主要内容包括：中共全国代表大会、中共中央委员会的重要文件；宪法和重要法律的修改和制定建议；国家领导人的建议人选；关于推进改革开放的重要决定；国民经济和社会发展的中长期规划；关系国家全局的一些重大问题；通报重要文件和重要情况并听取意见，以及其他需要同民主党派协商的重要问题等。中国共产党在人民政协同各民主党派和各界代表人士协商的主要内容，包括：国家和地方的大政方针以及政治、经济、文化和社会生活中的重要问题；各党派参加人民政协工作的共同性事务，政协内部的重要事务以及有关爱国统一战线的其他重要问题。

——基本方式：第一种是中国共产党同各民主党派的协商，主要采取民主协商会、小范围谈心会、座谈会等形式。第二种是中国共产党在人民政协同各民主党派和各界代表人士的协商，主要采取政协全体会议、常务委员会会议、主席会议、常务委员专题座谈会、各专门委员会会议等形式。

中国共产党同各民主党派的协商更多地体现在政党之间的政治协商，中国共产党在人民政协同各民主党派和各界代表人士的协商，体现在更大范围内的政治协商，两种方式相辅相成，互为补充。

——主要程序：中国共产党同各民主党派的协商程序主要是：中共中央根据年度工作重点，研究提出全年政治协商规划；协商的议题提前通告各民主党派和有关无党派代表人士，并提供相关材料；各民主党派对协商议题研究后提出意见和建议；在协商过程中充分发扬民主，广泛听取意见，求同存异，求得共识；中共对民主党派和无党派人士提出的意见和建议认真研究，并及时反馈情况。

中国共产党在人民政协同各民主党派和各界代表人士协商的主要程序是：中共党委根据年度工作重点或政协党组提出的建议，研究并确定在政协协商的议题；政协中共党组根据中共党委的统一部署，按照政协章程和有关规定安排协商活动；中共党委和政府及有关部门负责人就相关问题通报情况、听取意见；政协要及时整理并报送参加会议的各党派团体和各族各界人士提出的意见和建议；中共党委和政府及有关部门对政协报送的意见和建议认真研究处理，并及时反馈处理情况。

明确政治协商内容、程序和形式的理论意义

对政治协商内容、程序和形式的进一步明确，在理论上具有重要意义。使人们充分了解我国多党合作制度中政治协商与西方政治学家提出的“协商政治”（或“协商民主”）的主要区别：一是我国的政治协商已成为一种政治实践，而协商政治主要还是一种理论形态；二是我国的政治协商，存在和体现于多党合作制度中，而协商政治则是西方一些政治学家的理论

探究，期望通过这种新型的民主形态，在国家公共权力与公民社会之间架起一道桥梁，矫正多元竞争民主所带来的弊端，强化社会成员对公共利益的责任，改变重视自由而忽视平等的传统。这是资本主义国家在社会多元竞争基础上各政治主体寻求共识的一种途径。当然，协商政治理论中也包含着作为人类政治文明成果的合理成分，如强调社会公共利益的重要性，强调把政治性意见和意志的形成过程置于核心地位，强调社会的和谐与平等，等等。我们可借鉴协商政治理论中的合理成分，结合我国实际，进一步完善我国的政治协商，推进社会主义民主的发展。

政治协商的实践丰富多彩

对政治协商内容、程序和形式的进一步规范，推动了政治协商的健康有序开展。从中央层次看，政治协商已形成制度，规范化程序化运行良好，对于实现决策的科学化、民主化起到了重要作用。据统计，自 2002 年 11 月至 2007 年底，中共中央、国务院主持召开及委托有关部门召开的民主协商会、座谈会、情况通报会共 102 次，其中中共中央总书记胡锦涛出席的会议达 29 次。中共中央、国务院一些重大战略决策的出台，比如《中共中央关于加强党的执政能力建设的决定》《中共中央关于构建社会主义和谐社会若干重大问题的决定》《中共中央关于进一步加强中国共产党领导的多党合作和政治协商制度建设的意见》等许多重要文件的征求意见稿，全国人大、国务院、全国政协领导人选，宪法修改以及《反分裂国家法》《各级人民代表大会常务委员会监督法》《物权法》《立法法》等多部法律文件草案，《中华人民共和国国民经济和社会发展第十一个五年规划纲要》等国民经济和社会发展的中长期规划，社会主义新农村建设、国家金融体制改革、教育和卫生体制改革等关系国计民生的重大问题，中共中央都召开有各民主党派、无党派人士参加的协商会、座谈会等，认真听取民主党派、无党派人士的意见和建议，其中许多意见和建议被采纳。《中共中央关于加强党的执政能力建设的决定》初稿形成后，胡锦涛亲自主持召开座谈会。对于各民主党派、无党派人士提出的意见和建议，中共中央高度重视，有 22 条意见和建议被采纳，其中专门增加了各民主党派中央领导同志建议增加的对港澳台工作和军队以及国防建设的论述，作为中国共产党应对复杂局势和处理国际事务能力的一项内容。

中共各地党委按照中共中央的要求，结合本地实际情况，制定出台了有关政治协商的实施意见，对政治协商内容、形式、程序予以细化。比如，有的地方规定，根据中共党委的年度工作部署，将中共党委的工作重点与政治协商的议题衔接起来，制定政治协商的总体计划，使政治协商的内容更加充实。有的地方将中共党委与民主党派之间的政治协商和人民政协的政治协商在形式、内容上做了分工，各有侧重，减少重复，提高了政治协商的有效性。有的地方结合实际情况，采取先调研后协商的方式，支持民主党派负责人对协商议题的重点环节进行调研考察，在各民主党派形成具体意见建议后再进行协商，增强了政治协商的实效性。有的地方在推进政治协商制度化建设方面形成了一些很好的制度，如情况通报会制度、小范围谈心制度、双月座谈会制度、联系交友制度、参会阅文制度等，大大提高了政治协商的制度化水平。

二

《中国的政党制度》白皮书

中国新型政党制度的世纪声音

2007年11月15日，国务院新闻办对外发布了《中国的政党制度》白皮书，系统回顾了多党合作的发展历程，全面论述了民主党派在建设中国特色社会主义、推进社会主义民主政治建设中的作用。这是多党合作历史上首次以白皮书形式对外讲述中国的政党制度，对扩大多党合作在世界的知名度和影响力具有重大的现实意义。

1. 世界瞩目：新任两位党外部长

2007年4月27日，十届全国人大常委会第27次会议决定，任命时任中国致公党中央副主席的万钢为科学技术部部长。万钢是自1972年傅作义辞去水利部部长后35年来首位担任政府部委正职的民主党派人士，在社会各界尤其是各民主党派引起了热烈反响。有民主党派成员和许多学者认为，万钢担任科技部部长，是对2005年《意见》精神的贯彻落实，是我国民主政治建设的重要举措，是中共十七大前后中国民主政治建设的一个重要亮点。时隔两个多月，全国人大常委会又任命无党派人士陈竺为卫生部部长，再一次在社会各界尤其是各民主党派、无党派人士中引起强烈反响。万钢和陈竺分别出任科技部、卫生部部长，不仅国内反响热烈，也引起国际社会的瞩目。

以万钢、陈竺为代表，民主党派成员、无党派人士在国务院有关部委和地方各级政府部门及司法机关中担任领导职务有了重大突破，他们在领导岗位有职有权，在国家建设中发挥了积极作用。据统计，截至2006年底，担任县处级以上职务的民主党派成员、无党派人士共有3.1万人，他们对分管的工作有行政管理的指挥权、处理问题的决定权和人事任免的建议权。民主党派成员、无党派人士在最高人民法院、最高人民检察院和国务院部委办、直属局担任领导职务的有18人；全国31个省、自治区、直辖市中，有24人担任副省长、副主席、副市长；全国397个市（州、盟、区）人民政府中有356人担任副市（州、盟、区）长；有35人担任省级法院副院长和检察院副检察长，有141人担任地市级法院副院长和检察院副检察长。还有部分民主党派成员和无党派人士在高等院校、人民团体、科研院所和国有企业中担任领导职务，如中国科学院所属93个研究所中有69人、教育部直属72所高等院校中有38人担任领导职务。截至2007年底，全国县处级以上机关干部中有非中共人士3.2万人，占同级机关干部总数的4.8%，其中，省部级、地厅级和县处级非中共干部分别占同级干部的10.3%、6.4%和4.6%；省、市、县三级政府领导班子中配有非中共干部分别为26人、365人和2478人；省、市两级政府工作部门中配有非中共干部的领导班子分别为268个和2190个。

各民主党派在中国共产党的领导下，切实履行职能，在我国社会主义民主政治中发挥了重要作用。中国共产党领导的多党合作和政治协商制度日益显示出独特的政治优势和强大的生命力，国际上很多国家把目光投向东方，开始关注“东方模式”，研究“中国模式”，但也有的对中国的政党制度存在模糊认识，甚至怀着险恶用心歪曲抹黑。因此，有必要向国际社会展示我国的政党制度。

2. 全景展示：中国政党制度的完整表述

《中国的政党制度》白皮书一经发布，立即引起了海内外的高度关注和巨大反响。全文近 1.5 万字，向全世界全面深入详实地介绍中国共产党领导的多党合作和政治协商制度，向国际社会展示了在中国土壤里诞生的不同于西方政党制度的中国特色社会主义政党制度的历史必然性、伟大独创性、巨大优越性和强大生命力。

全方位多维度地介绍了多党合作制度

白皮书多维度全方位详实地介绍了多党合作制度的独特的运行机制、价值功能、表现形式。作为国家的一项基本政治制度，多党合作制度是在中国长期的革命、建设、改革实践中形成发展起来，是适合中国国情的一项基本政治制度。在这个基本政治制度的框架中，中国共产党处于领导和执政地位，各民主党派既不是反对党也不是在野党，是中国的参政党。中国共产党坚持科学执政、民主执政、依法执政，支持民主党派履行参政党职能，推动国家政权建设。民主党派参政的基本点是“一个参加、三个参与”，即参加国家政权，参与国家大政方针和国家领导人选的协商，参与国家事务的管理，参与国家方针政策、法律法规的制定和执行。中国共产党与各民主党派互相监督，这种监督是通过提出意见、批评、建议的方式进行的政治监督。

首次提炼出多党合作制度的价值和功能

白皮书首次总结了中国多党合作制度的政治参与、利益表达、社会整合、民主监督和维护稳定五个方面价值和功能。

——政治参与。多党合作制度为各民主党派、无党派人士的政治参与开辟了有序的制度化的渠道，巩固和扩大人民民主专政国家政权的基础；调动各方面积极性，推动执政党和政府决策的科学化和民主化。

——利益表达。多党合作制度广泛涵盖了各民主党派以及有关界别的代表性人士，能够有效地反映社会各方面的利益诉求，畅通和拓宽表达渠道，协调利益关系，从而保持社会和谐稳定。

——社会整合。多党合作制度以中国共产党的坚强领导为前提，又有各民主党派、无党派人士的广泛合作，形成了强大的社会整合力，促进政治资源的优化配置，调动各方面积极性，引导和组织社会沿着现代化的方向不断前进。

——民主监督。中国共产党与各民主党派互相监督，有利于强化体制内的监督功能，有利于执政党决策的科学化、民主化。

——维护稳定。多党合作制度以合作、协商代替对立、争斗，避免了政党互相倾轧造成的政局不稳和政权频繁更迭，最大限度地减少社会内耗，维护安定团结的社会政治局面。

总结了中国式民主协商的独特形式

白皮书对多党合作制度中的政治协商形式进行了总结概括，指出：经过多年的实践，中国多党合作制度中的政治协商形成了两种基本方式：一种是中国共产党与各民主党派、无党派人士的协商；一种是中国共产党在人民政协同各民主党派、无党派人士和各界代表人士的协商，同时，白皮书详细介绍了中国共产党与各民主党派、无党派人士政治协商的内容、形式和主要程序。

展示了参政议政、民主监督基本职能

白皮书用事实说话，列举了大量数据和案例对民主党派参政履职的情况进行展示。参政议政方面，2005—2007 年间，各民主党派、无党派人士就许多重要文件的征求意见稿、全国人大全国政协领导人选、多部法律文件草案的修改，以及国民经济和社会发展的中长期规划等关系国计民生的重大问题提出意见和建议，其中许多被中共中央、国务院及有关部门采纳。此外，各民主党派中央、无党派代表人士还向中共中央提出重大的书面意见和建议 200 多项，内容涵盖了经济、政治、社会、教育等诸多方面，这些意见建议得到中共中央、国务院的重视和采纳。各民主党派是参政党，参加国家政权。中国共产党通过一系列的方针政策、制度和机制，举荐非中共人士进入政府和司法机关担任领导职务，保证他们有职有权。民主监督方面，政府有关部门和司法机关聘请民主党派成员担任特约人员是发挥民主监督作用的一项重要举措和制度安排，民主党派成员担任特约人员的领域进一步扩大，更加自觉地抵制和克服官僚主义和各种消极腐败现象，加强和改进执政党的工作。

3. 庄严宣誓：铿锵有力的中国声音

《中国的政党制度》白皮书，第一次全面系统地介绍中国的政党制度，代表官方立场，受到国际社会关注。《中国的政党制度》白皮书的内容，既是执政党与参政党长期合作的历史经验的总结，又是执政党与参政党政治协商的结果，是共同政治意志的表现。白皮书的发表在国际国内引起了强烈反响，具有重要的意义和作用。

向国际社会宣示了中国的政党制度，彰显制度自信

白皮书发表的重要贡献在于向世界宣示了中国特有的政党制度，这项制度既不同于多党制，也有别于一党制，是具有中国特色的多党合作制，适合中国国情，符合当代中国实际，有其独特的运行机制、价值功能、表现形式，已经并正在中国社会中发挥着积极作用。人类政治文明的多样性决定了政党制度的多样性，中国政党制度是在中国创立的一种世界上独一无二的政党制度形式，这种制度以合作代替对立、争斗，避免了政党之间的互相倾轧和政权频繁更迭，最大限度地减少内耗，维护安定团结的社会政治局面，党内党外齐心协力、万众一心搞建设、办大事，有效促进了中国的发展，顺应了世界潮流，是对人类政治文明的重大贡献。我国第一次以白皮书的形式公开解释和说明中国的政党制度，彰显了中国共产党领导的多党合作和政治协商制度的自信。

实现了话语体系的中国探索

长期以来，以美国为首的西方社会在政党政治理论方面占据着当今世界话语体系的中心，急需用中国的理论研究和话语体系解读中国实践、中国道路，打造具有中国特色、中国风格的马克思主义中国化话语体系。多党合作制度在我国健康发展的实践，给理论工作者提供了理直气壮地说话的硬条件，白皮书用“东方”语言，通过摆事实、讲道理的方式介绍中国政党制度，讲述中国政党制度的历史必然性、伟大独创性和巨大优越性，以及其独特的运行机制、价值功能、表现形式，展现核心价值观，一定程度上打破了西方社会长期以来对政党政治话语权的垄断地位，为构建中国特色的政党制度话语体系作出有益探索。

增进了国际国内社会对中国的政党制度的认识

中国是一个发展中大国，随着经济高度发展、社会和谐稳定、人民安居乐业的大好形势被国际社会越来越多的褒赞，中国的政党制度也越来越多受到国际社会的关注关切，当然也有些人存在着某些片面认识，更有一些不怀好意的人，甚至极尽所能公开攻讦，国内一些人对多党合作制度了解还不够全面不够系统，甚至有模糊认识。白皮书的发布，通过全面介绍中国政党制度的形成、主要特征和基本内容，阐述中国政党制度的重要作用和主要经验，系统回应了国际国内对中国政党制度的片面认识和模糊理解，增进了国际社会的了解，为进一步发展多党合作制度营造了较好的国际环境。

展示了中国进一步建设社会主义民主政治的决心和信心

多党合作制度是中国社会主义民主政治的重要组织部分，它体现了社会主义民主的本质要求，实现了党的领导、人民当家作主和依法治国的有机统一，符合全中国各族人民的利益，符合中华民族和而不同、兼容并蓄的文化传统，反映了中国国情和中国革命、建设和发展的客观要求。白皮书指出：“《中华人民共和国宪法》明确规定：中国共产党领导的多党合作和政治协商制度将长期存在和发展”，昭示了我国把多党合作制度坚持到底的信心和决心，相信随着多党合作制度的不断发展和完善，它在社会主义民主政治建设的重要作用将日益突出和彰显。

三

助力实现科学发展 参政兴国是第一要务

2004 年 1 月 17 日，胡锦涛在党外人士迎春座谈会上提出，发展是民主党派参政议政的第一要务，希望各民主党派充分发挥人才智力资源丰富的优势，把促进经济社会发展作为主要任务和发挥作用的着力点，围绕国家经济社会发展的重大任务，围绕落实科学发展观的要求，围绕完善社会主义市场经济体制的重大课题，围绕人民群众关注的热点问题，为党和国家科学决策和做好工作积极建言献策。

1. 新的使命：科学发展

新世纪，中共中央确立科学发展目标，各民主党派服务科学发展大局，发挥优势，体现特色，调动力量，重点就“三农”问题、科教兴国、民生保障等关系小康社会建设一系列热点难点问题深入调研，为国家经济社会发展献计出力。2003 年九三学社中央提出《关于加大“三江源”地区生态保护和建设力度的建议》，就流域生态保护提出建议；2004 年民进中央调研 18 个少数民族地区，形成了《关于加快民族地区经济社会发展》《促进民族地区九年制义务教育发展》等多项建议；2005 年致公党中央提出《关于加强海外侨务工作，促进华侨华人资源的可持续发展的建议》；2005 年台盟围绕两岸关系发展及经贸交流等课题进行调研，形成了《大力推动两岸农民专业合作经济组织的交流与合作》等调研报告；2007 年民建中央提出了《关于进一步推动我国廉租房制度建设的建议》。这些调研成果体现党派特色，紧扣“发展”主题，紧贴政策走向，反映群众诉求，回应社会关切，突出反映了这一时期经济社会发展转型之下的民主党派履职特点。

深耕细作为“三农”

周铁农，时任民革中央主席。“铁农铁农，是要铁了心当一辈子农民吗？”很多人都好奇他名字的由来。据他讲，名字是外祖父为他起的，当时老一辈的重农思想根深蒂固，农民最本分、农业最安稳、农村最安宁，一辈子能做个平平安安的农民是他老人家的期望吧。的确，农业稳则天下安，“三农”对国家安定和发展至关重要。进入 21 世纪以来，在全面建设小康社会的奋斗目标指引下，“三农”问题成了中共中央关心关注的焦点难点问题，自 2004 年起中共中央连续发布“一号文件”解决这一突出问题。周铁农作为民革的带头人，怀揣着“铁了心要为农民说一辈子话”的朴素情怀，从 2001 年起，到 2012 年卸任民革中央主席，民革中央几乎每年都把年度重点考察调研选题确定为“三农”问题。2001 年赴吉林调研农业产业化、2006 年赴湖南调研农村综合改革、2009 年赴山东调研农村土地承包经营权流转问题等等。其间，周铁农亲自参与调研活动，走入百姓家中、走进田间地头、结交农民朋友，真心诚意听意见、摸情况、解难题，虚心向农民兄弟求教、立足黑土地汲取智慧，形成了一大批高水平涉农调研成果，很多意见建议得到了党和国家领导人的高度重视和重要批示，直接推动解决了一批涉农问题。此后，民革中央还成立了“三农”委员会，形成了民革参政履职新品牌。

科教兴国建真言

紧扣科学发展的时代最强音，九三学社坚持以科教兴国、科技强国为己任，矢志不渝建言科技体制改革。针对当时国家科技管理体制和科技创新中政策层面存在的诸多问题，九三学社中央成立了“促进科技发展和自主创新”研究课题组，开启了长达10年的跟踪调研，针对科技投入分散、科技成果转化率低等等弊病，先后提出《国外科技宏观管理体制调研报告》《我国科技创新与科技管理体制改革》《优化科技资源配置提高科技投入效率》《充分发挥市场在资源配置中的作用》等多项建议。此后，国务院印发的《关于改进加强中央财政科研项目和资金管理的若干意见》和《关于深化中央财政科技计划管理改革方案》吸纳了其中内容，有效地推动了科技管理体制改革。

关切民生见真情

“发展为了人民、发展依靠人民，发展成果由人民共享”，这是中国共产党的执政理念。“奔走国是、关注民生”是民盟的优良传统，在经济发展方式转变的过程中，如何维护好发展好群众的权益，是民盟的参政重点。他们锚定关系民生、牵动百姓利益的重大改革任务深入调研，积极奔走国是，做到打井见水，体现为民情怀，努力为共产党分忧。2010 年 5 月，民盟中央主席蒋树声率队赴广东就“完善收入分配机制，促进社会和谐发展”问题开展调研。调研组深入走访企事业单位，高密度举行专家座谈会，与地方党委政府交流意见，针对调整利益再分配格局、深化国企、就业、税收、社保、户籍等改革过程中暴露出的阻碍改革、妨害民生等突出问题，提出多项建设性建议，得到中共中央和国务院的高度重视。同年 9 月，国家发改委牵头召集中共中央组织部、中共中央统战部和公安、监察、民政、财政、社保、农业、卫生等多部委专题研究落实事项。此后民盟中央继续就“社会保障制度的建设与完善”“统筹城乡基本公共服务体系建设，促进共同富裕”“全面优化制度安排，实现社会保障定型、稳定、可持续发展”等关系国计民生的重大问题循序渐进开展调研，坚持把民生做深做透，把改革措施落实落地，为持续改善民生纳诤言、出真力。

危难之时显身手

2003 年春夏之交非典来袭。时任九三学社中央主席韩启德身兼北大医学部主任，防疫工作责无旁贷。在非典肆虐之时，他深入一线了解疫情，研究预防救治方案，并通过高层协商等方式向党和国家领导人提出专业建议。4 月 20 日在党外人士座谈会上，他提出要大力度切断传染源，严格执行《传染病防治法》，广泛深入发动群众、加强科技联合攻关等建议；21 日，他写信给吴邦国委员长，建议开展执法检查，坚持依法防治；23 日至 24 日，他多次与北京市代市长王岐山直接沟通，提出应急措施建议；

27日，他应邀与吴仪副总理交流情况；30日，在党外人士座谈会上，再次就非典防治献策。他的一系列专业性、可操作性强的建议得到了中共中央、国务院和中共北京市委、市政府的高度重视，并及时转化为一个又一个具体的措施落地。与此同时，九三学社中央发动各级组织全力投入抗击非典。在病毒肆虐、危及广大人民群众生命健康的危急时刻，以九三学社为代表的各民主党派坚定地与中国共产党站在一起，凝聚人心、汇聚力量、贡献智慧，尽全力捍卫人民群众生命健康，在这场与病魔的殊死战役中，再次体现了中国政党制度的政治优势和民主党派成员的大爱担当，再次证明了"肝胆相照、同舟共济"绝不仅仅是一句口号，是多党合作在中华民族不畏险阻、破浪前行的伟大征程中的昭示出的磅礴力量。

中国共产党以民族复兴为己任，把发展作为执政兴国的第一要务，民主党派把发展作为参政议政的第一要务，体现了参政党的政治属性，体现了共产党与各民主党派奋斗目标的一致性和行动的协同性，彰显了新型政党制度在汇聚人才、凝聚力量、促进共识、齐心协力推动全面建设小康社会伟大实践中的巨大制度优势。

2. 特约人员：小康路上的民主监督探索

民主监督是民主党派基本职能之一。聘请民主党派成员和无党派人士担任特约人员是1989年《意见》作出的规定，是进一步发挥民主党派、无党派人士的民主监督作用、建立健全我国监督机制的一项创举，是加强政府和司法部门同人民群众联系的有效渠道。特约人员工作制度契合我国经济社会发展的时代背景，顺应加强社会主义民主政治建设的时代要求，在依法执政理念推动下，不断加强对民生热点问题的关注。长期以来，各地各部门落实中共中央文件精神，完善特约人员工作制度和实施办法，使特约人员工作有章可循、有规可依，有力地促进了民主监督制度化、规范化发展。

特约人员的路越走越宽

监察部在 1989 年 12 月聘请了第一批特邀监察员，此后最高人民检察院、审计署和教育部相继聘请特约人员，“特约四员”工作在全国范围逐步开展，形成了基础的工作格局。随着民主监督不断深入，特约人员队伍不断壮大，工作领域不断拓展。进入 21 世纪以来到 2009 年底，两高、教育、监察、国土、环保、审计和税务等中央国家机关先后共聘请民主党派、工商联成员和无党派人士担任特约人员 431 人次，担任现职的特约人员有 132 人。地方政府有关部门和司法机关先后共聘请党外人士担任各类特约人员 5.1 万多人，省级政府有关部门和司法机关聘请特约人员中有党外人士 2228 人。一些聘请单位在本系统建立了全国性的特约人员队伍。从特约人员组成看，涵盖了政府机关、司法机关、企事业单位、高校和科研院所等，还有来自新社会阶层的一些优秀人士，各级人大代表、政协委员也占一定比例。从专业背景看，很多特约人员都是各领域各行业的专家学者和社会知名人士，具有知识层次高、社会联系面广、工作经验丰富、责任心强等特点。与此同时，特约人员工作领域不断拓展，从纪检监察机关延伸到行政执法以及与群众切身利益密切相关、社会高度关注的领域；监督内容从单一部门监督扩大到政风行风监督、廉政监督和效能监督等方面。

特约人员工作越干越实

担任特约人员的民主党派成员坚持正向发力，紧密围绕“科学发展”，紧贴改革难题，紧盯民生保障开展调研检查、咨询问政，将民主监督寓于参政议政之中，体现民主监督实效。例如，最高人民检察院组织特约检察员直接参与检察业务工作，参加有关大案要案讨论会、案情通报会，审阅有关案件的案卷，还组织考察典型公诉案件的庭审和监狱检察工作；2010 年国土资源部邀请民主党派中央领导同志率领特邀国土资源监察专员考察团，赴多地开展专项监督考察，形成报告得到中共中央领导同志的重视；汶川大地震后，监察部邀请 6 名特邀监察员参加抗震救灾资金物资检查组，民革中央委员王丽方提出了“进一步摸清灾民安置点活动板房需求数量”的建议，得到中共中央领导同志的重要批示，直接节约活动板房 5 万多套；教育部特约教育督导员积极参与各项教育督导和调研活动，民进中央委员庞丽娟就幼儿教育存在的问题多次向全国人大及有关部门呼吁，引起重视，有关建议吸纳进《国家中长期教育改革和发展规划纲要（2010—2020）》；审计署特约审计员就加强依法审计、建设高素质审计队伍等提出报告；国家税务总局采纳特邀监察员、民革成员印铧提出合并开发税务软件的建议，建设“金税工程”，列入“十一五”规划重点工程。随着特约人员开展民主监督方式的变化、监督层面的深入、监督链条的延展，监督工作的质量和效能得到大幅提升，实实在在地发现和推动解决了一批影响司法公正、制约民生改善、有悖于科学发展的问题，体现了民主监督真监督、真管用、真帮忙的优势，赢得了良好的社会声誉。

特约人员作用发挥更加广泛深入

特约人员来自社会各方面，具有广泛的群众基础，他们积极反映社情民意，在密切党、政府与人民群众的联系方面发挥了独特作用。监察部建立了特约人员信访接待制度，自 2003 年至 2008 年的 5 年间，全国各级监察机关特约监察员共转呈群众来信 1.3 万件，接待群众来访 2 万余人次。与此同时，一些地方检察机关设立了特约检察员接待日，特约检察员直接协助检察机关处理人民群众的举报和来信来访。一些税务系统的特约监察员深入企业调查研究，召开纳税人座谈会，或以开展现场办公等方式直接听取社会各界对税务工作的意见和建议，并及时反馈，监督整改，并协助向社会各界宣传税法，增进社会各界对税收工作的理解和支持，通过双向发力，达到促进理解，改进工作，促进社会和谐的目的。可见，随着特约人员履职方式的多样化，相关部门与人民群众的联系渠道得以拓展，民主监督的社会效应也进一步显现。

3. 社会服务：毕节试验区——多党合作新的试验田

贵州毕节试验区的建立，旨在通过对经济社会发展严重滞后、农村贫困程度深、生态环境极差的毕节地区进行改革试验，探索一条喀斯特山区农民脱贫致富、实现经济社会协调发展之路。为切实支持试验区建设，统一战线提出了“以定点扶贫为途径，以智力支持为主线”的工作思路，参与各方制订计划，完善帮扶机制。在试验区探索、试验、改革、发展过程中，各民主党派直接参与各项改革试验，开辟了毕节试验区——多党合作新的试验田。

胡锦涛请民主党派把脉山区脱贫

1986年，胡锦涛出任中共贵州省委书记满一年。这一年间，他走遍了贵州省86个县市区，走进大山深处的毕节海雀村，挨家挨户访贫问苦，走到当地干部群众中了解生产生活困难，向省里的老领导请教，向专家学者问计，想方设法要给这个世代贫困的地方找到一条科学的致富路。1987年12月7日至18日，国务院发展中心研究员李学智、张忠发深入贵州调研生态问题，其间胡锦涛与调研组座谈，提出了建立毕节试验区的初步想法，经过反复打磨，1988年1月，贵州省正式提出了建立“毕节开发扶贫、生态建设试验区”的构想，上报国务院。4月，胡锦涛向时任国务院副总理田纪云汇报了这一想法，得到了肯定。在京期间，胡锦涛主动向民主党派寻求智力支持，邀请各民主党派中央、全国工商联负责人举行座谈会，争取中共中央智力支边协调小组帮助。5月，九三学社中央副主席徐采栋带队赴黔开展为期13天的调研，之后向中共中央提交了报告，支持建立毕节试验区，为西部地区开发扶贫、生态建设积累经验。此后成立了由时任民盟中央副主席、著名科学家钱伟长任组长的试验区专家顾问组。当年在中央统战部倡导组织下，一个由各民主党派知名专家学者组织成的帮扶毕节发展的智囊团——“支援贵州毕节试验区规划实施专家顾问组”成立，各民主党派中央和全国工商联与毕节相关区县建立起“一对一”对口帮扶机制，至此统一战线参与毕节试验区建设的大幕缓缓拉开。[1]

---

1 包俊洪著:《合作与奉献——毕节试验区专家顾问组20年》, 中央编译出版社2009年版, 第5—6页。

毕节试验区是多党合作的示范区

在试验区探索、试验、改革、发展过程中，各民主党派直接参与各项改革试验，成为中国共产党领导的多党合作、长期共同推进贫困落后地区实现跨越发展的成功案例。为了扎实开展扶贫工作，中央统战部、各民主党派中央和全国工商联与试验区 8 个县市建立了定点扶贫制度。中央统战部和台盟中央与赫章县、民革中央与纳雍县、民盟中央和致公党中央与七星关区、民建中央与黔西县、民进中央与金沙县、农工党中央与大方县、九三学社中央与武威县逐一建立定点帮扶关系，大力帮扶相关地区发展经济、改善民生。这期间，民主党派中央领导多次带队深入实地搞调研、摸情况、提建议，研究发展规划、优化产业布局，提出了大量具有前瞻性的意见。进入 21 世纪，民主党派参与试验区建设全面升级，各民主党派坚持以智力支持为主线、以改善民生为出发点、以生态建设为载体，坚持定点扶贫与定向扶贫并重、建言献策与办实事并重、各自行动与形成整体效应并重，努力把毕节试验区建设成为统一战线服务科学发展的试验区和多党合作的示范区，形成了统一战线推动区域科学发展的生动局面。

试验区结出硕果累累

经不完全统计，自 1988 年设立毕节试验区 30 多年以来，统一战线组织 1166 批 1.2 万多人次专家、学者、企业家赴毕节试验区视察指导、考察投资、扶贫济困，在毕节实施产业扶贫、教育扶贫、医疗扶贫、智力扶贫、公益扶贫、消费扶贫“六项行动”，帮助发展农村特色产业，教育、医疗等基础设施，共投入资金 21.62 亿元，实施帮扶项目 2525 个，新改扩建各类学校200多所，援建乡镇卫生院、村级卫生室200多个，帮助培训各类人才37.78万人次，组织召开6次统一战线参与毕节试验区建设联席会议，协调国家有关部委加大支持毕节试验区政策力度，共出台28个差别化政策。30多年来，中央统战部牵头建立健全统一战线参与支持毕节试验区建设工作联席会议制度、定点联系帮扶机制、东部十省市统一战线参与试验区建设工作机制、干部挂职锻炼机制、帮扶工作定期报告制度等机制，协调国家相关部委支持毕节建成了铁路、公路、电厂、机场等一大批重大项目，统一战线全方位、多层次参与试验区建设，同心合力助推毕节改革发展的新格局基本形成，各民主党派中央、全国工商联和有关方面开展对毕节试验区以及其他集中连片贫困地区的社会服务，形成了一批品牌项目。

——民革中央定点帮扶纳雍县，打造"同心·博爱"工作品牌。争取纳雍火电厂、科技富民强县、高速公路、水库和"国家贫困地区义务教育工程"等重大项目落地，补齐农村公共服务短板。累计投入资金3000多万元，援建希望学校等。开展各类人才、干部培训4686人次，教师10218人次，医护人员2320人次，农技人员1600多人次。动员民革全体成员开展消费扶贫，助力"黔货出山"。

——民盟中央定点帮扶七星关区，打造"同心·助学"工作品牌。协调东部10个省市民盟组织对口帮扶毕节47所小学，累计捐款捐物达3000余万元，培训一线教师1万余人次。开展"名医大讲堂""增爱义诊""明眸工程""健康心动""新肝行动"等医疗扶贫活动，免费救治贫困患者700余人次，培训当地医护人员2000余人次。联合社会力量开展的医疗扶贫"天使工程"为当地节约资金6000万元。

——民建中央定点帮扶黔西县，打造"同心·思源"工作品牌。协调有关部门把黔西县纳入全国小型农田水利重点建设示范县、国家绿色农业示范区建设单位。推动黔西电厂二期、黔西附廓水库加高扩建工程等重大项目。实施“百千万”工程、“千名乡村骨干教师培训计划”；动员东部及部分西部省市级组织结对帮扶黔西县16个贫困村；累计实施帮扶项目500多个，捐赠帮扶资金8300多万元，协调项目建设资金3亿多元，促成招商引资签约资金100多亿元，引导6家民建会员企业落户黔西兴业。

——民进中央定点帮扶金沙县，打造“同心·彩虹行动”工作品牌。协调各级民进组织与金沙县26个乡镇和县直学校建立教育对口支援关系，为金沙县举办培训班230多期、培训4万余人次，捐赠图书120余万册，援建75个开明书屋。协调中日友好医院对口帮扶金沙县中医院。协调财政部在金沙县实施农业综合开发高标准农田建设，科技部在金沙实施“岩溶山区生态农业环境保护与修复技术示范工程”“岩溶山区生态农业环境保护与修复技术示范工程”。

——农工党中央定点帮扶大方县，打造“同心·助医”工作品牌。培训农技人员及农民1.5万人次。实施“同心助医工程”及“同心全科医生特岗人才计划”，帮助大方县完成29个乡镇309个村卫生室的标准化规范化改造。帮助建立大方同心产业园（贵州大方经济开发区）并引进117家企业入驻，争取大方火电厂等重点项目落地大方县。

——致公党中央定点帮扶七星关区，打造“同心·致福”工作品牌。争取科技部在毕节实施高寒山区设施农业项目等重点项目，多家企业入驻致福光谷，解决900余人就业。投入资金2250万元资助毕节试验区90名贫困学生免费在京学习6年，开展致福送诊、百医培训、致福村医培训活动，培训医务人员2415人次，诊疗患者8220人次，惠及158万群众。

——九三学社中央定点帮扶威宁自治县，打造“同心·智力行”工作品牌。为草海治理与保护、威宁机场及火车站建设等项目争取到国家层面支持；协调有关企业落户威宁发展，投资累计达18亿元；实施“亮康工程”行动、“同心康福”行动，免费救治白内障患者、脑瘫患者、脊柱侧弯患者 6370 名；开展“同心树人”教育帮扶活动，组织 26 所教育发达地区优质学校与威宁 24 所学校签订友好协议，培训教师 5387 人次。

——台盟中央定点帮扶赫章县，打造“两岸同心·助学”工作品牌。设立 20 个同心书屋和 10 个同心电教室，开展“筑梦”系列培训活动，培训中小学校长、一线教师和乡村医生 1 万余人次。协调社会各方援建赫章县 5 所小学教学楼，建设新农村卫生室 40 所。协调国家文物局正式立项可乐古遗址公园建设项目。组织赫章县小学生到北京、上海参加“两岸中华文化研习营”等活动，组织台商到赫章县考察投资。

……

毕节试验区走过 30 多年，创造了人类历史上生存和发展的奇迹：在中共中央、国务院的亲切关怀下，在统一战线的倾力支持下，毕节 7 个贫困县全部实现脱贫摘帽，1981 个贫困村全部出列，累计减少贫困人口 675.28 万人；铁路运营里程达 538 公里，毕节迈入“高铁时代”；高速公路通车里程达 981 公里；毕节飞雄机场直飞 21 个城市、通过 134 个城市；实现建制村通沥青、水泥路和“组组通”硬化路。2019 年，毕节试验区生产总值从 1988 年的 23.4 亿元增加到 1901.36 亿元，城镇和农村居民人均可支配收入分别从 795 元、376 元增加到 32638 元、10364 元，森林覆盖率从 14.9% 提高到现在的 56.45%……奇迹的背后，凝聚着统一战线各界人士与中国共产党同甘共苦、同心协力、同舟共济的一片赤诚。

30 多年来，毕节试验区走出了一条不平凡脱贫致富路，在中国共产党的领导下，多党合作实实在在地让一个世代贫困之地发生了翻天覆地的变化，这一事实再次雄辩地证明了新型政党制度深深扎根于中国社会，真切推动中国特色社会主义民主政治稳步向前，并汇聚形成了推动建设小康社会，实现科学发展的蓬勃助力，也昭示着在民族复兴的伟大征程，多党合作作为基本政治制度必将继续发挥重要的作用。

第六章

共圆中国梦

中国新型政党制度

时代新曲

70多年前，中共中央发布『五一口号』，号召『各民主党派、各人民团体、各社会贤达，迅速召开政治协商会议』。

70多年后，习近平总书记在全国政协十三届一次会议民盟、致公党、无党派人士、侨联界委员联组会上发表重要讲话，强调『中国共产党领导的多党合作和政治协商制度作为我国一项基本政治制度，是中国共产党、中国人民和各民主党派、无党派人士的伟大政治创造，是从中国土壤中生长出来的新型政党制度』。

70多年弹指一挥间，中国新型政党制度伴随中国革命、建设、改革实践而产生、发展和完善。它从薪火相传的文明传承中走来，从战火烽烟的近代历史中走来，从激情燃烧的革命、建设、改革实践中走来，在全面开启社会主义现代化国家建设的历史时刻，必将凝聚起中华民族伟大复兴的最大同心圆，昂首阔步走向未来。

中共十八大以来，以习近平同志为核心的中共中央高度重视多党合作事业，着眼于发展社会主义民主政治、推进国家治理体系和治理能力现代化、实现『两个一百年』奋斗目标和中华民族伟大复兴中国梦，就新时代多党合作事业发展提出了一系列新理念、新思想、新战略，做出了一系列重大决策部署，为新时代多党合作发展指明了方向。

一 中国特色新型政党制度

政党制度是现代政治文明的重要制度，是一个国家政治制度的支柱之一。一个国家实行什么样的政党制度，是由该国国情决定的，随着国家政治实践的推进逐渐演变、发展完善。中国新型政党制度的产生、发展和完善就是如此。

1. 其源有自：新型政党制度从哪里来

20 世纪 80 年代末 90 年代初，国际国内局势复杂，新自由主义沉渣泛起，在全球兴风作浪。时任英国首相撒切尔夫人有一句著名的口头禅——你将别无选择！意思是说除了资本主义制度，没有其他制度可挑选。

美国日裔政治学者弗朗西斯·福山 1989 年在其著作《历史的终结》中提出“历史终结论”，称自由民主制已经成为“人类政府的最后形式”，历史将终结在这里。福山所说的终结，是指西方国家的两党制、多党制和议会制等资本主义体制将一统天下，共产党领导的共产主义体制最终会改弦更张，很快寿终正寝。

1989年东欧剧变，尤其是1991年苏联解体，几个社会主义国家红旗落地，似乎印证了福山的观点。

人们的目光投向中国，走了一条与西方政治制度不同道路的、仅存的社会主义大国，会是下一个被终结者吗？

30多年过去了，中国给出了强有力的答案，中国特色社会主义道路不但没有终结，而且在中国共产党的领导下，走出了一条与西方国家完全不同的社会主义现代化道路，打破了发展中国家现代化对西方国家的“路径依赖”。中国共产党同各民主党派长期共存、互相监督、肝胆相照、荣辱与共，形成了共同致力于中国特色社会主义的强大凝聚力，形成了中国特色社会主义新型政党制度。

2018年3月4日，习近平总书记在看望参加全国政协十三届一次会议的民盟、致公党、无党派人士和侨联界别委员时，首次提出“新型政党制度”概念，并阐述了这一制度的重要地位和巨大特点优势，指出：“中国共产党领导的多党合作和政治协商制度作为我国一项基本政治制度，是中国共产党、中国人民和各民主党派、无党派人士的伟大政治创造，是从中国土壤中生长出来的新型政党制度”，是“对人类政治文明的重大贡献”。

中国新型政党制度不是舶来品，它源自中国土壤，根植于中国文化。中国古代历史上，有“政”有“党”，但无“政党”，所谓的“党”多是封建朝臣或士大夫为共同利益和目标而形成的结合体，被称为“朋党”。中国政党制度的形成经历了一个十分漫长而艰辛的探索过程。1911年辛亥革命成功，开启了民主共和的新纪元，开始仿效西方搞多党制、议会制，各种势力纷纷组建政党，“集会结社，犹如疯狂，而政党之名，如春草怒生”。

当时具备政党性质的有312个，号称党、团、会、社的新兴团体多至682个。[1]但历经宋教仁遇刺、“二次革命”、袁世凯称帝、废除国会、宣布国民党非法等事件，多党议会制最终寿终正寝。而后，国民党蒋介石搞一党专制，奉行一个主义、一个政党、一个领袖，最后以失败而告终。

面对民族危机和国家危难，中国共产党以国家富强、民族振兴、人民幸福为己任，引领中国人民奋起抗争。各民主党派和无党派人士在反对专制、争取民主的斗争中，逐渐认识到只有中国共产党才能拯救中国，只有跟着中国共产党走才有光明前景。1948年4月30日，中共中央发布“五一口号”，民主党派和无党派人士热烈响应。1949年9月，中国人民政治协商会议第一届全体会议召开，标志着中国共产党领导的多党合作和政治协商制度正式确立。1956年，社会主义改造基本完成，中国共产党提出“长期共存、互相监督”的方针，社会主义条件下中国多党合作的基本格局得以确立。改革开放后，明确多党合作制度是我国政治制度的一个鲜明特点和优势，提出“长期共存、互相监督、肝胆相照、荣辱与共”的方针，将“中国共产党领导的多党合作和政治协商制度将长期存在和发展”载入宪法，坚持和完善中国共产党领导的多党合作和政治协商制度成为中国特色社会主义理论和实践的重要组成部分。进入21世纪，中共中央先后颁发《中共中央关于进一步加强中国共产党领导的多党合作和政治协商制度建设的意见》《中共中央关于加强人民政协工作的意见》等文件，多党合作进一步制度化、规范化、程序化。

中共十八大以来，以习近平同志为核心的中共中央加强对多党合作事业的全面领导，作出一系列重大决策部署，召开中央统战工作会议、中央政协工作会议等，发布加强社会主义协商民主建设的意见、加强人民政协

1 陈延武著：《万水朝东：中国政党制度全景》，生活·读书·新知三联书店2011年版，第18页。

协商民主建设的实施意见、加强政党协商的实施意见、加强中国特色社会主义参政党建设的意见等重要文件，作出“新型政党制度”的重大政治论断和理论概括，中共十九大把坚持和完善中国共产党领导的多党合作和政治协商制度纳入党的基本方略，发布《中国新型政党制度》白皮书。多党合作制度更加成熟定型，多党合作政治格局不断巩固和发展，在国家政治生活中发挥了越来越重要的作用。

2. 政治创造：中国新型政党制度的特点优势

“共产党领导、多党派合作，共产党执政、多党派参政”构成了中国新型政党制度的鲜明特征。在中国新型政党制度框架下，中国共产党是执政党，是中国特色社会主义事业的领导核心，引领多党合作正确的政治方向；八个民主党派是接受中国共产党领导的中国特色社会主义参政党，是中国共产党的好参谋、好帮手、好同事，同中国共产党亲密合作、团结奋斗，共同致力于中国特色社会主义事业。这一具有独特优势和鲜明特色的政党制度，在政治参与、利益表达、社会整合、民主监督、维护稳定等方面展现了巨大的制度优势。

在“3·4”重要讲话中，习近平总书记从历史和现实、从中国和西方对比的角度，用“三个新”和“三个有效避免”对新型政党制度的优势作出系统完整的阐述。

——新就新在，它是马克思主义政党理论同中国实际相结合的产物，能够真实、广泛、持久代表和实现最广大人民根本利益、全国各族各界根本利益，有效避免了旧式政党制度代表少数人、少数利益集团的弊端。

——新就新在，它把各个政党和无党派人士紧密团结起来、为着共同目标而奋斗，有效避免了一党缺乏监督或者多党轮流坐庄、恶性竞争的弊端。

——新就新在，它通过制度化、程序化、规范化的安排集中各种意见和建议、推动决策科学化民主化，有效避免了旧式政党制度囿于党派利益、阶级利益、区域和集团利益决策施政导致社会撕裂的弊端。

新型政党制度是对我国政党制度性质、功能和价值的科学概括，标志着对我国政党制度的认识达到一个新高度。

——丰富了习近平新时代中国特色社会主义思想。中国共产党领导的多党合作和政治协商制度，是“马克思主义政党理论同中国实际相结合的产物”，“它不仅符合当代中国实际，而且符合中华民族一贯倡导的天下为公、兼容并蓄、求同存异等优秀传统文化”，明确了中国新型政党制度的理论、实践和文化渊源，深化了对中国特色社会主义民主政治建设规律的认识，开辟了中国特色社会主义民主政治理论发展的新境界。

——展示了中国特色社会主义政治发展道路的坚定自信。中国新型政党制度的孕育、形成和发展，是坚持走中国特色社会主义政治发展道路的生动写照和丰硕成果。从历史维度看，这一制度是对民国初年多党制、国民党一党独裁的超越；从现实维度看，是对西方政党制度的超越。当代“中国之治”与风雨飘摇、积贫积弱旧中国的纵向对照，与“西方之乱”的横向对比，充分说明中国新型政党制度走对了、找准了，具有无可比拟的独特价值优势。

——彰显了中国特色社会主义民主政治的独特优势。我国新型政党制度，通过一系列行之有效的制度安排，实现了形式民主与实质民主相统一、程序民主与实体民主相结合、选举民主与协商民主相促进，最广泛、最真实、最大限度地维护了人民的根本利益，它既不是中国传统政治的“再版”，也不是西式民主的“翻版”，而是经过反复比较、长期探索、实践验证的

“中国原版”，体现了人民当家作主的社会主义民主本质。

——指明了新时代多党合作事业前进方向。新型政党制度是民主集中制的重要体现，既强调中国共产党的领导，也强调发扬社会主义民主，通过政治协商、民主监督、参政议政，求得最大公约数，画出最大同心圆。习近平总书记的明确要求、殷切期望，系统阐释了新时代多党合作“怎么做”“做什么”“怎么做好”等关键问题，为坚持好、发展好、完善好中国新型政党制度提供了重要指导和遵循，指明了新时代多党合作事业的前进方向。

3. 智慧结晶：人类政治文明的中国方案

从站起来、富起来到强起来，“中国为什么能”的问题日益启发人们从制度角度去探寻答案。国际上对中国政党制度越来越关注，特别是很多发展中国家由过去的热衷“西天取经”，转而寻找“东方宝典”，世界政党政治发展出现了“向东看”的新趋向。

中欧数字协会主席路易吉·甘巴尔代拉指出：“中国政治制度的突出优势在于，中国共产党能够团结其他政党，在共同协商的基础上制定出务实而长远的发展规划，并且一道为实现远大目标而奋斗。”

英国剑桥大学政治与国际关系学院资深研究员马丁·雅克感慨道：“西方国家的长期论点是，多党制是民主的一大优势，能够防止政党僵化和停滞。然而事实上，中国共产党找到了使自己保持活力与年轻的方法，而西方的政党却越来越疏远其代表的人民。”

《华盛顿邮报》评论员威尔则感叹多党竞争中政府执行效率的低下：“美国在大萧条时代花了 410 天建起帝国大厦，在战时花 16 个月建造了五角大楼，如今在圣迭戈造一座海水淡化厂都需要花9年时间才能通过审批。”[1]

这些充分说明，我国政党制度具有独创性和优越性，没有任何理由妄自菲薄，也没有任何必要照搬西方。习近平总书记在“3·4”重要讲话中强调指出，中国新型政党制度“不仅符合当代中国实际”，而且“是对人类政治文明的重大贡献”，与习近平总书记提出的“人类命运共同体”理念内涵相通、相互呼应，传递出为人类对更好社会制度探索提供中国智慧、中国方案的底气和自信。

中国新型政党制度以其鲜明的中国特色、中国气派，为世界政党制度发展提供了有益借鉴，是对政党制度理论体系的丰富，也是对人类政治文明发展的重大贡献，对提升我国政治制度的国际话语权、提升中国大国形象，提供了坚实支撑。

——它创造了一种新的政党制度模式。目前世界200多个国家和地区中，绝大多数存在政党并实行政党政治，由于国情和政治文化传统不同，形成了多种类型的政党制度，最基本和普遍采用的有一党制、两党制、多党制。我国的政党制度，既不是缺乏民主的一党制、相互竞争的多党制，也不是所谓的“多党联合执政”，而是中国共产党领导的多党合作制。中国共产党领导是我国政党制度的根本特点和独特的政治优势，也是区别于西方两党制、多党制的显著特征。多党合作是我国政党制度的精髓所在和鲜明特色，并形成了长期稳定发展的基本格局。共产党领导与多党派合作的有机结合，体现了奋斗目标和方向的一致、政治团结和有序参与的扩大，形成了一党领导、多党合作、互相监督的独特优势，保证了多党合作的正确方向和旺盛活力。

——它创造了一种崭新的政党关系。从世界各国的政党关系看，大体

1 钟声：《中国新型政党制度带给世界的启示》，《人民日报》2018年3月10日第3版。

有三种基本模式：一是互相竞争模式，二是一党专政模式，三是既联合又竞争模式。我国政党制度中，中国共产党与各民主党派完全不同于上述三种模式，而是一种合作与和谐关系。这种合作，建立在共同的政治基础上，遵循共同的政治准则，具有国家宪法和政策保障，通过广泛凝聚各民主党派、无党派人士的智慧力量为实现共同目标而团结奋斗；这种和谐，是中国共产党与各民主党派在合作共事中生死相依、肝胆相照、荣辱与共的境界和状态，民主党派不是中国共产党的对手，而是亲密友党；中国共产党执政积极为各民主党派参政创造条件，各民主党派参政积极协助执政党更好兴国为民；执政党和参政党的互相监督不是彼此倾轧，而是作为挚友和诤友提出不同意见和批评。正是这种合作和谐的政党关系，形成了执政党一心一意谋发展、参政党同心协力助发展的政治局面。

——它创造了一种崭新的执政方式。中国共产党作为执政党，并不独揽国家政权，支持各民主党派独立自主地处理内部事务，民主党派通过参政议政、民主监督、参加中国共产党领导的政治协商，广泛参与国家政治和社会事务，帮助中国共产党更好地执政。在中国新型政党制度中，按照制度化、程序化、规范化的安排，集中各种意见和建议、推动决策科学化民主化，有效避免了旧式政党制度囿于党派利益、阶级利益、区域和集团利益决策施政导致社会撕裂的弊端。

实践证明，新型政党制度不仅是中国独有、适合中国国情的制度模式，而且是世界政党发展史上的一种崭新模式，是中国为世界政党制度提供的中国方案，是中国对人类政治文明作出的重大贡献。中国共产党和中国人民完全有信心为人类对更好社会制度的探索提供中国方案。

二 独树一帜：政党协商

政党协商是中国共产党同民主党派基于共同的政治目标，就党和国家重大方针政策和重要事务，在决策之前和决策实施之中，直接进行政治协商的重要民主形式，是中国新型政党制度的重要内容，是适合中国国情、具有鲜明中国特色的制度安排。

政党协商虽然是新名词，但实际上，政党协商从新中国成立伊始就已经在运行，形成了很多好经验、好做法。

它源于中国革命、建设、改革实践，具有独特的魅力和优势，在国家政治生活中发挥着重要作用。

1. 民主新途：从“三三制”政权说起

海纳百川，有容乃大。具有广阔胸襟的中国共产党自成立以来，就努力为实现人民的民主权利而奋斗。抗日战争时期，中国共产党在陕甘宁边区创造了一系列符合边区特点、方便群众参与的民主形式。在政权机构和民意机关组成人员的分配上，实行“三三制”，即共产党员占三分之一，非党的左派进步分子占三分之一，中间派占三分之一。按此原则，李鼎铭作为开明绅士代表被选为米脂县参议会议长、陕甘宁边区参议员。他在陕甘宁边区第二届参议会第一次会议上提出了《政府应彻底计划经济，实行精兵简政主义，避免入不敷出的经济紊乱之现象》议案，主张要解决边区经济薄弱、人民生活困苦等问题，并使经济和军政平衡发展需实行“精兵简政”措施，这些建议遭到一些人的非议。为此，毛泽东在李鼎铭的议案旁写了这样一段批语：这个办法很好，恰恰是改造我们机关主义、官僚主义、形式主义的对症药。在毛泽东的支持下，精兵简政议案顺利通过并在边区实施。事后，李鼎铭说：“我对于新民主主义的信仰，在我服务政府的四年中，证明是正确的了……毛泽东的思想不只是他个人的意见，正是群众的意见。他做的事情正是老百姓想做能做的事情。”[1]

广开言路，善于协商，认真听取并吸纳党外人士的意见，是中国共产党的一个优良传统。毛泽东在《抗日根据地的政权问题》中，要求全党“必须教育担任政权工作的党员，克服他们不愿和不惯同党外人士合作的狭隘性，提倡民主作风，遇事先和党外人士商量，取得多数同意，然后去做。同时尽量地鼓励党外人士对各种问题提出意见，并倾听他们的意见”。

从抗日战争时期中国共产党和民主党派建立协商合作关系、勠力民主建国，到解放战争后期协商建国，以至于当今推进国家治理体系和治理能力现代化，在事关重大政治决断的每一个历史节点上，在重大协商民主实践的每一个历史过程中，政党协商都发挥了重要的作用。政党协商伴随中

1 王玉柳：《毛泽东赞“精兵简政”》，《人民日报》2018 年 4 月 24 日第 18 版。

国新型政党制度的探索、建立、完善而逐步发展，呈现出清晰的脉络。

——探索和初步形成阶段。中国共产党对多党合作和政治协商问题的理论思考和政治实践，早在民主革命时期就开始了。在敌后抗日根据地建立“三三制”政权，实行选举与协商相结合的民主制度形式；在国统区通过国民参政会加强同各民主党派的沟通、协商，旧政协会议召开期间中国共产党同民盟等党派凡遇重大问题事先交换意见。新中国成立初期，中国共产党探索创造了人民政协会议、协商座谈会、双周座谈会、最高国务会议等协商形式，就党的统一战线和新中国的政治、经济、国防、社会等重大问题，同民主党派和无党派民主人士协商、听取意见。中国共产党和政府一些重要法律、政策及重大问题，如土地改革、抗美援朝、社会主义改造、制定《婚姻法》等，中共中央都与各民主党派中央负责人和无党派民主人士沟通协商。同时，中共领导人还与民主党派领导人经常小范围或单独会晤，听取意见，如黄炎培曾就土改、征粮、税收、改变土葬风俗等问题直接向毛泽东提出建议，在巩固人民民主专政的国家政权、协调阶级阶层关系等方面发挥了重要作用。改革开放初期，中国共产党就落实知识分子和工商业者的政策、发展经济、搞好对外开放、实现祖国统一、帮助中共整党等重大问题先后同民主党派、无党派人士积极协商、听取意见，为实现党和国家工作重心转移、推进社会主义现代化建设发挥了重要作用。

——发展和逐步完善阶段。中共十一届三中全会以后，随着多党合作事业的恢复和发展，政党协商呈现出不断发展态势。1984年12月21日，中共中央邀请各民主党派中央和无党派人士举行座谈会，时任中央书记处书记习仲勋在会上指出：“今后中国共产党和各民主党派、无党派人士的民主协商、互相监督，一要广、二要深，要形成制度”，“凡是重大问题都要和党外朋友协商”，“民主协商要采取多种方式进行，如通报情况、专题报告”等。[1] 1989 年《意见》，把“加强中国共产党和各民主党派之间的合作与协商”作为多党合作的重要内容确立起来。2005 年《意见》，从原则、形式、内容、程序等方面对开展政治协商作出进一步规范。2010 年，中共中央办公厅就中共党委省级层面政治协商的内容、程序等印发文件，作出规定。这些文件的颁发和实施，使政党协商在制度化、规范化、程序化的轨道上稳步推进。

——完善和全面提升阶段。中共十八大以来，以习近平同志为核心的中共中央高度重视政党协商，出台一系列制度规定，2015 年 1 月颁发《中共中央关于加强社会主义协商民主建设的意见》，首次提出“政党协商”概念，并置于社会主义协商民主 7 种协商渠道之首；2015 年 5 月制定《中国共产党统一战线工作条例（试行）》，把“参加中国共产党领导的政治协商”确定为民主党派的基本职能之一，明确了政党协商的形式、内容；2015 年 10 月印发《关于加强政党协商的实施意见》，进一步明确了政党协商的基本内涵、地位作用、主要内容、形式程序和保障机制，对各级党委开展政党协商提出明确要求，实现了政党协商有制可依、有规可守、有序可循。中共各级党委根据中共中央法规和文件精神，结合实际情况，就协商内容、形式、程序和办理落实协商意见等作出相应规定，形成了自上而下高度重视政党协商、规范有序推动政党协商的浓厚氛围。目前，政党协商初步形成了以国家宪法为保证、以中央文件为主体、以相关配套意见为补充的制度保障，政党协商内容明确、形式固定、程序完备、机制健全，已成为国家政治生活中常态化的制度安排。

---

1 徐心华、邹爱国:《中共中央举行座谈会向各民主党派负责人等党外人士介绍整党情况》,《人民日报》1984 年 12 月 23 日第 1 版。

2. 协商民主：政党协商的理论政策

政党协商是中国共产党领导的多党合作和政治协商制度的重要内容，是社会主义协商民主体系的重要组成部分，是中国共产党提高执政能力的重要途径。政党协商拥有比较深厚的理论和完善的政策。

政党协商的特点

——政党性。政党协商是有组织的政治参与，是中国共产党与党外人士团结合作的特有形式。政党协商是执政党与参政党之间的直接协商。民主党派作为中国特色社会主义参政党,与中国共产党同为政党协商的主体，政党协商不是个体的自发行为，而是组织化的有序政治行为和过程，制度化和组织性是其显著特点。

——权威性。主要是对党和国家发展中具有根本性、全局性、战略性的重大问题进行真诚协商，协商结果往往会转化为党和国家的重大决策，并在实践中实施。

——高层性。政党协商是政党之间的政治行为，在执政党和参政党领导之间开展。中央层面政党协商通常由中共中央总书记亲自主持，各民主党派中央主席参加。

政党协商的内容

中国共产党同民主党派主要就中国共产党全国和地方各级代表大会、

中共中央和地方各级党委有关重要文件的制定、修改；宪法的修改建议；有关重要法律的制定、修改建议，有关重要地方性法规的制定、修改建议；人大常委会、政府、政协领导班子成员和监察委员会主任、法院院长、检察院检察长建议人选；关系统一战线和多党合作的重大问题等开展政党协商。

政党协商的形式

在长期的实践中，政党协商形成了民主协商会、座谈会、情况通报会等会议协商形式，2015 年又创造了另一种重要协商形式，即调研协商座谈会。除会议协商外，还有各民主党派中央向中共中央、国务院提出书面意见建议的协商形式，中共中央有关领导同志与民主党派中央领导不定期约谈的协商形式等。

这些协商形式在《关于加强政党协商的实施意见》中予以规范，明确为会议协商、约谈协商、书面协商三种形式，其中会议协商包括专题协商座谈会、人事协商座谈会、调研协商座谈会和其他协商座谈会等。

政党协商的程序

就会议协商的程序而言，主要分为协商计划制订、协商前的准备、召开会议进行协商以及协商后的落实和反馈四个环节。

协商计划制订。每年年初，中共中央办公厅会同中共中央统战部等部门，在广泛听取民主党派中央意见建议的基础上，研究提出全年会议协商计划，确定议题、时间、参加范围等，报中共中央政治局常委会审议通过后，通报民主党派中央。

协商前的准备。中共中央办公厅会同中共中央统战部，根据全年协商计划制订具体工作方案并组织实施。每次会前，一般提前10天告知民主党派中央；有关部门一般提前5天提供文件稿，民主党派中央负责同志集中阅读，相关部门负责同志作解读说明；民主党派中央集体研究准备意见建议。通过加强与有关部门的工作联系，协助民主党派搞好考察调研，提高协商议政的针对性和实效性。

召开会议进行协商。中共中央负责同志作有关情况说明，民主党派中央主要负责同志发表意见建议，进行交流讨论。

协商后的落实和反馈。明确规定需要办理的协商意见由中共中央办公厅会同中共中央统战部交付有关部门办理，相关部门根据实际期限给予落实，不能落实的要说明情况。中共中央办公厅每年对有关部门办理落实情况进行督查。

政党协商的显著优势

政党协商是我国政党制度和协商民主制度的重要内容，既是多党合作之魂，又是协商民主之基，深深嵌入了我国的国家治理体系，具有三大优势。

——是人民民主的重要形式，具有独特的制度优势。中国共产党与各民主党派基于共同目标，围绕国家重大方针政策和重要事务充分协商，体现着人民当家作主与中国共产党领导的统一，避免了一党独断专行和多党竞争倾轧的弊端，具有社会主义民主的广泛性、包容性和真实性，是对世界政治文明作出的重要贡献。

——体现了中国特色政党政治的重要特征，巩固并发展了社会主义和谐政党关系。中国共产党就国家大政方针、政治生活中的重大事项、经济和社会发展中的重要问题同各民主党派进行协商，各民主党派也经常通过书面协商等形式主动向中国共产党提出意见建议，更好地实现人民当家作主的权利，增强了民主党派成员及其所联系群众对中国共产党的向心力，更加自觉地团结在中国共产党的周围。正是通过政党协商，凝聚共识、增进团结，巩固了团结、合作、和谐的政党关系。

——是推进国家治理体系和治理能力现代化的重要平台。政党协商深深嵌入我国的国家治理体系，在长期实践中形成了多种形式和完善的程序机制。中国共产党坚持在决策之前和决策实施之中，同各民主党派通过政党协商这个制度化的平台，充分表达、交换意见，民主平等的协商，既扩大了有序政治参与、广泛凝聚起社会各方面智慧和力量，又促进了党和国家治理决策的科学化、民主化，提升了国家治理能力和水平。

3. 魅力所在：一道亮丽的风景线

以习近平同志为核心的中共中央着眼于推进协商民主广泛、多层、制度化发展，进一步完善协商民主制度和工作机制，推动政党协商规范有序、务实高效、充满活力开展，成为党和国家政治生活中的一道亮丽的风景线。

中共中央率先垂范

开展政党协商，需要中国共产党和各民主党派共同努力。

对中国共产党来讲，要加强对政党协商的领导，增强协商意识，用好政党协商这个民主形式和制度渠道，善于协商，有事多商量、有事好商量、有事会商量。

对民主党派而言，要努力提高政党协商能力，担负起政党协商参与者、实践者、推动者的政治责任，做到言之有据、言之有理、言之有度、言之有物，真诚协商、务实协商，道实情、建良言，参政参到要点上，议政议到关键处，不断提高参政议政能力和水平。

坚持协商在决策之前，重视在重要会议召开之前、重要文件颁发之前、重大决策决定之前，听取各民主党派中央的意见和建议。完善政党协商的内容和形式，建立健全知情和反馈机制，增加讨论交流的平台和机会，使协商对凝聚共识、优化决策起到作用。

习近平总书记多次就政党协商作出重要指示，强调要完善政党协商制度，有事多商量、有事好商量、有事会商量。

从 2016 年开始，中共中央政治局常委会每年召开会议审议通过年度政党协商计划，习近平总书记都发表重要讲话。

每年中共中央、国务院领导同志都要多次主持召开政党协商会议，与党外人士共商国是，真诚协商。中共十八大以来，中共中央就党的全国代表大会报告、中央全会报告、制定“十三五”“十四五”规划、加强和规范中国共产党党内政治生活、修订《中国共产党党内监督条例（试行）》等战略性全局性问题，同党外人士真诚协商、听取意见建议。各民主党派中央利用会议协商、书面协商等形式，向中共中央和国务院踊跃建言献策。

各民主党派中央紧扣党和国家中心工作，就加快转变政府职能、打赢“三大攻坚战”、推进“一带一路”建设等重大问题深入调研，积极建言，为党和国家科学、民主决策施策，提供了有力参考。

政党协商作为重大决策的必经程序，成为国家政治生活的常态，展示了新型政党制度的鲜明特色和独特魅力。

各地更加重视协商

在中共中央的示范带动下，政党协商更加规范有序开展起来。目前，各省（自治区、直辖市）制定了政党协商实施细则或年度政党协商计划。对关系当地改革发展稳定中的重大问题，组织民主党派深入考察调研，开展协商座谈，重视听取他们的意见和建议。各地党委普遍建立了民主党派知情明政、意见建议反馈的工作机制。一些地方形成了“党委出题、党派调研、政府采纳、部门落实”的参政议政专题调研模式，有的还形成了“统战部梳理意见建议—办公厅分办—有关部门主办—办公厅催办—统战部反馈”的工作程序，既畅通了党外人士议政建言的渠道，又增强了凝聚共识的广泛性和有效性。

作用效果充分展示

通过政党协商这一平台，民主党派中央所提意见建议，许多得到采纳，有些直接转化为党和国家的决策。比如，平潭综合实验区发展、推进京津冀大气污染协同治理、积极应对区域灰霾污染、深化中央财政科技计划管理改革、“十三五”期间GDP增速的建议、全面放开二孩政策等。实践证明，政党协商这种以团结、合作、协商为特点的民主形式，是社会主义集中智慧力量办大事的制度优势，展示了西方民主不可比拟的广泛性、包容性和真实性。通过政党协商，中国共产党坚持在决策之前和决策实施之中，同各民主党派充分交换意见，广泛凝聚社会各方面智慧，增进共识，团结合作，巩固了和谐政党关系和政治局面，在世界政党政治中独树一帜。

三

“四新”“三好”：参政党建设的根本遵循

中国特色社会主义进入新时代，如何更好地坚持好、发展好、完善好中国新型政党制度，民主党派以怎样的姿态和面貌在新时代建功立业，展现新的更大作为？这是时代之问，也是新时代多党合作必须给出的答案。

中国特色社会主义进入新时代，多党合作要有新气象，思想共识要有新提高，履职尽责要有新作为，参政党要有新面貌。

——习近平总书记 2018 年 2 月 6 日在同党外人士座谈并共迎新春时强调。

希望各民主党派和无党派人士要做中国共产党的好参谋、好帮手、好同事，增强责任和担当，共同把中国的事情办好。

——习近平总书记 2018 年 3 月 4 日在全国政协十三届一次会议民盟、致公党、无党派人士、侨联界委员联组会上强调。

“新气象、新提高、新作为、新面貌”是为“四新”，“好参谋、好帮手、好同事”是为“三好”，习近平总书记的两次重要讲话高瞻远瞩、运筹帷幄，用“四新”“三好”为新时代多党合作定向引航，为参政党建设提供了根本遵循。

“潮平两岸阔，风正一帆悬”。新时代多党合作号巨轮，正在中国共产党的坚强领导下，乘风破浪，笃定前行……

1. 顶层设计：新时代的中国特色社会主义参政党

各民主党派是同中国共产党通力合作的中国特色社会主义参政党，无党派人士是我国政治生活中的一支重要力量。

2013年2月，习近平总书记在党外人士迎春座谈会上的重要讲话中作出这一重大论断，对民主党派的性质作出最新界定，标志着民主党派的性质实现了又一次历史性转变。这其中蕴含着以习近平同志为核心的中共中央对新的时代特征的准确判断，对多党合作规律的深刻理解和把握，也拉开了参政党建设顶层设计的序幕……

实至名归：中国特色社会主义参政党

民主党派性质定位是关系参政党建设的根本性问题，是确立民主党派在多党合作中基本定位、明确基本政策、发挥职能作用、进行自身建设的重要依据。历史证明，正确认识民主党派的性质地位，参政党建设就有了准心，否则，就容易偏离正确方向。

随着我国经济社会发展和阶级关系的深刻变化、多党合作的深入推进和民主党派的发展进步，民主党派的性质也在不断发生变化。

新中国成立前，民主党派是民族资产阶级、城市小资产阶级及其相联系的知识分子的阶级联盟。新中国成立后，各民主党派发展为“具有新民主主义性质”的政党。社会主义改造完成后，各民主党派变成为“一部分劳动者的政党”。随着反右派斗争的扩大化和中共指导思想上“左”的错误，在“文化大革命”期间，民主党派被错误地认定为“资产阶级性”的政党。改革开放后，随着我国阶级关系的深刻变化，民主党派成为“两者政治联盟”，即“各自所联系的一部分社会主义劳动者和一部分拥护社会主义的爱国者的政治联盟”。1989年《意见》首次明确我国各民主党派是“致力于中国特色社会主义事业的参政党”。2005年《意见》明确为“三者政治联盟”，即“民主党派是各自所联系的一部分社会主义劳动者、社会主义事业建设者和拥护社会主义的爱国者的政治联盟”。

中共十八大以来，随着我国经济社会结构的深刻变化，民主党派自身发生了新的变化。习近平总书记2013年2月提出的“各民主党派是同中国共产党通力合作的中国特色社会主义参政党”，首次明确“中国特色社会主义参政党”概念。2015年5月颁发的《中国共产党统一战线工作条例（试行）》，则以党内法规的形式，明确了“中国特色社会主义参政党”的性质，指出“民主党派是接受中国共产党领导、同中国共产党通力合作的亲密友党，是中国特色社会主义参政党”。2020年12月正式颁布的《中国共产党统一战线工作条例》进一步明确：“民主党派是接受中国共产党领导、同中国共产党通力合作的亲密友党，是中国共产党的好参谋、好帮手、好同事，是中国特色社会主义参政党。”

“中国特色社会主义参政党”这一性质定位，使“中国特色社会主义”

和“参政党”紧密相结合，把民主党派的社会基础、政治纲领、职能作用凝于一体，赋予民主党派丰富的时代内涵：

——在政治方向上，始终坚持中国特色社会主义道路、理论体系和制度。

——在政党关系上，始终与中国共产党风雨同舟、密切合作。双方之间不是相互竞争、倾轧，而是团结、协作。各民主党派与中国共产党有着共同的思想政治基础、共同的目标、共同的事业，是通力合作的亲密友党。

——在目标追求上，始终致力于中国特色社会主义事业。在国家政治生活中，各民主党派无论是参加国家政权，还是参与国家大政方针和国家领导人选的协商，参与国家事务的管理，参与国家方针、政策、法律、法规的制定执行，归根结底都是为着坚持和发展中国特色社会主义。

——在政党特点上，始终体现进步性与广泛性相统一。进步性集中体现为各民主党派同中国共产党通力合作，共同致力于建设中国特色社会主义事业；广泛性集中体现为民主党派具有广泛的社会基础，是“三者政治联盟”。

中国特色社会主义参政党，是对几十年来民主党派在中国革命、建设、改革历程中不断发展进步的科学总结，深刻揭示了民主党派的社会主义性质，也是对民主党派地位的科学判断。

三个文件：中国特色社会主义参政党建设持续深化

理论的创新必然推动实践的发展。中国特色社会主义参政党的性质定位明确后，如何适应新时代要求，建设一个什么样的中国特色社会主义参政党，如何建设中国特色社会主义参政党这个问题就摆在各民主党派面前。

面对新时代新要求，如何坚持好、完善好、发展好中国新型政党制度，如何更好地体现“四新”“三好”要求，支持民主党派按照中国特色社会主义参政党的标准更好履行职能？

面对新形势新要求，民主党派自身发生很大变化，如何根据实践的发展研究制定新的政策文件，对原有方针政策做出调整、完善和充实？

面对新机遇新挑战，当前多党合作和民主党派工作面临的重点难点问题如何破解？比如，新时代中国特色社会主义参政党建设的目标任务是什么？包括哪些内容、如何布局？如何加强民主党派组织建设和代表人士队伍建设？

研究解决好这些问题，关系多党合作的长远健康发展，需要加强顶层设计，夯实多党合作大厦的根基。

2018 年底至 2019 年上半年，以习近平同志为核心的中共中央对关系中国特色社会主义参政党建设的若干重大问题，从顶层架构上进行整体设计，出台关于加强中国特色社会主义参政党建设的一系列文件，作出一系列重大部署，力度空前，影响深远，在多党合作历史留下了浓墨重彩的一笔，具有重要的里程碑意义。

关于加强中国特色社会主义参政党建设的意见，是多党合作历史上首次以中共中央名义印发的关于民主党派自身建设的专门文件，系统回答了新时代“为什么要建设中国特色社会主义参政党、建设一个什么样的中国特色社会主义参政党、怎样建设中国特色社会主义参政党”的重要课题，明确了中国特色社会主义参政党建设带有“四梁八柱”性质的重要问题。

——为什么要建设中国特色社会主义参政党？明确了加强中国特色社会主义参政党建设的重大意义，强调了“三个有利于”：有利于坚持和完善我国基本政治制度，有利于推进国家治理体系和治理能力现代化，有利于实现社会主义现代化强国目标。

——建设一个什么样的中国特色社会主义参政党？在坚持中国共产党的领导，坚持民主党派自觉自主自为，坚持问题导向，坚持照顾同盟者利益的基础上，建设政治坚定、组织坚实、履职有力、作风优良、制度健全的中国特色社会主义参政党，做自觉接受中国共产党领导、同中国共产党通力合作的亲密友党和好参谋、好帮手、好同事。

——怎样建设中国特色社会主义参政党？长期以来，民主党派在自身建设中，始终坚持“以党（共产党）为师”“执政党建设与参政党建设相互促进”。中共十九大提出了新时代执政党建设的总体布局，即：全面推进党的政治建设、思想建设、组织建设、作风建设、纪律建设，把制度建设贯穿其中，深入推进反腐败斗争。学习借鉴执政党建设经验做法，结合参政党建设中存在的突出问题，提出了参政党建设的总体布局，即“五大建设”——“以思想政治建设为核心、组织建设为基础、履职能力建设为支撑、作风建设为抓手、制度建设为保障”。为进一步强调坚持和加强中国共产党对民主党派的领导，提出了加强组织领导、完善保障机制、解决实际问题、强化研究宣传等保障措施。

关于民主党派代表人士队伍建设规划（2018—2027年），是首次就民主党派代表人士队伍建设作出的中长期规划，从强化人才储备、加强培养使用、严格监督管理等三个方面，对统筹人才资源配置、健全人才推荐机制、加大实践锻炼力度、加强安排使用等作出具体规定，为建设一支政治坚定、素质优良、代表性强、结构合理、充满活力的民主党派代表人士队伍提供了政策保障。

关于新时代民主党派组织发展工作座谈会纪要，是各民主党派协商一致制定的规范性文件，明确了民主党派组织发展的重点分工领域、地区和范围、年净增率、工作程序，发展新的社会阶层人士和非公有制经济人士的原则、标准和考察工作以及建立地方组织的相关政策，明确了新时代组织发展工作的方向。

这三个文件,关于加强中国特色社会主义参政党建设的意见是主文件，具有纲领性指导作用；规划和纪要作为配套文件，如车之双轮、鸟之双翼，构成了新时代指导中国特色社会主义参政党建设的根本指南，实现了新时代民主党派工作方针政策的与时俱进，为新时代中国特色社会主义参政党建设提供了根本遵循。

2. 五位一体：打铁必须自身硬

作为多党合作的重要参与者，民主党派自身建设水平关系到多党合作制度的巩固和发展，关系到中国新型政党制度效能的有效发挥。

打铁还需自身硬。作为新时代中国特色社会主义参政党，政治坚定、组织坚实、履职有力、作风优良、制度健全，每一项都需要认真落实，锲而不舍，持续发力。只有这样，才能实现参政党建设的目标。

思想筑魂：主题教育活动深入开展

> 中国共产党同各民主党派和无党派人士团结合作，是建立在共同思想政治基础之上的。今天，我们的共同思想政治基础就是中国特色社会主义。
>
> ——2013 年 2 月，习近平总书记在同党外人士共迎新春之际发表了重要论断。

民主党派和无党派人士是中国特色社会主义的亲历者、实践者，也应该成为维护者、捍卫者。

——2013年7月，在统一战线深入学习贯彻中共十八大精神专题研讨班上，部分民主党派代表人士发出这样的心声。

自此，新的一轮主题教育活动拉开帷幕。

2013年，各民主党派中央、无党派人士一致商定：开展坚持和发展中国特色社会主义学习实践活动，把坚持和发展中国特色社会主义作为鲜明主题，贯穿于整个活动全过程，最广泛地凝聚政治共识。

这次活动历时5年。5年间，各民主党派、无党派人士深入学习中共十八大，十八届三中、四中、五中、六中全会精神以及中央统战工作会议精神，领导班子领学促学，在主流媒体发表理论文章、学习体会等700余篇。民主党派各级组织举办各类报告会、座谈会1.5万场，培训班7000余期，成员32万人次参加。各民主党派中央建立地方组织联系点126个，建立传统教育基地169个，树立先进典型1.2万多名，开展宣讲数千次。

2019年是中华人民共和国成立70周年，也是中国共产党领导的多党合作和政治协商制度确立70周年，在这个多党合作的重要时间节点，新一轮的主题教育活动随之展开。

2019年7月至12月底，各民主党派、无党派人士部署开展了“不忘合作初心，继续携手前进”主题教育活动。这次活动的鲜明主题，就是深入学习贯彻习近平新时代中国特色社会主义思想和中共十九大精神，增强“四个意识”，坚定“四个自信”，做到“两个维护”。

与其他主题教育活动不同，这次活动将学习教育、履职尽责、查找不足、整改提高贯穿全过程，推动学习走深、走实、走心。

“坚持中国共产党的领导是各民主党派永恒的坚守，是我国新型政党制度的灵魂所在。”

“初心是坚定理想信念的信仰之心，是听党话跟党走的赤诚之心，是实现伟大梦想的奋斗之心。”

“不辜负中国共产党的信任和重托，不辜负伟大的新时代。”

各民主党派广大成员、无党派人士作为主题教育活动的参与主体，感受最直接、最深刻，也最有发言权，民主党派成员这些生动的话语、朴实的心声映射的是活动所取得的丰硕成果。通过两轮主题教育活动，民主党派成员和无党派人士呈现出新的面貌，进一步坚定了坚持中国共产党的领导，坚持中国特色社会主义政治发展道路的信念，“四个意识”有效增强，“四个自信”更为坚定，“两个维护”更加自觉。

组织筑基：组织建设扎实推进

截至2020年底，各民主党派共有成员总数为132.2万人。各民主党派成员在新中国成立之初有1万多人，改革开放初期有6万多人。在新时期，民主党派成员有了很大发展，多党合作制度的社会基础更加广泛。

面对132.2万民主党派成员，如何更好地加强组织建设，巩固组织基础？

——突出领导班子建设，发挥“领头雁”作用。贯彻落实民主集中制，坚持“集体领导、民主集中、个别酝酿、会议决定”原则，集体领导与个人分工负责相结合，发挥领导班子整体功能。

——加强代表人士队伍建设。拓宽选人视野，统筹做好代表人士教育、培养、监督、管理工作，增强代表人士的代表性、影响力。

——做好组织发展工作。坚持“三个为主”方针，突出质量优先，体现党派特色，支持民主党派贯彻落实组织发展政策规定，加强对各级组织和成员的教育和管理，严把政治关、质量关。

——激发基层组织活力，更好发挥基层组织在加强思想引导、开展社会服务、反映社情民意等方面的积极作用。

——提升机关工作水平。健全以岗位责任制为核心的管理机制，用制度管人管事，提升机关工作科学化、规范化水平，提高机关工作质量和效率。

各民主党派以领导班子建设为牵引，全面加强代表人士队伍建设、基层组织建设、机关建设，为新时代多党合作事业发展提供组织和人才保障。

能力优先：履职能力建设持续推进

履职能力是民主党派自身建设的重点。各民主党派按照中国特色社会主义参政党的标准和要求，发挥智力密集、联系广泛的优势，努力提升履职能力水平。

——强化大局意识，把正确认识大局、把握大局，自觉服务大局、维护大局放在重要位置，找准履行职能的切入点、结合点、着力点，努力参政参到点子上、议政议到关键处。

——创新调研方式。2017 年 2 月，支持民主党派中央开展重点考察调研的专门文件，对民主党派中央开展重点考察的原则、程序、形式和保障机制等作出明确规定。各民主党派以此为契机，完善考察调研制度，创新调研方式，领导班子成员带头，聚焦群众反映集中的热点、难点问题，有针对性地开展调查研究。

——发挥整体优势。建立上下联动、多方参与、资源共享的集智聚力机制，调动民主党派各级组织和广大成员的积极性、创造性。加强专门委员会建设，密切与有关高校、研究机构等方面的联系协作，探索建立适应参政议政要求、符合民主党派特色的智库。

作风改进：作风建设永远在路上

前些年，社会上的一些不正之风不同程度影响到各民主党派，形式主义、官僚主义和庸俗之风在民主党派内部也都有不同程度的表现，一些地方组织领导班子贯彻落实民主集中制不够，存在着“一言堂”“民主党派不民主”的现象，有的民主党派组织的班子成员之间闹矛盾、不团结，更为重要的是，随着反腐倡廉强力推进，一些民主党派成员甚至领导班子成员因违法违纪受到查处。

中共十八大以来，中共中央铁腕出击、强力反腐，党风政风为之一新。作风建设不分党内党外，反腐没有法外之地。为解决这些问题，各民主党派协商一致，制定了关于加强内部监督工作座谈会纪要，明确监督事项、监督形式、监督程序，有针对性加强对领导班子及骨干成员遵守本党派章程和履行职能、廉洁自律、改进作风等情况的监督。制定了民主党派领导班子述职和民主评议、民主生活会制度座谈会纪要，民主党派逐步建立健全民主生活会制度，领导班子每年至少召开 1 次民主生活会，紧密联系思想和工作实际，广泛开展批评与自我批评，营造民主、团结、和谐的良好氛围，不断增强领导班子的凝聚力，提高民主党派领导班子解决自身问题的能力。制定民主党派纪律处分有关纪要，加强监督管理，将作风建设向纵深推进。

作风建设是民主党派自身建设的重要方面，也是重要抓手。通过加强作风建设，民主党派增强了忧患意识，改进了思想作风、工作作风，严格了纪律要求，塑造了务实进取、风清气正的良好形象。

制度完善：用制度管人管事

各民主党派将制度建设贯穿于自身建设各环节、履行职能全过程，构建起一套适合自身特点、系统规范、运行有效的制度体系。

——思想政治建设方面，不断探索建立理论学习制度、民主党派成员思想态势分析和思想引导制度等；

——组织建设方面，建立健全领导班子、代表人士队伍建设、基层组织建设和机关建设的相关制度规定；

——作风建设方面，着力完善内部监督制度，规范内部监督机构设置，完善工作条例、实施细则，明确监督事项、监督形式、监督程序。有针对性加强对领导班子及骨干成员遵守本党派章程和各项纪律、履行职能、廉洁自律、改进作风等情况的监督。内部监督委员会每年向同级委员会报告工作情况。

通过加强思想政治建设、组织建设、履职能力建设、作风建设、制度建设，各民主党派呈现出新的面貌，在全面建成小康社会的道路上阔步前进。

3. 凝心聚力：全面小康路上的新作为

改革开放40多年来，在中国共产党领导下，中国走出了一条与西方国家完全不同的社会主义现代化道路，把中国特色社会主义伟大事业推进到一个新的时代。

在决胜全面建成小康社会的伟大历史进程中，各民主党派不忘合作初心，勇担政治责任，积极开展参政议政、民主监督，参加中国共产党领导的政治协商，展示了中国共产党领导的多党合作和政治协商制度的蓬勃生机，为党和国家各项战略部署和重大举措的制定实施作出重要贡献。

魅力彰显：政党协商成效显著

2019年12月4日，中共中央在中南海召开党外人士座谈会，就当前经济形势和2020年经济工作听取各民主党派中央、全国工商联负责人和无党派人士代表的意见和建议。中共中央总书记习近平主持座谈会并发表重要讲话。中共中央政治局常委李克强、汪洋、王沪宁、韩正出席座谈会。李克强通报了2019年经济工作有关情况，介绍了中共中央关于做好2020年经济工作的考虑。座谈会上，民革中央主席万鄂湘、民盟中央主席丁仲礼、民建中央主席郝明金、民进中央主席蔡达峰、农工党中央常务副主席何维、致公党中央主席万钢、九三学社中央主席武维华、台盟中央主席苏辉、全国工商联主席高云龙、无党派人士代表高鸿钧先后发言。他们赞同中共中央对当前我国经济形势的分析和明年经济工作的考虑，并就完善经济制度和政策措施、推进长三角一体化战略、促进粤港澳大湾区发展、打赢三大攻坚战等提出意见和建议。

在听取党外人士发言后，习近平总书记发表重要讲话，他强调，做好2020年经济工作，要对照全面建成小康社会目标任务，着力抓重点、补短板、强弱项，坚持问题导向、目标导向、结果导向，加强各部门和各项政策的协调配合。要改进领导经济工作的方式方法，坚持勤俭节约、反对铺张浪费，持续为基层减负，反对形式主义、官僚主义，把资源真正用到发展经济和改善民生上来。

这是中共中央同各民主党派中央、全国工商联负责人和无党派人士代表开展的一次政党协商，类似这样的政党协商活动，成为中共十八大以来常态化的制度安排。

从2016年开始，中央政治局常委会每年召开会议审议通过年度政党协商计划，习近平总书记都发表重要讲话。每年中共中央、国务院领导同志主持召开政党协商座谈会至少7次，其中总书记主持召开4—5次。

中共十八大至2020年12月，中共中央、国务院召开或委托有关部门召开民主协商会、座谈会、情况通报会共168次，其中习近平总书记主持召开36次，就党和国家重大问题同党外人士真诚协商、听取意见。

各民主党派紧扣党和国家中心工作，聚焦“深入推进‘一带一路’建设”“推动实施乡村振兴战略”“创新驱动引领高质量发展”“优化营商环境激发微观主体活力”等重大问题深入调研、建言献策。

从中共十八大到2020年12月，各民主党派中央向中共中央、国务院领导同志报送书面意见建议共737件，其中645件得到重要批示，为中共科学决策、民主决策提供了重要参考。

施政参考：参政议政成果丰硕

习近平总书记多次对民主党派发挥参政议政作用作出重要指示，强调要凝聚共识，把智慧和力量凝聚到理解改革、支持改革、参与改革上来，把思想和行动统一到中共中央的决策部署上来，把履职思路和重点统一到新时代中国特色社会主义战略部署上来，坚定不移地把中国特色社会主义伟大事业推向前进。要发挥各自特点和优势，在融入大局、服务大局、保障大局中找准履职尽责的切入点和突破口，围绕中共中央高度重视、社会各界普遍关注、基层群众最为关切的难点问题，深入调查研究，多谋良策、多出实招，参政参到要点上，议政议到关键处；围绕国家重大战略部署，突出抓重点、补短板、强弱项，贴近基层、深入实践，问需问计于民，提出真知灼见，推动经济社会持续健康发展，使全面建成小康社会得到人民认可、经得起历史检验；注重听取各自成员和所联系群众的意见，注重反映社会各有关方面的诉求，帮助中共中央更全面地了解社会各界意见和建议；发挥中国共产党领导的多党合作和政治协商制度的优势，当好中国共产党的好参谋、好帮手、好同事，促进科学决策、民主决策、依法决策，推进国家治理体系和治理能力现代化，共同把中国的事情办好。

各民主党派结合自身特点优势，在推进中国特色社会主义伟大事业中充分履行参政议政职能。各民主党派紧扣党和国家中心工作，聚焦“大力推进供给侧结构性改革”“深入推进新型城镇化”“深入推进‘一带一路’建设”“大力振兴和提升实体经济”等“十三五”时期经济社会发展重大问题，深入考察调研，利用各种协商座谈、书面建议“直通车”等形式，积极建言献策。

这一时期，民主党派的很多意见建议被有关部门研究采纳，并转化为政策措施。比如，民革中央高度关注营商环境建设，关于“完善法治建设，优化民营企业营商环境”的相关建议，在有关部门政策文件中得到体现；民盟中央关于“中国野生东北虎和东北豹恢复与保护重大生态工程”的建议，促成东北虎豹国家公园建立；民建中央关于“培育新生中小城市的调查研究”，为相关部门制定城镇化发展政策提供了重要借鉴；民进中央关于“促进教育公平，推进义务教育均衡发展”的建议，为相关部门深入推进教育领域综合改革提供了重要参考；农工党中央重点关注“气水土”环境治理三大战役，对助推“大气十条”“水十条”“土十条”出台和实施发挥了重要作用；致公党中央关于“进一步推动海外高层次人才引进工作”的建议，为国家有关部门出台政策、吸引更多的海外高层次人才回国创业和为国服务作出了积极贡献；九三学社中央关于“促进科技发展和自主创新”的专题研究，为国家推动科研项目和资金管理改革、促进科技服务业发展提供了重要参考；台盟中央连续多年聚焦台湾农民创业园发展问题，助力两岸现代农业合作与基层民众交流。许多建议得到采纳，上升成为国家发展战略和重大政策，比如平潭综合实验区发展、推进京津冀大气污染协同治理、应对区域灰霾污染、调整“十三五”期间 GDP 增速、完善收入分配机制、全面放开二孩政策等一批建议转化为党和国家的决策。

开辟新域：脱贫攻坚民主监督

全面建成小康社会，实现第一个百年奋斗目标，最艰巨的任务是脱贫攻坚。在脱贫攻坚四梁八柱的顶层设计中，建立脱贫攻坚监督体系是重要的一环。受中共中央委托，各民主党派开展脱贫攻坚民主监督工作应运而生。

2016 年 6 月 21 日，各民主党派中央开展脱贫攻坚民主监督工作启动会在京召开，吹响了民主党派中央开展脱贫攻坚民主监督的集结号。各民主党派中央分别对口贵州、河南、广西、湖南、云南、四川、陕西、甘肃8个贫困人口多、贫困发生率高的中西部省区，开展脱贫攻坚民主监督，这是中共中央赋予各民主党派的重要使命，也是各民主党派中央首次对国家重大战略部署进行专项监督。

这次专项监督具有鲜明的特色：

——对口监督，增强针对性。各民主党派中央分别对口8个中西部省区开展民主监督，纷纷成立领导小组，制定工作方案，抽调骨干力量充实队伍，持续推进脱贫攻坚民主监督工作的开展。

——坚持问题导向，精准发力。聚焦贫困人口精准识别情况、贫困人口精准脱贫情况、贫困县摘帽情况、落实脱贫攻坚责任制情况、重大政策措施执行情况，以及扶贫资金项目管理使用情况六个方面内容，深入调研，掌握实情。

——因地制宜，突出特色。各民主党派中央结合各自特色和对口省区特点，对监督领域各有侧重。如致公党中央将四川藏区、彝区的脱贫攻坚作为监督工作的重点，帮助中共四川省委、省政府啃硬骨头；台盟中央则发挥优势，把台商、台企谋求发展与甘肃省经济社会文化建设相结合，把台盟现有社会服务品牌向甘肃省贫困群众倾斜。

“家里有几口人？有几亩地？经济来源有哪些？打算怎么脱贫致富？帮扶干部多久来一次？”2017年8月，民建中央调研组走进广西宁明县板棍乡上松村贫困户残疾人何永华家，关切地询问他家的致贫原因、脱贫措施和成效；

这一幕幕忙碌的画面，是各民主党派中央开展脱贫攻坚民主监督工作的真实写照。

聚众力，集众智，出实招，谋良策。在脱贫攻坚民主监督工作中，各民主党派中央坚持问题导向，结合本党派长期研究和关注的领域，聚焦贫困人口精准识别、贫困人口精准脱贫、贫困县摘帽、落实脱贫攻坚责任制、重大政策措施执行、扶贫资金项目管理使用等重点内容，通过座谈交流、走村入户、明察暗访等形式，深入8省区1200余个乡村，开展座谈、协商、沟通400余场次，涉及240多个县，提出特色鲜明、针对性强的意见建议，向中共地方党委、政府直接反映问题2400多项；对于工作中发现的共性问题和突出问题，各民主党派中央还以“直通车”的形式报中共中央、国务院。

坚持监督与帮扶相结合，不断加大对革命老区、民族地区、边疆地区、集中连片特困地区的帮扶力度。民革中央在环京津贫困带建立精准扶贫试验田，为解决地区贫困问题探索有益经验和模式；民盟中央加大教育帮扶力度，进一步优化东部十省市民盟组织对口帮扶毕节实验区的工作模式，协调盟员创办的科技企业打造“同心助学”精品学校，大力协助毕节培养人才；民建中央继续深入开展“思源工程”，实施思源救护、思源助学等公益项目，在贫困地区开展公益事业，累计帮扶困难群众超过1000万人次；民进中央与贵州省黔西南州安龙县定点共建，5年来共捐资630余万元，举办教师培训班32场，培训教师2870人，捐赠1900套教育“云平台”、10间“梦想教室”；农工党中央发挥界别特色优势，坚持推动健康扶贫，打造“同心助医工程”升级版，推广“同心全科医生特岗人才计划”，帮助培训医疗骨干和专科人才，提升基层医疗服务能力和水平，惠及人民群众；致公党中央结合国家精准扶贫、精准脱贫工作形势与需要，促成34个东部地区组织与15个连片贫困地区组织建立扶贫结对帮扶关系；九三学社中央加大对贵州威宁的智力帮扶力度，以大力发展旅游业需求作为切入点，指导编制旅游系列规划，深度挖掘地域文化内涵，提升旅游品质，促进旅游全产业链发展，发挥旅游企业在旅游扶贫、乡村振兴中的作用；

台盟中央加大对教育主阵地的投入，在贵州赫章县做好“两岸同心”助学金支持计划和“两岸同心”电教室援建工作，在基层教师、乡村医生和农村致富带头人等方面持续打造“筑梦”系列培训品牌，为促进贫困地区经济社会发展作出了积极贡献。

脱贫攻坚民主监督是各民主党派首次对国家重大战略工程和重要政策落实进行监督，既是中共中央对民主党派的高度重视和信任，也是民主党派履行新时代中国特色社会主义参政党职能的政治责任，丰富了民主监督的内容和形式，各民主党派中央通过民主监督的方式深入参与脱贫攻坚，为谱写人类反贫困史上的辉煌篇章凝心聚力，充分彰显了中国新型政党制度的独特优势。

结语

走自己的路

中国新型政党制度前景展望

百年风雨，世纪沧桑，筚路蓝缕，以启山林。政党政治的百年探索，是一幅波澜壮阔的历史画卷。中国新型政党制度的确立、发展和完善，无疑是这百年历史画卷中极为壮美的部分。中国共产党和各民主党派、无党派人士一道，在建立新中国、建设新中国、探索改革路、实现中国梦的伟大征程中一起战胜困难，一起携手前进，一起同心奋斗，一起开拓未来，中国新型政党制度已成为中国社会主义民主政治的重要组成部分，成为世界政党政治一道亮丽风景线。

回首中国政党政治百年风雨，尤其是中国新型政党制度产生、发展、完善的光辉历程，给人们深刻启示：

——中国新型政党制度，是中国追求民族独立、国家富强、人民幸福的必然结果，具有深邃的历史逻辑。习近平总书记指出："政治制度不能脱离特定社会政治条件和历史文化传统来抽象评判。"中国的政党政治肇始于中国人民救亡图存的历史征程中，从一开始就具有与传统政党政治不同的历史使命。西方国家的政党参与议会，以夺取执政权和控制政权为目标；而在近代中国，政党首先要肩负起救亡图存、实现民族独立、国家富强、人民幸福的历史使命。资产阶级改良派、资产阶级革命派、大地主大资产阶级等不同的阶级及其政党都曾提出相应的政治主张，进行过不同的政治实践。正如习近平总书记在庆祝全国人民代表大会成立 60 周年大会上所指出的：“事实证明，不触动旧的社会根基的自强运动、各种名目的改良主义、旧式农民战争、资产阶级革命派领导的民主主义革命、照搬西方政治制度模式的各种方案，都不能完成中华民族救亡图存和反帝反封建的历史任务。”只有在无产阶级及其先锋队中国共产党的领导下，中华民族才实现了由备受侵略凌辱到独立于世界民族之林的历史巨变，中国才实现了由半殖民地半封建社会到社会主义现代化国家的历史转折，中国人民才实现了从站起来到富起来、强起来的历史飞跃。各民主党派实现了从民族资产阶级、城市小资产阶级及其知识分子的阶级联盟性质的政党向中国特色社会主义参政党的历史转变。历史和实践充分证明：中国共产党的领导，是中国革命、建设和改革事业胜利的根本保障，是实现中华民族伟大复兴中国梦的根本保障，坚持中国共产党的领导是当代中国最大的政治共识。历史和实践也充分证明：中国新型政党制度，是中国追求民族独立、国家富强、人民幸福的必然结果，也是发展社会主义民主政治的必然结果，具有深邃的历史逻辑。

——中国新型政党制度，是中国经济社会发展状况和阶级阶层结构的必然结果，具有深刻的政治逻辑。政党是阶级利益的代表，一个国家的政治制度和政党制度，根本上是由国家经济社会发展状况决定，受阶级阶层关系的影响和制约。鸦片战争前的中国社会积贫积弱，经济上以小农经济为主，虽然有一定的资本主义经济萌芽，但资本主义经济并不强大，不可能产生现代意义上的政党。西方资本主义国家的入侵，将中国卷入了世界资本主义体系，客观上促使了资本主义生产的发展，催生了中国近代历史上两大相互依存而又根本对立的阶级——无产阶级和资产阶级。这两个阶级谁能带领中华民族自立于世界民族之林，谁就会成为领导阶级，这个阶级的政党就会成为领导党。但在近代中国，资产阶级比较特殊，分为官僚资产阶级和民族资产阶级。官僚资产阶级是国外帝国主义在中国的附庸和代言人，不可能领导中国革命；民族资产阶级由于自身的软弱性，没有也不可能带领中国人民走向胜利。中国工人阶级及其先锋队中国共产党，与农民阶级结成坚强的工农联盟，团结带领包括民族资产阶级、城市小资产阶级及其知识分子在内的中国人民，经过艰苦卓绝的奋斗，取得了新民主主义革命的胜利，进而取得了社会主义改造的胜利，进入社会主义社会。

改革开放以来，中国社会发生了翻天覆地的变化。在中国共产党的坚强领导下，中国由一个积贫积弱的国家发展成为世界第二大经济体，进一步巩固了以公有制为主体、多种所有制经济共同发展的基本经济制度，进一步巩固了以按劳分配为主体、多种分配形式并存的分配制度，进一步巩固了工人阶级的领导地位。随着经济社会的发展，中国社会的活力增强、人员的流动性和身份变化增多，产生了新的社会组织和新的社会阶层人士。他们中的一部分人士加入了中国共产党，也有一部分具有代表性的人士加入了民主党派，为民主党派增加了新的力量。进入21世纪以来，统一战线的阶级基础更牢、团结面更广、同心圆更大。中国新型政党制度不断发展和完善，适应了我国经济社会发展和社会阶层变化的客观需要，为畅通利益表达渠道、促进有序的政治参与作出了重要贡献。

——中国新型政党制度，是马克思主义政党理论与中国政治文化传统有机统一的必然结果，具有深厚的理论逻辑。马克思主义经典作家高度重视无产阶级政党和其他政党的合作。马克思、恩格斯论述了无产阶级政党与国内其他政党合作的基础、对象、范围和策略原则等基本问题，奠定了无产阶级政党进行多党合作思想的理论基础。列宁论述了在苏维埃范围内实行多党合作的必然性，发展和运用了无产阶级政党多党合作的理论。

中国共产党人从中国具体国情出发，将马克思主义与中国实际相结合，在革命斗争中探索与不同政党进行合作。新型政党制度的建立和发展，是这个伟大探索的重要组成部分，体现了鲜明的中国智慧。马克思主义强调无产阶级政党在掌握领导权的基础上与其他政党合作，而中国的政治文化强调国家本位、集体本位，以中庸和谐为价值取向，尚和合不尚竞争，尚协商而不尚对立，具有天下为公、以民为本的文化底蕴和兼收并蓄、和而不同的文化基因，赋予中国政党制度追求团结、和谐、进步的政治品质，这是新型政党制度行稳致远的深层次文化因素。纵观世界政党政治史，有多少国家的政党已经烟消云散？有多少国家的政党“你方唱罢我登台”？有多少国家因为政党政治不稳定而导致经济衰退、社会失序、民生凋敝？反观中国，不管时代风云如何变化，中国共产党领导的多党合作和政治协商制度始终能够克服困难和挑战，不断发展和完善。我国的政党关系是和谐的而不是对立的，是合作的而不是竞争的，是向心的而不是离心的，这是我国新型政党制度区别于其他竞争型政党制度的鲜明特征，是马克思主义中国化的必然结果，也是中国传统政治文化滋养的结果。

——中国新型政党制度，开辟了新的民主实现形式，具有深远的制度逻辑。人类制度文明的发展并不是线性的，也不是自古华山一条道。在封建时代，中国的政治制度曾长期走在世界的前列，当西方处于黑暗的中世纪时，中国已经发展出强大的中央集权及与之相适应的政治制度。近代以来，西方的政治制度和政党制度占据了话语优势，中国也开始了对自身政治发展道路的艰辛探索。

在中国共产党领导下，中国走出了一条与西方国家完全不同的政治发展道路，打破了发展中国家对西方国家的“路径依赖”。中国特色社会主义政治发展道路，坚持中国共产党的领导，坚持人民代表大会制度、中国共产党领导的多党合作和政治协商制度、民族区域自治制度、基层群众自治制度，坚持党的领导、人民当家作主和依法治国的有机统一，最广泛地代表了人民的根本利益，最广泛地促进了有序的政治参与，最广泛地维护了社会稳定与和谐。与之形成鲜明对比的是，当前西方一些国家的政治制度和政党制度显示出疲态，“西方民主”标榜的“三权分立”“多党制衡”的制度设计，已经异化为选票政治、金钱政治、财阀政治，滋生出效率低下、发展停滞、族群撕裂等诸多弊端。面对世界经济复苏乏力、局部冲突和动荡频发、全球性问题加剧等一系列问题，西方开明的政要和学者已经开始反思，认为需要向东方寻找政治智慧。中国共产党领导的多党合作和政治协商制度，有效避免了一党缺乏监督或者多党轮流坐庄、恶性竞争的弊端，开辟了新的民主实现形式，既有利于推动我国国家治理体系和治理能力现代化，也能够为人类政治文明、制度文明提供新的思路。

当前，中国特色社会主义进入新时代，世界面临百年未有之大变局，既为我国政党政治发展提供了重要契机，也对发展和完善新型政党制度提出了新的更高要求。

——中国特色社会主义进入新时代，为新型政党制度发展提供了广阔的空间。以习近平同志为核心的中共中央从党和国家事业发展的全局视野、从改革开放 40 多年历程和中共十八大以来取得的历史性成就和历史性变革的方位上，作出了中国特色社会主义进入新时代的重要政治判断。中国特色社会主义进入新时代，意味着中国特色社会主义道路、理论、制度、文化不断发展，将大大拓展中国现代化建设的空间。

历史经验表明，在我国站起来、富起来的关键时期，新型政党制度都实现了创造性和创新性的发展。新中国成立时，多党合作政治格局初步形成，新型政党制度正式确立，各民主党派从新民主主义的政党转变为社会主义性质的政党；改革开放以后，多党合作政治格局进一步巩固，制度化、规范化和程序化建设有序推进，各民主党派成为致力于中国特色社会主义现代化事业的参政党。进入新时代，中国特色社会主义面临前所未有的发展机遇，必将为新型政党制度发展和作用发挥提供巨大空间和舞台。中共十九届四中全会提出要“坚持和完善中国共产党领导的多党合作和政治协商制度，巩固和发展最广泛的爱国统一战线”，对进一步推进新型政党制度化、规范化发展，对发挥好多党合作的制度效能，都提出了新的更高要求。习近平总书记在庆祝中华人民共和国成立 70 周年大会上的重要讲话中庄严宣告“中国的明天必将更加美好”。“美好”不仅包括国家的经济发展、科技进步、社会和谐与国力强盛，也包括新型政党制度在内的各项政治制度更加成熟、更具活力，在推进国家治理体系和治理能力现代化中发挥更加重要的作用。唯有抓住难得的机遇，顺势而进，乘势而为，多党合作才能更有作为、发挥更大作用。

——当今世界处于百年未有之大变局，为新型政党制度发展提供了难得的契机。制度资源是一个国家重要的战略资源。中共十九大报告明确指出：“制度是关系党和国家事业发展的根本性、全局性、稳定性、长期性问题。”政党制度无疑是国家重要的政治制度。政党制度的好坏，关系到国家的治乱兴衰。世界政党政治的历史证明：一个国家的政党制度必须同本国的国情相适应，同本国的社会发展阶段相适应，才能够在国家治理中发挥积极的正向作用。

“大变局”对我国政治制度和政党制度带来的影响是深远的。大变局不是对原有国际格局的修修补补，而是国际政治经济秩序的深刻变化，国际规则的深刻变化，国家力量对比的深刻变化。力量对比上，中国已稳居世界第二大经济体，并逐渐缩小与第一大经济体的差距；国家治理上，中国之“治”与西方之“乱”形成鲜明对比；制度对比上，中国国家治理体系和治理能力现代化有序推进，而西方某些国家却出现制度失灵、制度衰败的迹象。受新冠肺炎疫情等因素影响，一些欧美国家的民粹主义、分裂主义、极端主义、逆全球化思潮抬头，世界政党政治面临着政治碎片化、极端化、政党斗争意识形态化的困境。中国的政党制度如何克服“大变局”下世界政党政治不稳定性带来的新挑战，彰显中国新型政党制度所蕴含的制度价值、政治价值、思想价值和文明价值，是值得深入思考的崭新课题。

——中国日益走近世界舞台中央的国际地位，为新型政党制度发展提供了良好的国际环境。经济基础决定上层建筑，也在一定程度上决定着上层建筑的影响力。西方国家民主、自由的价值观，以及相应的政治制度和政党制度，之所以较长时间内能占据政治体系话语权，与其强大的经济基础密不可分。当前，中国正日益走近世界舞台中央，这既得益于在中国共产党的领导下，中国经济实力和综合国力的显著增强，也得益于我们探索出了符合中国国情的政治制度和政党制度，为经济社会发展提供了强大的制度支撑。“中国共产党为什么能”“马克思主义为什么行”“中国特色社会主义为什么好”的问题，启发人们从制度角度去探寻答案。越来越多的人清醒地认识到，在中国速度和中国奇迹背后，是政治秩序和社会稳定的优势，是治理体系和治理效能的优势，是政治制度和政党制度的优势。很多国家由过去热衷“西天取经”转而寻找“东方宝典”，政治发展出现了“向东看”的新趋向。剑桥大学政治与国际关系资深研究员马丁·雅克提出：“西方国家的长期论点是，多党制是民主的一大优势，能够防止政党僵化和停滞。然而事实上，中国共产党找到了使自己保持活力与年轻的方法，而西方的政党却越来越疏远其代表的人民。”随着我国国家竞争力的提升，国际社会对我国政治制度和政党制度的认识趋于客观，为中国新型政党制度的发展提供了难得的国际环境和舆论氛围。

2021年6月，在中国共产党成立100周年之际，《中国新型政党制度》白皮书正式对外发布，这既是对中国新型政党制度一次系统总结和集中展示，也是面对新时代和大变局，坚持好、发展好、完善好中国新型政党制度的时代宣言。面向未来，多党合作使命在肩，责任重大。

——始终坚持中国共产党对多党合作的领导。坚持中国共产党的领导，是中国近代以来的历史经验总结，是中国人民和中华民族最大的政治共识，也是进一步发展和完善我国新型政党制度的最核心、最关键要素。中国新型政党制度和其他国家政党制度的根本区别，就在于是否有一个执政党作为坚强领导核心，为了国家、民族和人民的根本利益长期执政。各民主党派、无党派人士要始终坚持中国共产党领导，不断增强“四个意识”、坚定“四个自信”、做到“两个维护”，不断增强政治判断力、政治领悟力、政治执行力，巩固深化“不忘合作初心，继续携手前进”主题教育活动成果，将长期以来与中国共产党肝胆相照、荣辱与共的优良传统传承下去，将民主党派老一代的嘉言懿行传承下去，将民主党派老一代的政治理想和政治选择传承下去，砥砺“不忘合作初心，继续携手前进”的政治自觉，不断巩固团结合作的共同思想政治基础。

——始终推进多党合作制度化建设。“经邦有术，持之以理”。成熟稳定的制度体系和治理体系，是国家长治久安、社会安定有序的重要基石。自1989年《意见》颁布以来，新型政党制度化不断加强，初步形成了以国家宪法为基础、以《中国共产党统一战线工作条例》等法规文件为主体的制度框架体系，这是发挥新型政党制度效能的制度保障。进一步坚持好、发展好、完善好中国新型政党制度，需要我们从坚持和完善中国特色社会主义制度、推进国家治理体系和治理能力现代化的高度，不断加强新型政党制度化规范化建设，推动多党合作稳步前行。要根据时代的发展，加强对制约中国新型政党制度发展的问题研究，从加强新时代中国特色社会主义参政党建设、发挥新型政党制度效能的角度，进一步完善新型政党制度。要提升制度的执行力和约束力，抓好既有制度的督促和检查，使其真正发挥作用。

——始终加强中国特色社会主义参政党建设。新型政党制度的发展，不仅需要强大的、发挥坚强领导作用的执政党，也需要发展有序的、对执政党发挥积极的支持和监督作用的参政党。要积极顺应时代发展的需要，按照“四新”“三好”要求，准确把握参政党建设的目标和原则，贯彻落实中共中央关于加强参政党建设的部署和要求，全面加强思想政治建设、组织建设、履职能力建设、作风建设和制度建设，不断提高政治把握能力、参政议政能力、组织领导能力、合作共识能力、解决自身问题能力，把中国特色社会主义参政党建设提高到新的水平，始终做同中国共产党通力合作的亲密友党和好参谋、好帮手、好同事。

——始终注重发挥多党合作的制度效能。制度效能是制度作用发挥的外在表现，制度的优越性需要由制度效能来体现。面对新时代新的要求和使命，新型政党制度效能的发挥还有更广阔的空间。要进一步提高政党协商的质量。坚持协商于决策之前和决策之中，更加完善知情明政、考察调研、工作联系、协商反馈机制，用好政党协商平台，就改革发展稳定重大问题、事关人民群众切身利益的重大问题进行广泛而深层次的协商，使政党协商成为广泛反映民意、吸纳民智、促进政治参与的重要平台。要进一步提高参政议政的水平。各民主党派要围绕执政党决策部署，围绕国家中心工作，围绕人民群众关注的重点和难点问题，结合自身的特点和优势，做到精准选题、深入调研、提出真知灼见。要进一步增强民主监督的实效性。中共各级党委、政府要主动接受监督，充分调动民主党派参与民主监督的积极性和主动性，民主党派要认真履行监督职责，使民主监督的作用更加充分，效果更加显著。

回望历史，我们为新型政党制度坚实步伐感到自豪；寄望将来，我们对新型政党制度的发展充满信心。中国特色社会主义进入新时代，我们有责任进一步推进多党合作理论创新、实践创新和制度创新，将这一具有中国特色、中国气派、中国底蕴的政党制度坚持好发展好完善好。我们相信，在以习近平同志为核心的中共中央坚强领导下，中国新型政党制度将会迎来更加光明的发展前景，展现更加成熟的制度优势，为全面建设社会主义现代化国家、实现中华民族伟大复兴中国梦贡献新的力量！